南京市政协文史资料

活页精粹

【第二辑】

南京市政协教卫体（文化文史）委员会 编

中国文史出版社

图书在版编目（CIP）数据

南京市政协文史资料活页精粹．第二辑／南京市政协教卫体（文化文史）委员会编．—北京：中国文史出版社，2021.12

ISBN 978-7-5205-3392-8

Ⅰ．①南…　Ⅱ．①南…　Ⅲ．①中国人民政治协商会议－地方委员会－文史资料－南京　Ⅳ．①D628.531

中国版本图书馆 CIP 数据核字（2021）第 241724 号

责任编辑：王文运　李晓薇　　装帧设计：杨飞羊　王　琳

出版发行：中国文史出版社

社　　址：北京市海淀区西八里庄路 69 号　　邮编：100142

电　　话：010－81136606　81136602　81136603（发行部）

传　　真：010－81136655

印　　装：北京柏力行彩印有限公司

经　　销：全国新华书店

开　　本：889mm×1194mm　1/16

印　　张：18.25

字　　数：262 千字

版　　次：2022 年 2 月北京第 1 版

印　　次：2022 年 2 月第 1 次印刷

定　　价：68.00 元

目 录

珍 忆

口 述

往 事

人　物

珍忆

追踪拉贝的足迹

——拉贝日记与故居的发现

黄慧英 *

发现拉贝日记

1937年12月12日晚，南京沦陷，侵华日军随即展开了惨绝人寰的南京大屠杀。金陵古城陷入黑色恐怖之中。此时，有一座3.85平方公里的绿色小岛，那就是德国商人约翰·拉贝领导的国际安全区，成为难民的避难场所。

半个世纪以来，拉贝似乎被人们遗忘了。他的名字鲜有人提起，人们对拉贝事迹的认识仅局限于一个最基本的史实——安全区国际安全委员会主席。

第二次世界大战结束后，东京国际军事法庭对日军甲级战犯进行了审判。安全区国际委员会成员、南京红十字会主席马吉牧师，金陵大学贝德士教授、史密斯教授，鼓楼医院威尔逊医生等都出庭作证。而作为安全区国际委员会主席的拉贝却没有出庭作证，这就更使拉贝蒙上了一层神秘的面纱。

1991年，马吉牧师摄制的反映日军暴行纪录片在美国重新发现，安

---

* 黄慧英，中国作家协会会员，文博研究馆员，南京市文联签约作家。

全区国际委员会副总干事费奇的日记和书信也在同年被发现。1995 年 10 月，金陵女子文理学院代理院长魏特琳的日记被发现；同年 2 月，鼓楼医院威尔逊医生的日记在日本被找到。20 世纪 90 年代初在美国耶鲁大学神学院图书馆，发现了贝德士文献中有关南京大屠杀的资料。一些有识之士对拉贝是否留有有关资料充满了疑问。

实际上，拉贝记有日军暴行日记，国内早有披露。

1983 年，我从南京大学历史系毕业，分配在南京市档案馆工作，负责历史库房档案的管理。1987 年，发现了 1948 年南京市参议会的一段简讯，称拉贝生活陷入困境，他在南京大屠杀期间任安全区主席，对南京市民贡献很大，因此拟成立拉贝募捐委员会对他进行资助。这段几十字的文字引起了我极大的兴趣，继而在档案中搜寻，之后，逐步在有关档案中发现了蛛丝马迹。在战前市政府档案中发现了有拉贝签名的安全区国际筹备委员会与市长马超俊、卫戍司令长官唐生智的来往文件。国际筹委会的报告表明，拉贝并不是南京安全区的发起人，而是后来被推选为主席的。在战后市政府、市参议会等档案全宗中，又分别发现了有关拉贝回国后因公布日军暴行日记、发表演讲遭纳粹迫害的情况，市参议会成立拉贝募捐委员会的有关文件以及拉贝得到南京市民资助后给南京市市长沈怡的两封信。记得自己当时兴奋得心咚咚直跳。我知道，对于南京大屠杀史的研究，这是一段有价值的史实。档案中对拉贝的中文译音也各不相同，有拉比、雷伯、锐比、艾拉培等多种称谓。回头再来考察公开出版的国际安全区档案，拉贝的人生轨迹逐渐清晰起来。

在此，让我交代一下拉贝当年回国后的真实处境：战后的柏林，生活物资极度匮乏，拉贝全家九口人面临饿毙境地。拉贝因为营养不良而患了皮肤病，悲哀和压力进一步摧垮了他的身体。1948 年初，获知拉贝的艰难处境后，南京市参议会 10 名参议员即向市参议会一届四次会议递交提案，建议成立救助德侨拉贝的劝募委员会。提案很快获得批准。劝募委员会向银行、钱业、大商店、地方慈善机构及当年受救济保护的市民劝募，不几日便募得 1 亿元，经国民政府批准，按市价购买美金 2000 元，辗汇至德国援助拉贝。

2000 元美金不是个小数目，但由于德国战后状况恶劣，尤其是柏林，饿殍遍地，口粮分配不足，任何可供食用之物均加以限制，有钱也买不到食物。1948 年 3 月南京市市长沈怡得悉此讯后，以最迅速的方法，在瑞士购买 4 大包食品寄交拉贝，以表达南京市民对他昔日义举的感谢。并向他发出邀请，表示给他提供养老金、住房，让他全家陪伴他到中国安度晚年。拉贝接信后，禁不住老泪纵横，仰天唏嘘。但他还是谢绝了中国政府的好意，愿意在德国度过余生。

6 月 18 日，沈怡接到了拉贝的复函，信中说：我们只有收集野果，为孩子们加汤，而我们大人都靠干面包与汤度日，最近连面包亦难以得到了，至于马铃薯也与我们早已绝缘了。我作为一家之长，处于此种艰难之境，您一定能想象得到，获得食物包裹对于本人具有何等重大意义！

望眼欲穿的包裹终于领回家了。孩子们激动得满脸通红，拉贝用颤抖的手拆开包裹，一样样地拿出来：奶粉、香肠、茶叶、咖啡、牛肉、奶油、果酱……在孩子们的欢呼声中，拉贝将食物分给了孩子，每个孩子都得到了一份食物。

当晚，拉贝给沈怡又写了一封信，告诉他包裹已收到，全家“均感无限快慰”，欣慰感激之情溢于字里行间。拉贝说，南京人民的友好支援使他重新树立起生活的信心。

6 月 22 日，沈怡接信后，决定从 6 月起，按月寄赠食物一包，以表达南京市民对拉贝由衷的感谢与支持。

从 1948 年 6 月起，直至 1949 年 4 月国民政府撤离南京，拉贝每月都收到一个救命的食品包裹。正是这些食品，帮助拉贝一家度过最为艰难的“柏林危机”。拉贝本人因缺乏营养所患皮肤病也得以康复。

1988 年 12 月，我在《南京史志》上发表了题为《南京沦陷期间一位德国友人拉比》的文章，介绍了拉贝的生平，并第一次提到拉贝记有日军暴行日记。1995 年，是中国人民抗日战争胜利 50 周年，我又补充新发现的有关史料，在《上海档案》第三期上发表了《南京大屠杀中的庇护神》

一文。此后，我又将其缩为4500字，以《一个可敬的德国人与南京的生死缘》为题在1995年6月22日的《扬子晚报》上整版作了转载。文中较为详尽地介绍了拉贝的生平及记有日军暴行日记等事迹。

公布拉贝日记

1938年4月15日，拉贝回到了德国，在西门子总厂出任远东人事部部长。

回国后的拉贝马不停蹄分别作了五场报告，义愤填膺地报告了他耳闻目睹的南京大屠杀的惨绝人寰的实况，播放了约翰·马吉牧师拍摄的大屠杀影片，出示了一系列的日军暴行照片，呼吁德国出面阻止盟友日本的这种非人道暴行。他还于6月8日寄给希特勒本人一份揭露日军暴行的报告。然后发生了拉贝意料不到的事，报告寄给希特勒没几天，他就被秘密警察逮捕了。拉贝被秘密审讯了好几个小时。他们让他坐在白墙前，经受各种折磨，被迫回答各种莫名其妙的问题。

幸亏西门子公司总裁卡尔·弗里德里希以拉贝在国际上享有声望为由，将他保释出狱。但拉贝被警告，从此以后，不得再作报告、不准出书，尤其是不许再放映约翰·马吉在南京拍摄的有关日本士兵暴行的影片，甚至不许他写信、打电话。

1938年10月，拉贝拿回了他的六大本日记和部分照片，但影片被警方扣留了。1941年，拉贝开始整理他在南京的战时日记和资料。他意识到，这是一份珍贵的历史文献！是记载侵略战争罪行的历史见证！在一年多的时间里，拉贝花费了大量精力，誊清了自己1937—1938年在南京的全部战时日记，共计2100多页，记载了南京大屠杀的500多个案例。这部名为《敌机飞临南京》的日记经整理后定名为《轰炸南京》，书中附上了有关文件，自己起草的通告，致各大使馆的信函、布告，报刊文章和照片等。由于盖世太保强迫他保持沉默，禁止他发表有关这方面的文章，他为了保护自己不受迫害，为自己日记的誊清稿撰写了下面的前言：

这不是一本消遣性读物，虽然开头部分可能会给人以这样的印象。它是一本日记，是一个真实情况的报告。我写这本日记并且把它整理出来，不是为公众，只是为我的妻子和我的家人。假如有朝一日它适宜出版的话，必须事先取得德国政府的同意，但今天由于不言而喻的原因是绝对不可能的。

战后，因为拉贝的纳粹身份，而且他的日记中表达了对希特勒的崇敬，因此这些日记一直尘封于阁楼整整半个世纪。

1995 年 8 月，美籍华裔女作家张纯如准备写一本关于南京大屠杀的书，来到南京搜集资料。她得知拉贝的信息后，写信给德国《汉堡晚报》，请求寻找拉贝先生或其家属的下落，询问拉贝是否留有南京大屠杀有关资料。信转到拉贝的儿子奥托·拉贝手中，当时他已 82 岁高龄，不愿多与外界接触，便转由其外甥女莱茵哈特夫人处理，她寄给了张纯如一份拉贝给希特勒的报告。

由美籍华裔人士组成的纽约纪念南京大屠杀受难同胞联合会得知后，通过张纯如与莱茵哈特夫人取得了联系，这才得知拉贝日记还保存在拉贝家属手中，便希望能将日记公布于世。邵子平会长等的力劝，使莱茵哈特夫人深受感动。她说服舅父，经过全家人的讨论，最后一致同意把日记公之于世。她接受了“纽约纪念南京大屠杀受难同胞联合会”的邀请，去纽约公布日记。

1996 年 12 月 12 日下午，美国纽约曼哈顿岛洲际大饭店，云集了各国记者和学术界人士。2 时整，在 59 年前南京城沦陷的同一时刻，记者招待会开始，莱茵哈特夫人向各国记者展示了她外祖父当时所记的 2117 页战时日记。会场挤得满满的，无数电视摄像机和照相机镜头对准了莱茵哈特夫人面前展开的日记原件和拉贝先生的照片。

拉贝日记的公布，犹如一石激起千层浪。中、日、美、英、德有关国家的媒体都作了广泛报道。美国媒体和学术界认为，拉贝日记的发现是有关第二次世界大战史、中国抗战史和南京大屠杀史中的一件大事。拉贝日记的公布是对日本右翼势力所谓“南京大屠杀是中国人编造的”谬论的最有力反驳。日记的公布，立即在全世界引起了轰动。

确认拉贝故居

拉贝的日记中曾记载，1932 年夏天，他搬到了南京广州路，这是一幢集办公和居住于一体的西式花园别墅，为木质两层小楼。花园内绿树葱郁，十分幽静。花园后门与金陵大学北园生活区小桃园相连，小桃园内居住着金陵大学的一批教授。

小洋楼的围墙侧面大铁门旁挂上了西门子南京分公司的招牌，他在这里生活得十分满意，对南京的感情与日俱增，在他的日记中，开始不断地出现赞美南京的语句。

工作上，拉贝得心应手。生活中，拉贝交了许多朋友，有德国人，也有中国人和其他外国人。当时，开设在南京的德国公司数量不多，除西门子公司外还有五六家。为数不多的德国商人中间，拉贝成了一个领袖型人物。

拉贝在这里生活得十分愉快，直到 1936 年夏天，日军飞机的狂轰滥炸打破了南京的宁静。

南京大屠杀期间，拉贝小粉桥的宅院，是 25 个难民收容所中的一个，被称为“西门子难民收容所”。拉贝派人抱来了稻草和芦席，在院子里搭起了一个个芦席棚，地上铺上厚厚的稻草和草垫子。随着日军暴行的升级，附近的居民不断地涌来，难民最高达 630 多人，把小楼和院子挤得满坑满谷。

拉贝在楼房四围插上了四面纳粹党党旗，院门上贴了禁止入内的日文布告。用德国纳粹党“卐”标记对付兽性的日本兵，有意想不到的效力。于是拉贝和另两名德国人成为日本兵最奈何不得的人物。

在南京沦陷初期最危急的两个多月，拉贝的“西门子难民所”无一人伤亡。这在整个难民区，可以说是绝无仅有的情况。

半个多世纪过去了，当年的拉贝故居经受着风雨岁月的冲刷，静静地注视着繁华闹市的车水马龙、世事变迁。没有人来理会，也无人知晓它曾经有过的惊心动魄。

1997 年，我在接待中央电视台《焦点访谈》栏目记者时提出，应当拍摄一些拉贝当年的活动场所。《焦点访谈》记者李卫兵表示，拉贝的住宅是他们迫切需要了解的，但是有关专家认为，史料记载拉贝租住的广州路小桃园 10 号位于广州路与上海路交界处，由于旧城改造，已不复存在。

我提出，拉贝故居应当在广州路小粉桥一带。南京市档案馆馆藏档案中，对拉贝住宅有一些零星记载，可以判断，拉贝当年的住宅是一座有围墙的小楼。

早在 1987 年我在市档案馆一份 1948 年的档案中，就发现了拉贝故居的有关线索。当时拉贝的生活陷入了困境，南京市参议会发起募捐活动，为拉贝寄钱寄物。档案中提到："陷城之际，拉贝在其原住宅院内收容了附近的很多居民，供给衣食，极尽爱护。十多年后，广州路小粉桥一带的居民仍念念不忘拉贝的恩情。拉贝于 1938 年 2 月底离开南京，而这些居民仍留居院内，直到 1938 年 6 月间才陆续散去。"其中引起我注意的关键词是"广州路小粉桥一带"，其时我刚从南京大学毕业没几年，在校读书时就住在广州路边的女生宿舍八舍，而八舍旁边的小桃园与小粉桥仅一墙之隔。据此线索，小桃园 10 号的位置应在广州路小粉桥一带，而紧邻小粉桥的南京大学南园就有小桃园地名。那么史料中记载的拉贝租住的"广州路小桃园 10 号"，是否就在小粉桥呢？为此我曾多次去小粉桥寻找拉贝故居的踪迹，均无功而返。

1997 年 3 月的一天，我和《焦点访谈》记者李卫兵一起，来到南京大学小桃园。附近居民告知，这里只有小桃园 5 号。门牌号码不对，只有寻访当地的老人。我向小桃园的居民打听，这里有无经历过南京大屠杀的老人？经过一番排查，我见到了 87 岁的王世清老人。老人精神矍铄，头脑清楚。我说明来意，他反问我说："西门子公司的德国人？你说的是不是艾拉培？"我大为兴奋，忙说："对，对，就是艾拉培。"我告诉李卫兵："市档案馆参议会档案中，译音就是艾拉培。"我又转身问老人："老人家，您知道他住哪里吗?”老人连说:“知道!知道!他就住在小粉桥1号。”“怎么是小粉桥1号?”我心中疑云密布。老人脚步利索地把我们领到小粉桥1号。老人生于斯长于斯,一辈子定居小粉桥。南京沦陷时他27岁,清楚地记得拉贝就住在这座宅院内,院子四周的围墙还是当年模样。院子大门口有西门子公司牌子,当时贴有布告,禁止日本兵骚扰。但老人不能确认房子在南京解放后是否改建过。

这幢楼房当时是南京大学教工宿舍。南京大学日语系主任张国仁就住在二楼,他只知这楼以前是德国人所住,但不知德国人就是拉贝。

我们又走访了住在小粉桥的南京成人教育学院严永泉院长。严院长1956年来到南京大学,他说此楼未曾动过,南京大学还有几幢风格结构与此相同的小洋楼,至今仍在。

我们找到了小粉桥的居民丁永庆。他说:“楼房还是原样。那年我21岁,在同仁街学做鞋子刚满师,鬼子打过来前先是轰炸,电线杆上都挂的人胳膊人腿。那时艾拉培(拉贝)的厨师姓曹,天津人,我们叫他曹爷,经常到我们旁边牛肉摊买牛肉,我就跟他熟了。聊起来,他说:‘你怎么不跑?’南京那时有钱人都跑了。我说:‘我没地方跑。’曹爷就说:‘你要待不下去就来找我,我们艾拉培先生人挺好的,那里是安全区。’后来我就住进去了。去时院子里已经有很多人,没有地方住,先在厨房里将就了三四天。艾拉培让人带我们到汉中门芦席场拉芦席搭了棚子,一个棚子住四五个。院子里本来花花草草漂亮得很,难民一住,全给踩得不见了。后来天冷,艾拉培一个棚子一个棚子看,还嘱咐人给他们弄点稻草,铺厚一点。”

丁永庆老人还提到,几个日本兵翻过院墙进来,偷艾拉培的鸡,进行骚扰。艾拉培接到用人电话赶回来,日本兵想从大门溜走,艾拉培要他们从哪儿进来还从哪儿出去。这些家伙只好悻悻地翻墙出去。这与档案记载及后来出版的《拉贝日记》的记载如出一辙。

最危险的一次是,日军翻过围墙,企图强奸妇女,院子中的几名少妇和姑娘惊叫着一直逃向二楼,日军紧追不放,而二楼躲藏着国民党军队中的几名高级军官，其中还有一名叫王光汉的飞行员。秘密一旦暴露，后果将不堪设想。难民区中曾因为几颗子弹壳、一件军衣被日军发现而差点殃及整幢房屋难民性命，幸亏一位日语翻译制止了兽性大发的日军。

丁永庆老人对拉贝充满了感激之情。他回忆道：“艾拉培是个大个子，待人很好。他在院子内搭有芦席棚，让周围的居民居住，供吃供穿。我在这里住了近一年。”这与档案记载也是吻合的。

此后，滚雪球一样，找到了许多当年避难在拉贝故居的难民。

当年受到拉贝庇护的难民宗有琴老人告诉我，当年她才 18 岁，她的哥哥与拉贝门口的鞋匠是好朋友，在鞋匠的引荐下，她和哥哥都躲到拉贝院子里。她的哥哥是卖鱼苗的，头上常年戴草帽或毡帽，额头上有一道明显的帽箍，肩上也有挑担的老茧。日本人开始把她哥哥也拉出来盘问，但在拉贝的竭力护卫下，终于平安无事。

李世珍老人是拉贝当年的邻居，1937 年她才 10 岁。她提到，除了她自己家，还有叔父家、姨妈家，整个家族 50 多口人，都躲在小粉桥 1 号，大屠杀期间无一人伤亡。史料记载中，其余难民收容所都有日军暴行得逞的记录。这不能不归功于拉贝的强有力保护。

拉贝日记中提到的裁缝与皮匠，他们的儿子也就是当年的小裁缝与小皮匠，也仍然生活在小粉桥。

我在南京市房产部门，查到了小粉桥 1 号的房产资料。资料显示，1932 年夏天，拉贝同金陵大学农学院院长谢金声签订了一份协议，根据这份协议，谢金声按照拉贝的要求，建了一座集办公和居住于一体的小洋楼出租给拉贝。新中国成立后，这座楼房的产权就归到了南京大学名下。

建立拉贝纪念馆

沧海桑田，岁月流逝。值得庆幸的是，广州路小粉桥 1 号这座小楼仍未被岁月的尘土掩埋。1997 年 3 月 28 日，中央电视台《焦点访谈》向全国人民介绍了这座具有历史意义的建筑。同一天，我在《扬子晚报》刊登了题为《追踪南京辛德勒的足迹》的报告文学，报道了拉贝的生平事迹及住宅考证确认的消息。同时，呼吁留下这座象征和平、见证历史的建筑。

4月1日，江苏人民出版社蔡玉华社长等人前往德国购买《拉贝日记》的中文版权，把3月28日《扬子晚报》带给了拉贝的外孙女莱茵哈特夫人。看了报纸上刊登的小粉桥1号房子照片，莱茵哈特夫人说，那就是她记忆中的精神家园。她是外祖父的掌上明珠，1937年南京沦陷前她到南京住了几个月，当时只有6岁，但小粉桥1号的住房给她留下了很深的印象。

1997年8月，拉贝的外孙女莱茵哈特夫人应邀来南京。在南京市档案馆，我负责接待夫人。她看到了有拉贝签名成立的南京安全区英文报告、1947年南京市政府寻找拉贝的英文来往信件以及拉贝收到钱物后的感谢信等档案。

夫人看到这些记载拉贝当年活动的珍贵原始档案，激动得脸庞微红，双眼湿润，几次哽咽，说不出话来，仿佛又回到了她们一家在德国不堪回首的一幕。她说："我去取过这些包裹，大概是4到6个，或者是10个，我不能记得更准确，但我取过，我记得。这在当时，是很宝贵的，这使生活的艰辛大大减轻了。当时有人收到这种包裹是要受邻居嫉妒的。外公知道中国人民还没有忘记他，于是他从精神到身体一下子都好了。"

在市委小礼堂召开的新闻发布会上，市长讲了话，高度赞颂了拉贝当年的义举。莱茵哈特夫人也讲了话，最后她请求市长说：市长先生，听说我外公的故居还在，我非常想去看看。市长要外办处理一下，当场有人答复市长并翻译给莱茵哈特夫人说，小粉桥1号是危房，进去不安全。当晚，有人带她去了小粉桥，让她站在外面看了一下院子和房屋外观。

其实，在1997年3月我考证确认拉贝故居前，市政府城市建设规划中已决定将拉贝故居所在的小粉桥开辟成一条宽大的马路，包括拉贝故居在内的一侧房屋将全部拆除。

结果，3月经中央电视台《焦点访谈》与《扬子晚报》报道后，拉贝故居在全国及南京引起极大反响。一时，媒体争相采访报道，各路人士与我联系，各种呼声不绝于耳，希望合作拍摄电影、电视剧等，更有人联系了德国有关方面要捐款为拉贝建纪念馆。

一个城市的文明，是和它的历史分不开的。拉贝旧居绝非一个小小的房屋，它的人文价值、历史价值、爱国主义教育价值，是无法用金钱来计算的。众多有识之士包括媒体记者都呼吁保留这座建筑。

终于，南京市委、市政府决定暂停这条道路的扩建，决定修改市政建设规划，将这条新辟道路改道。1999 年 1 月 11 日，南京有关人士向新闻界公布了这一消息。拉贝故居成为江苏省和南京市文物保护单位。

虽说拉贝故居被列为文物保护单位，但它产权在南京大学，因而当时还基本处于无人过问的状态，日益破败。

直到 2003 年，德国总统约翰内斯·劳来到南京大学访问，得知拉贝的事迹与故居的存在，积极推动故居修缮和改建计划的启动。2005 年 12 月 6 日，南京大学与德国驻上海总领事馆、西门子公司签订协议，资金由德方捐赠，南大负责故居的修缮、纪念馆的建设和管理工作，在故居原址建立“拉贝与国际安全区纪念馆”和“拉贝国际和平与冲突化解研究交流中心”。

负责建馆的汤道銮馆长聘请我做顾问，我将自己十多年来收集的资料照片无偿交出来，并帮助提供搜集影印档案资料等工作。

故居考证确认差不多十年之后，2006 年 10 月 31 日上午，修缮一新的约翰·拉贝故居重新回到了人们的视野，正式对外开放。前来纪念馆参观的人群络绎不绝。

在德国，因受纳粹党身份所碍，约翰·拉贝的英雄事迹长期不为人知。拉贝自 1950 年去世后就下葬在柏林西郊的威廉纪念教堂墓园。1996 年底，由于租期已过，又无人续约，陵园管理处打算将拉贝墓清除。拉贝的亲属便决定将拉贝墓地上的黑色花岗岩墓碑拆下，捐赠给侵华日军南京大屠杀遇难同胞纪念馆，供人缅怀。从此，威廉纪念教堂墓园内的拉贝墓地再也无碑可认。

在其出生地汉堡和居住地柏林，拉贝的遗迹正在逐渐磨灭。为了让更多的人记住这位南京好人，多位中国在德留学生长年为修葺拉贝墓奔走呼吁，中国驻德大使馆也在汉堡港的拉贝故居前钉上了纪念铭牌。

2013 年 12 月，南京市出资将远在柏林的拉贝墓修葺一新，以感谢他对中国人民的义举。

出版《拉贝传》

由于在考证拉贝故居的过程中，找到了许多拉贝当年收留过的难民，发掘收集了许多新的资料，陆续发表了一系列的文章，拉贝日记中文版也已面世，经过十几年的积累，我萌生了为拉贝先生作传的念头。1999 年 5 月，我与南京市文联签约，开始了《拉贝传》的写作准备。

当初决定为拉贝先生作传也是“初生牛犊不怕虎”，一旦开始动手准备，才感到困难的巨大。传记是要记录传主的一生，需要详尽而完整的资料，而拉贝的中文版日记，只有南京大屠杀期间的三个月。他的青少年时期，他在非洲和中国北京、天津的经商经历，他在南京大屠杀发生前的生活，以及他回到德国的遭遇、生活、心态变化等，我都只知道一个大概。相当于建筑一座房屋，手上只有简单的框架。

幸好，我曾经接待过拉贝的外孙女莱茵哈特夫人。拉贝老年时，她一直陪伴左右，是亲属中最了解拉贝的。于是，我写信给她，请求她的帮助。她很快回信，答复了我的许多问题。我们之间开始了厚厚的信件来往。她破例给我寄来了拉贝早年的回忆录，并且应我的请求，去德国联邦档案馆查阅资料，求证拉贝是否有过退党行为的疑问，因为有人认为拉贝在经历了这些遭遇后，认清了纳粹党的本质，曾勇敢地提出过退党，但这一要求遭到了拒绝。

莱茵哈特夫人向德国联邦档案馆提出问题：

一、拉贝发生过退党之事或拉贝力争了吗？

二、“已退（ausgetreten）”后面的大写字母 C 是什么意思？在第一个“Ortsgr · Gan（区地方小组）”下面的其他数字表示什么意思？

三、为党所做哪些活动有文献记录证明？

德国联邦档案馆查阅有关材料后答复如下：

对您的问题，我可以答复如下：

1. 您外祖父是否力争退出或根本就已退出国家社会党，凭这些资料无法证明。

2. 所盖的章“C”是战后盖上的，是美国人管理下在柏林文献中心处理档案方面所作的相关标记，这一缩写字母表示“Party Census（党内统计调查）”，是党内统计调查所存资料的英文标记。因此，这个“C”与退党可能性没有关系。

数字“A3340 MFOK-R040”在原件上并没有。然而我推断，您手头的复印件出自美国国家档案馆的缩微胶片资料。将柏林文献中心的档案材料收回归德国人自己管理，就需要对全部档案作完整的缩微拍摄。因此，这一缩写只表示复印件的出处。

……

事实上，这是一段只能说“是”，不能说半个“不”字的岁月，任何事情都不能越雷池一步。拉贝提出退党几乎是不可能的事。几十年后，拉贝的外孙女莱茵哈特夫人指出，拉贝这么做无疑会被杀害。人们必须学会对事情不要一概而论。

记得夫人曾经寄给我一个大纸箱，里面是厚厚的各种资料，主要是德文和英文两种文字。我不懂德文，英文也不够熟练，为了准确与不错过有用的资料，我请人把所有的资料全部都翻译了出来，反复熟悉后再做取舍。

2002 年 2 月，27 万字的《南京大屠杀的见证人——拉贝传》在上海百家出版社正式出版。

传记出版后，引起很大的反响，分别获南京市、江苏省哲学社会科学奖，江苏省紫金山文学奖，江苏省十年报告文学奖等奖项。相继有德国、美国、英国等国家的电视台来南京采访我，制作电视纪录片。由美国著名纪录片导演 Steve Talley 拍摄的纪录片《罪行与忏悔：日本与德国》，于 2015 年初来南京拍摄，本人协助拍摄并接受了采访。节目分别于 2015 年 8 月在德国、奥地利、瑞士等欧洲国家播放，10 月在中国中央电视台纪录片频道与中国观众见了面。

（选自《活页》2015 年第 12 期，总第 94 期）

改革开放30年的片段回忆

姚国瑞 *

改革开放30年，真是翻天覆地的巨变。我是研究经济的，这30年，国民生产总值GDP增长了100倍，国家外汇储备增长了1000倍。综合国力迅速上升的同时，广大人民分享了改革开放发展的成果。衣着时尚，住房宽敞明亮，交通快捷舒适，这些看得见、摸得着的变化是改革开放前想都不敢想的。

30年来国民经济的基础设施发展尤其令人瞩目。以交通为例，高速公路纵横已经成网，而在30年前，我们没有一厘米高速公路，今天已经是世界第一。1982年，我到联邦德国洽谈船舶自动驾驶的一套装置，从汉堡到基尔港经过150公里的高速公路。过去从来没有走过高速公路，我一路上拿个本子在记，边上有多少个路标，每个路标是什么意思，有的是标高，有的是风口，还有的画个鹿的图案。开始我不理解，德国朋友告诉我，这是告诉你这里经常有鹿出没，提示你放慢速度。那时他们对生态就特别重视。还有高架桥，有单层通道的，有互通的（两三层的）。到了基尔，晚上我一整理，150公里高速，平均3公里一座桥，50公里一个互通，很方便。世界上第一条高速公路就在德国，按照现在的眼光看，这条欧洲一号高速公路也还很先进。回来以后我就写了一篇文章，“高速公路掠影”，大家很有兴趣，好几个报纸都转载。那时候高速公路还是个新生

---

* 姚国瑞，曾任南京市机械工业局副局长、局长，南京市经济委员会主任、党组书记兼南京国防科工办主任，南京市政协副主席等职。

事物，现在你开车去中国任何一个地方都能快速到达，这是了不起的。铁路的技术进步也是跨越式的，过去南京到上海4个多小时，现在高铁只要1个多小时。航空，过去有多少人可以坐飞机？现在航空的客运量已在4亿人次左右。

从进出口贸易来看，价廉物美的中国产品，已经走向了世界各个角落，从消费品到生产资料、技术装备。一句话：中国需要世界，世界离不开中国。我们搞经济的人对这一点体会非常深。现在有的人说中国产品大规模进入美国市场，把美国人饭碗抢了，美国失业增加，对我们反倾销，其实根本不是这么回事。经济的发展是经济规律所支配的，发展到这个阶段后，即使中国退出了这个市场，美国人自己也不会再去做鞋子，去做服装。当然如果中国成本利润不合适了，也会向更廉价劳动力的地方转移，这就是规律。

我们是改革开放30年的亲身参与者，见证了改革开放与发展的历史进程。改革开放30年的历程是一个不间断的渐进的过程，实际上是遵循了实践、认识，再实践、再认识的辩证唯物主义的原理，通过实践来认识客观事物、认识客观事物的规律性。我说这段话的意思就是说，人们的思想认识往往落后于客观实际的发展。现在看到改革开放的这些巨大成就，举世瞩目。中国的国力变了，经济地位变了，受到世人的尊敬。大家也都得了实惠，欢欣鼓舞。但是在改革开放的初期，摸着石头过河，对一些改革的模式争论不休，众说纷纭。有很多事情，现在已经是家常便饭了，但是当初在办这些事的时候，分歧很多，思想斗争是很激烈的。30年就是不断提高认识、统一思想的过程。改革开放后经济真正快速发展是后15年，但前面是基础，离开了这个基础后面发展不起来，事物往往就是这样。几个事例可以说明这个道理。

江苏最早的洗衣机

“四人帮”垮台后，当时国民经济濒于破产，整个国民经济处于一种大调整的格局，困难非常多。要煤没有煤，要电没有电，要钢没有钢，要粮没有粮。从生活到生产，从资金到物资严重的匮乏，工厂停工停产。那时我是南京汽轮电机厂的副厂长（厂长是陈慎言同志）。像我们这样生产发电设备的企业，过去靠计划为地方发电企业生产中小型汽轮机和发电机，更是首当其冲，调整下马。原来产品供不应求的，一下没有活干了。成千上万的人闲在那里，这样的日子很难过。我们也动了不少脑筋解决生产任务问题，但是谈何容易。我的想法是先易后难，先上一些简单的，能够大批量生产的、进入千家万户的产品，解决厂里面临的困难。

一天，厂里的一个销售工程师向我汇报，他的一个朋友刚刚从日本带回来一台洗衣机。现在洗衣机家家都有，但在改革开放之初，谁都不知道洗衣机是什么东西，没有人看过，没有人懂。带着认识一种新产品的思想，同时也出于好奇，当天我就去看了。

这是一个单缸洗衣机，人家还没拆箱。我对主人说，机器我们要拆开来看，一切放心，造成损坏我们负责。我和工程师一边看一边分析它的结构，很快我就判断这个产品我们应该积极地做。理由有三条，一是从设计制造这个产品看，结构上、技术上没有困难，只是我们过去没有想到。这样的产品当时一般的轻工业小厂做不了，我们这样的大厂又不关注。洗衣机基本上是电机控制为主，电机是我们的优势。而且我们有的是空余厂房，有的是富余人力，稍微搞一些技术改造，不仅能够试制，而且能够批量生产。二是从市场看，东西虽小，但是可以进入千家万户。过去我们没有，一旦有了，消费成风了，产品市场大得很。这个产品一台不值多少钱，但几十万台呢，产值利润就有了。第三，这也符合国家先农业、先能源、先轻工、先人民生活的调整方针。我向陈慎言同志汇报，他是上海大同大学毕业的，知识分子出身，过去当过南京市副市长，见多识广，他一听觉得有道理，认为可以干，但是要经过厂党委常委会讨论。

几天后就召开了常委会，我在会上作了全面地分析，当然从风险方面也作了分析，第一台不一定要正规模具，扳金工、钳工敲敲打打先做几个样品，以后再机械生产。失败了最多损失几万块钱。没想到，大多数人不同意，7个常委，5个否决。反对的理由也有三条：第一，工厂面临的困难是调整造成的，不是工厂本身造成的，生产任务历来是国家给的，还是熬过去等国家重新下任务。第二，这么大的现代化工厂生产洗衣机这样的小产品，是杀鸡用牛刀。第三，中国人用布票，衣服是新三年旧三年，缝缝补补又三年，18尺布票还经得起洗衣机搓吗？党委书记梁超同志很会做工作，不表态，说大家的意见都听到了，可以再考虑一下，今天不作结论。国民经济调整我们要主动地采取措施，不能老等。

会后，我又找梁超同志细谈了一次，我说同志们发表这些意见都是正常的，但是如果老带着这种思想，中央的调整方针在我们这里就无法贯彻。调整方针就是要发挥我们的主观能动性，国家解决不了我们的问题，靠我们大家。前面我们已经上了一个长风牌电风扇，一年几十万台在生产。有节奏、大批量生产日用消费品和生产一台两台发电设备是两回事，这是另外一套本事，并不简单。梁超同志说，想想我们过去生产几百吨重的设备，现在却要生产这么个小不点。不要着急，要给大家一个转弯的过程。

过了两三天，梁书记对我讲，明天市领导来看洗衣机。第二天市革委会副主任、市委常委、市委工交部部长杨志领着主要工业局的局长都来了。我在自己的办公室把洗衣机借来准备好，拿两块布一起染脏，一块放在洗衣机里洗，一块由服务员用手搓，比较下来洗衣机洗得更干净。杨部长一看兴趣大得很，他说，过去就听说外国有洗衣机，但是市里领导没有一个人见过，这是一个好产品，只要你们价格低一点，老百姓一定欢迎。他对带去的领导同志说，大厂也要积极贯彻调整方针，利用你们的优势，开发一些市场需要的产品。显然梁超同志已经把我们厂领导的一些思想向他作了汇报。梁书记马上说，感谢市领导帮助我们统一了思想，我们一定下定决心，搞好试制，搞好批量生产。之后梁书记又将杨部长的意见一一和厂党委常委们打了招呼、通了气。

认识统一了，事情就好办了。我们厂过去效益好、设备好，实力比较雄厚。试制的时候就建立生产线，拿出一个空厂房搞技术改造。洗衣机最核心的是里面的一个胆，是整体铝合金拉伸出来的（没有条件的是焊接出来的），我们和国外的一样，是拉伸出来的。我们买了 4 台油压机，就是一条生产线，一年就是 50 万台。很快就出了样机，10 个月就批量生产，供应市场，售价 148 元，受到商家和消费者的欢迎。当时供不应求，还要凭票供应。

这就是江苏省第一台洗衣机上市所发生的小故事。这是家电产品上市的一个起点，后来大批的家电产品接踵而至。虽然只是一个小故事，但它是一个标志，它帮助企业度过了调整时期，一个计划经济的企业转向市场经济，就是从小家电开始，慢慢转到现在，国家不给你下一个任务，企业也能健康发展。还有，标志着人们生活质量的提高，从这里开始，人们从家务劳动中解放出来。

认识的提高也是一个渐进、漫长的过程，其实改革开放的进程就是一个不断统一思想认识、提高思想认识的过程，然后不断推动改革，不断提高开放度。

为国家节能事业作贡献

我是从哈尔滨调到南京主持燃气轮机发电成套设备会战办公室工作的。那时中央给了 4000 万美金扩建改造南京汽轮电机厂，30 多年前这么大投资额是天文数字规模了。会战结束后我就留下来当副厂长，分管产品开发。面对调整的形势，生产发电设备没有任务，我分析，如果还生产过去的产品，即使调整过去了，工厂还是没有前途，必须另辟蹊径找出路。

我在很多场合讲，中国每一次调整，能源都是最尖锐的问题。基础产业跟不上制造业的快速发展。基础产业投资大、周期长，回收周期更长。制造业立竿见影，上一条生产线，产品马上出来。还有人民生活水平提高，增加了水电用量。但是除了总量不足以外，还有一个主要原因是中国的能源利用技术落后、管理落后，能源利用率低。我反复思考这个问题，必须在大规模节能技术上找出路。先从行业上来分析，什么行业消耗能源最多？我和几个助手调查研究，先后分析了12个行业，耗能最厉害的是化工。所有的化工产品都是用能源换来的，它的生产过程，不断的热—冷、冷—热，大量消耗能量，最后还排放出废气污染大气环境。有了最初的想法，但仅仅靠我们自己独立地搞不起来，必须得到政府主管行业领导部门的支持。我就到省计经委去宣传，江苏是没有煤的省（现在一年消耗的能源只有10%是自己的，那个时候稍稍好一些），不解决能源问题肯定不行。他们认为有道理，但是觉得要马上拿出一个示范工程来不是一件容易的事。我说我们正在搞这个典型的方案。

南京化工厂的总工程师听说我在研究这个问题，专门找到我，给我提供一个线索。他说南京化工动力专科学校的教授周士谔（江苏锅炉学会的会长），专门搞化工热工的，经过多年研究，有一个化工厂热电联产技术改造、节约能源的方案，他研究的题目和你研究的题目是对路的。当天晚上，我一个人去拜访了周教授，我们两人谈到夜里12点，他把这些年研究这个问题的情况作了交流。他提出几个重大的问题，一个就是所有的化工厂都要变成一个化工动力厂，既生产电力，又生产蒸汽，又生产化工产品，而现在都是割裂的。他还提出增加一个适应节能改造的发电设备的参数。国家规定沿用的是苏联30年代的标准，高压的发电设备90公斤，中压35公斤，他提出50公斤压力。这里有一个概念，压力越高，效率越高，也就是生产每一度电用的煤越少。但是压力越高，对材料要求越严格，价格也就越高。比如原来用普通钢，现在要用合金钢，价格相差很多（近10倍的差价）。周士谔提出的是他多少年心血研究的结果，他觉得用这一档参数是一个最佳的匹配，可以把低级的材料用到最高。成本还是那么多，但是综合经济效益大大提高。这是一个新思路，一个新方案，要用到工厂里去，变成一个完整的产品，绝非易事。另一方面，50公斤压力就其本身来讲是一个创新，但对当时的国家标准是一个冲击。如果照此生产，意味着产品不符合国家标准，肯定会有很大的压力。但是我觉得重在实践，如果第一个工程改造好了，达到了最好的性价比，最好的综合效益，我们就有发言权了。我们约好共同做这个事情，他运用在学术界的影响和有关部门的一些关系，宣传这个方案；我通过我们正式的渠道，向部、省汇报，赢得省里的支持。

省计经委分管能源的副主任徐以达，是新四军最早的化工厂厂长，党内专家。他是中国小化肥的创始人之一。过去没有大化肥的时候，就是小化肥维持中国的农业生产，每个县都有一个小化肥厂。小化肥的历史贡献很大，后来很多新兴的乡镇工业都是从化肥厂分离出来的。小化肥还出了很多人才，县长、书记、企业家。但它是个煤老虎、电老虎，用电量甚至占到一个县计划总电量的 70%。我们找到徐主任，把想法很具体地跟他谈，比如一个 8 万吨碳酸氢铵的厂，大体可以解决 80 万亩水稻的稳产。用周老师的原理，我们设计一套既发电又供气的机器设备，改造后能耗至少下降 1/3，花钱也不多。关键是第一套设备试制成功之后，后面就可以下很大的决心。我们两个人对此充满信心。徐以达第一次用整整半天时间听我们汇报，问得很细。听完了以后，他说，今天我最开心，小化肥是历史的产物，小化肥的贡献是任何人抹杀不了的。但是，小化肥是电老虎、煤老虎，如此高的能耗，如果不能通过技术改造把它降下来，我整天为这些企业的生存犯愁（那时正是调整时期，没有电、没有煤，普遍开工不足）。你们这个方案，一揽子解决了问题。这个方案简单一些说，就是经过技术改造，化肥厂利用高品质蒸汽发电，发电后经过背压排出符合化工生产工艺要求的蒸汽，正好满足化肥厂造汽的需要。像江宁化肥厂这样的规模，不用增加 1 公斤煤耗，1 小时就可以拿到 2100 度电，10 个小时就是 2.1 万度，一年算下来就是 1500 万度电。按照当时的煤耗，每发一度电用标准煤 500 多克，一年可以节约 1 万多吨煤炭。徐主任说，我看到了希望，但愿你们的方案能成功，成功了以后，化肥厂就有了出路，这是革命性的变化。我们也很开心，找到知音了。在中国，想要办大事，领导支持与否，往往事关成败。

很快，省计经委就确定下达任务，江宁化肥厂作为第一个试点改造，并且给江宁化肥厂拨了一笔钱支持这个试点。这个项目未定之前，我已在厂里做了一些宣传，说有这样一个方案，正在找合作伙伴。得到省计经委的支持后，回到厂里一通气，没有什么反对意见。因为这个产品和我们生产的产品基本构造是一样的，只是参数改了一下。而且发展前景很好，首先改造的是化肥厂，是支援农业的，符合调整方针。但是真正开始生产，它还是一个全新的产品，设计、试验、工艺都是从零开始，汽轮机、发电机，要设计上百种配套的设施，形成一个完整的次高压热电机组，也就是一个完整的次高压发电厂，这个发电厂不是过去冷凝式的，而是抽汽背压式的。我首先把产品设计处动员起来，我说这件事成与不成全在你们，你们设计得好、先进，产品就先进；你们设计得落后，工人师傅再搞技术革新也没有用。我要求他们设计要先进，效率要高，机器要小，哪怕造价适当高一点。我们前后花了一年时间，精心组织，精心设计，单机试验一次成功，联机试验一次成功。这说明我们的技术队伍很过硬，也说明这个系统选配得很合理。

江宁化肥厂停产改造，这是要下很大决心的，没有化肥就靠省里调。所以我们也尽量提高效率，缩短改造时间。我们衔接得很好，这边机器出厂了，那边基础已经做好了，一安装调试，负载试验一次成功。什么叫成就感，这时就体现出成就感。吃尽千辛万苦，终于获得成功。

其实这中间也不是一帆风顺的。为这件事我曾经跑到北京，向主管局——机械工业部电工总局专门做过汇报，说我们贯彻调整方针，要走这条路。这里面有一个国家标准的问题，但是我们不是单纯的生产发电设备，而是对高耗能企业的大规模节能改造，是一个特定的范围，现在是化肥厂，将来是化工厂（其实我们脑子里不光是化肥厂，有一个完整的想法，但是要步步为营，先争取让我们做），不冲击国家标准。电站处的处长听了汇报，口头表示可以做，说从实际出发，精心组织，把实验做好。正在我们试制过程中，北京来电话，说电力部得知你们在做次高压热电机组，明确表示反对。理由是上有高压、下有中压，没有必要中间发展一个次高压，打乱了国家标准。为此，总局决定委托上海电站成套设备研究所召开全国次高压学术研讨会。但是总局回避这件事，不派人来参加。我说，不参加就是对我们的支持。会议在上海闵行饭店召开，清华大学、上海交大、西安交大、上海机械学院、科学院研究所、电力部研究院热工所，还有全国汽轮机、锅炉制造厂的厂长、总工程师，150位专家学者参加会议，南京方面就我一个人去。会议很严肃。开幕第一天，电力部的总工程师在会上第一个主题发言，基调就是强调国家标准的重要性、严肃性、法律性，明确地点我的名，提醒我要慎之又慎，如果搞得不好，后果极其严重。电力部是发电设备的用户，统管国家电力工业政策。这个调子一定，三天会议，两天都是这样的发言，甚至有人说这是无视国家标准，不能容忍。

最后一天下午会议总结，所长杨锦山让我发言，首先我讲了三点。第一，感谢电力部、机械部领导的高度重视和关心；第二，感谢各位专家学者为了维护国家标准、维护国家的技术规范所作的发言；第三，会后我们一定认真研究吸收各位专家所提出的重要意见。最后我说，请允许我们把热电联产大规模节能改造技术的来龙去脉向各位专家做一个汇报。我说我要讲的是班门弄斧，每一次国民经济调整，能源短缺是我们最切身体会的。到处拉电，到处缺煤，究其根源，除了国民经济发展不协调，总量供应不足以外，更尖锐的问题是我们国民经济的结构，我们的技术、管理落后，致使我们的能耗没法和国外比。是日本的12倍，美国的8倍，印度的4倍。降低一半就意味着多少？但是没有思路、没有技术、没有装备，这一半也降低不了。我说得也很慷慨激昂，我们做了多少个行业的调查，这些厂，外面给它多少电都没有用，它里面的工艺不合理，它是热电分离的。我们都是搞电的，未必对化工熟悉。我讲一个浅显的例子，氯碱就是电换来的。盐溶解成盐卤，通上高压电流电解出氯气，烧碱留下。电解出来的氯碱浓度是很低的，只有百分之十几。要从百分之十几浓缩成百分之几十，就要把水分蒸发掉，当时化工厂怎么蒸发呢，就是一个大锅炉，出来的高温高压蒸汽，通过喷水降温减压，大量高品质高能量的蒸汽白白浪费掉。化工厂都有巨大的锅炉，设想一下，把几十吨到几百吨的锅炉换成次高压的，通过次高压热电联产机组先发电，然后提供满足化工工艺需要的蒸汽，这样能源利用率大大提高，产品能耗大幅降低。对我们制造厂来讲，虽然是麻烦一点，但这样做能给国家带来巨大的效益。我们不是心血来潮，有意撞高压线，是经过大量的计算、大量的分析，这档参数性价比最好，而且我们不是单独用来发电的，是必须用在热电联产的大工厂改造。不存在违反国家标准，是用非国家标准设备来帮助那些老厂、大厂解决能耗问题，请各位专家宽宏大量，给我们一个实践的机会，给我们一个再认识的机会。我们一定精心组织好试制、试验，让实践来说行还是不行，给大家一个明确的交代。会后发了纪要。那时压力很大，但我们没有退缩。

一次试验成功以后，省里做了鉴定。这个项目江苏省给了很大的支持，给了经费。江苏省经济发展这么快，90%的能源靠外面供应，节能对江苏尤其有特殊重要的意义。当年省计经委就做出决定，扩大试点，加快推广，选不同的行业，不同的地区，搞多种形式的改造。化肥选大厂，丹阳、武进、无锡化肥厂，苏北选新沂化肥厂；氯碱选常州化工厂（5万吨氯碱）、南京化工厂；纺织选了当时中国最大的毛纺基地无锡协新毛纺厂为主的双河间纺织热电厂、苏州城南热电厂、镇江纺织印染热电厂，十几个项目，全是一次试车成功。但是对于我们厂来说麻烦得不得了，一家一个样，装置大机器就要大，装置小机器就要小，所以那一年为了满足第一批改造的需要，我们一下发展了13个品种，过去几十年做一个产品，现在一年做十几个产品，产品改一点图纸都要重新画，可以想象设计师和技术员们的辛苦，天天加班到深更半夜。第一台机器试制完成之后，我对书记、厂长讲，这是件大事，季度奖金多发一点。书记、厂长说，多发两块。那个时候没有那么多物质利益，主要是精神鼓励，这么一件大事就两块钱奖金。

通过改造，这些工厂都变了样，面貌焕然一新，因为生产流程里的污染源都解决掉了。后来我们进一步扩大试点。我到北京去游说，宣传这套技术。比如我去找纺织工业部的王部长，我说纺织工业部有十大化纤厂，我们改造一个最困难最缺煤的厂，福建永安维尼纶厂，年产1.6万吨维尼纶。福建没有煤炭，而维尼纶生产就是要煤要电。改造后不需要增加煤的用量，一个小时生产 1.2 万度电，一年就是 1 亿多度电。后来永安维尼纶厂交给我们做试点，也是一次成功。消息不胫而走，外面找我们的人多了，应接不暇。我们把设计院、安装公司，主机、辅机的制造厂都组织起来，成立全国第一个电站成套设备技术服务公司，就是说你要搞这个项目，从可行性研究开始，安装、调试，最后到人员培训，统统都给你包了。这个公司一年时间就承担了 38 个热电联产技术改造工程。我们可以很自豪地讲，20 多年前，我们就把工作的着眼点转移到依靠技术进步大规模节约能源的轨道上来。这是完全自觉的行为，不是盲目的行为。我们搞了很多不同的行业，南宁糖厂、福建南平造纸厂、佳木斯轮胎厂、马钢的烟气余热利用，所有项目远不止这么多。这些节能项目不是技术上有多难，国外早就这样做了，我们没有这样做是设计理念落后，不重视经济环境效益造成的。如果建造纸厂时就配套一个热电厂就不同了。当时经济粗放，没有这方面要求。

原能源部部长黄毅诚所著《历史的教训》一书中大力发展热电结合章节中说：在南京地区把几台小锅炉变为 20 吨中型锅炉，蒸汽参数 50 个大气压，配一台 2000 千瓦发电机，每发一度电煤耗只有 150 克，这种技术机组容量虽小，但效率特高，大型发电机也无法比。讲的就是大力推广的次高压热电联产机组。

全国铺开以后，就不是南京汽轮机厂能做得了的。全国有 4 个中小发电设备制造基地，除我们之外，还有武汉、杭州、青岛等也都转移到生产热电联产发电设备上来，一做就是 25 年，长兴不衰。南京汽轮电机厂 25 年来，为广大用户提供了 1000 套以上的不同参数的热电联产机组，为国家节能事业做出很大贡献，服务领域不断扩大，机组效益不断提高。以近年冶金高炉、水泥行业余热利用为例，一台日产 5000 吨水泥的回转窑，回收原来排向空中的高温烟气用来发电，一年可得电力 8000 万度，以每度耗煤 360 克计算，一年节约煤炭 3.5 万吨，南汽厂一年生产几十套，正在更广领域、更大规模、更高水平上，为国家节能减排作出新贡献。

我们南京地区热电联产集中供热认识早、起步早，结合生产力布局调整，先后建设了南京热电厂、第二热电厂、扬子石化热电厂、金陵石化热电厂、江宁开发区热电厂、城南热电厂、南京化工热电厂，总装机容量超过50万千瓦，每年节煤百万吨以上。节能减排完全是同步统一，单是城南热电厂，一次扒掉18根烟囱，使环境得到极大改善。我们南京在大力推广热电结合，实现大规模节能减排，一是走在前列，二是已为并且还将为国家节能和能源结构调整作出持续贡献。可以说南京为国家的节能事业作出了重大贡献。这个方面我们认识得比较早，行动比较早，采取的措施得力，对全国产生了积极的影响。一个人不管在什么位置上，只要想做一点事情，总是有回旋余地的，做好了就可以利国利民。

依靠技术进步，实现南京机械产业全面升级

党的十一届三中全会确立了以经济建设为中心的基本路线，以经济建设为中心首先要研究的就是怎样发展经济。一种是计划经济年代走过的发展模式，经过客观实践检验问题很多，用形象的话讲，叫水多了和面，面多了和水，不断低水平扩张，结果是大量消耗资源，全社会的效益很差。计划经济几十年也经过多次调整，每次调整完了，重新发展，还是那个思路。计划经济体制下近30年，这种外延式扩张的做法，从政府到企业都是轻车熟路，不讲社会效益，追求眼前利益，结果无疑是高消耗、低产出。改革开放30年来，这种粗放型经济顽强地延续，出现了大量低水平重复建设，消耗了大量不可再生的宝贵资源，制造超量排放，同时带来严重的环境恶化。另一种方法是与此完全针锋相对的，要靠企业的内功，靠企业的组织程度，靠企业的素质，靠技术，通过这些提高劳动生产率，提高经济效益和社会效益，这就是消耗相对比较低，产出相对比较高，企业效益和社会效益相对比较统一的内涵式经济增长模式。建设中国特色社会主义很显然要走内涵式发展的道路。

经过改革开放30年的实践，大家比较快地统一认识，下决心调整经济发展思路，对国民经济进行结构调整、产业调整和技术调整，走可持续

发展之路。中国已是世界上最大的能源消费国和进口国之一，我们既是能源生产大国，又是石油进口大国，国家能源安全面临严峻形势，黑色、有色金属资源半数要靠进口；这样下去经济发展难以为继。科学发展观把国民经济调整到优质高效可持续发展的轨道上来，使我们对长期发展、建设和谐社会的信心大增。

1982 年，我调到南京市机械工业局任局长。80 年代，南京机械行业依靠技术进步实现产业全面升级，成为全国机械工业推进技术进步，产品更新换代的典型。这也可以说是改革开放初期南京机械行业通过增加科技含量，着眼企业持续发展的尝试，现在回顾一下这段过程也觉得很有意义。

机械工业是国民经济的装备部，机械行业长期以来生产了大量技术经济指标落后的装备，必然导致消耗大、效益差，满足不了现代经济的需要。所以机械工业率先推进技术进步，实现产品技术升级换代是必须的、紧迫的。在全国还没有突出科技进步的时候，机械工业部的领导已经开始意识到这个问题，在北京召开了第一次全国机械工业技术进步工作会议。根据这次会议的精神和部署，回到南京以后，我们积极着手贯彻落实。

靠大家办大事。思想先行、认识提高才能发动组织起来，有序有效展开。结合南京机械工业实际情况，我们精心准备，组织工程技术人员分析近 80 个企业（其中属国家大中型企业 28 家），6 万多职工所生产的产品，分类为机床、电力动力、电机电器、矿山、农机和通用机器、汽车附件等七八大类，从中挑选有代表性的产品，从品种、技术精度、性能指标诸多事关社会利害效益的重要技术经济指标，与国外同类产品先进水平指标逐一对照比较。在 1500 名干部参加的动员大会上，我逐项宣讲。这不比不知道，一比吓一跳。原来全局主导产品总体上只是发达国家 30 年代的水平，最好也只是 40 年代初的水平。我讲了很多生动的例子。比如机床工业，从效率上讲，我们一般是一人一机一把刀，当时国外单机已经很少，而是按工艺要求，实行科学组合，尽量采用流水线生产。从产品精度上讲，国外已是广泛采用先进的数控机床，编好程序，由电脑控制操作，精度质量高，一致性100%，效率极高。我们当时在这一块基本属于空白。机床的精度决定了所加工产品的精度，当时国外的机床平直度以微米计算，而我们是以10微米计算。工人弯腰曲背，全神贯注，但加工出来的零件没有两个能完全一样的，导致机器一致性很差，零件不能互换。我说的都是大家熟悉的产品、熟悉的事，听起来不觉枯燥，而且还引起与会同志极大的兴趣和震动，看到我们的差距，看到我们面临的危机，深知用这样落后的设备搞不了现代化建设，如果安于现状，不奋起直追，连企业能不能生存都成问题。

会议达到了预期目的。会后，我们要求企业发动职工，主要是工程技术人员，以工艺突破为基础，更加深入细致地查找主要矛盾，最后理出对策。每个厂分轻重缓急，扬长避短，一厂一策，一厂一品，因厂制宜。局、厂反复论证，一个一个过堂，努力发展企业优势产品带动促进企业产品技术全面升级。经过艰苦的工作，一批大中型企业的技术进步项目逐步实施。

南京电瓷厂有三大产品。一是引进英国斯密斯公司火花塞成套技术设备，这是我国第一套成套引进的技术项目，经国家计委批准被列为国家重点项目，设计生产能力1500万只。1984年底建成投产后，年产量相当于全国的火花塞年产量，质量可与国外名牌产品媲美。中国当时还没有高速公路，我们就引进掌握了高速公路汽车行驶的镍包铜火花塞的批量生产。该厂成为全国最大的火花塞生产基地。二是引进意大利钢化玻璃绝缘子。绝缘子就是电网上挂的一串串葫芦一样的东西，过去绝缘子是用瓷做的，22万伏的绝缘子一串要1吨半，生产周期要两三个月，成品率低。那时电瓷厂周围老百姓家的围墙都是用这些报废品垒砌而成，堪称一道独特的景观。南京电瓷厂自力更生搞过一条钢化玻璃绝缘子生产线，我去看过几次，成品率只有百分之十几，其他都炸裂了。我第一次看就说这条生产线应该停止生产，在没有好的措施以前，不应该这样浪费。但是供电部门需要，全国又仅此一家，所以一直在生产。现在机会来了，我就提示他们，要瞄准国际先进水平，引进钢化玻璃绝缘子生产线。这个项目要花不少钱，需经过部里批准。正好机械工业部副部长杨铿到南京来，我事先向他汇报过要引进生产线，晚上又请他到电瓷厂看，火红的玻璃料在生产线上高速旋转成型，流到最后消除应力工序时爆炸碎裂发出巨响，炸掉的比留下来的要多几倍。我同时向他汇报了如果引进新的生产线，产品生产周期短、强度好，绝缘性能好，伞径小，而且可以飞机巡检。他当即同意引进。后来花了1个多亿，从意大利德新公司引进，他们派人来指导，我们派人去学习，完全掌握了这个技术，产品几十年来供不应求，提高了整个行业水平。三是引进联邦德国直径一米的真空炼泥机。超高压输电线路少不了南京电瓷厂生产的超高压电容套管，这个产品体积大，容易变形，烧成率很低。很重要的原因是第一道工序不过关，缺少先进的真空炼泥机，只有小的，凑合着用。当时都不知道哪里有这样的先进产品。1982年我去联邦德国，工作完了我提出来要参观自然科学博物馆，在这个博物馆里，三百六十行，行行都有自己的位置，发生发展的过程以及德国在这个领域的贡献，都有实物模型摆在那里。我去看电力，专门有电力设备展示，在那里就看到真空炼泥机。我马上记下该公司的电话、传真，索要资料。回到北京，我到部里计划司、技术司汇报了情况。这是发展电力工业所必需的，所以很快同意国内大连、醴陵、南京三大电瓷厂各引进了一套。南京电瓷厂这三大项换代产品均具有先进性、换代性、超前性，多少年过去了，三大引进技术产品仍供不应求。

汽轮电机厂是我市机械行业第一大厂。该厂长期生产中小型火力发电设备，当时因为电力紧张，所以生产的都是纯发电的小容量机器。技术经济指标很落后，最大做到1.2万千瓦，和1927年西门子公司卖给下关电厂的发电机效率是一样的。下关电厂的机器连续运转了70多年，这种产品已经属于经典机械，技术已经得到了最大利用。我们看出这是要淘汰的产品，必须有新的替代产品。经过反复研究，不断推进，一是大力发展高效系列的热电联产机组，不断扩大应用范围，为化工化纤、化肥、造纸、纺染、制糖、冶金、区域供热等许多领域服务。满足高耗能行业企业实现大规模节约能源需求，成绩显著。二是生产燃气轮机。当时该厂是国内唯一生产民用燃气轮机的企业，开始是仿制了美国专利的2.3万千瓦燃气轮机发电站成套设备，很快与美国拥有专利的GE（通用电气）公司合作，从合作伙伴关系开始，生产6000系列、9000系列高效大容量燃气轮机组，填补了国内空白，在燃气轮机方面取得重大突破，已经向西亚产油国出口。

南京机床厂，号称全国十八罗汉之一，分工生产六角车床。但到80年代这种设备还是落后的。所以该厂扩大与联邦德国脱劳伯公司合作，由他们提供全套技术和技术支持，合作生产具有当代国际先进技术水平的高级数控万能车床。南京机床厂领导得力，有人才优势，吸收掌握技术很顺利，很快成为全国生产数控机床水平最高、产量最大、出口最多的工厂，被国家科委、机械工业部授予国家科技进步型企业称号，得到了国家、省、市的有力支持。在此基础上又自行开发加工中心，智能化程度更高，加工功能范围更大，把机床工业水平差距缩短了40年。

第二机床厂是生产齿轮加工成套设备的工厂，他们从自己的实际出发，选择以工艺为突破口，首先保证加工机床零件的设备高水平，引进了部分关键的三、四轴联动的高精度数控加工中心，对所有的齿轮机床，滚、插、珩、剃、倒角、噪声等齿轮加工机床，全部达到ISO9000国际标准，加上企业全面质量管理成效显著，获得国家质量管理金奖，是南京唯一获此殊荣的企业。“八五”“九五”期间一直是国家齿轮机床行业的标兵，企业影响很大。

微分电机厂因产品质量不合格挨批评，逼出来一个用经济型数控技术改造传统设备的成果。在一次机械工业部组织的突击检查中，该厂在成品库随机抽取的两台样机，对照国家标准都是不合格产品。当时我在市委开会，通知我赶到微分电机厂，检查组宣布了检查结果，两台产品均为不合格品，按照国家规定应立即停产整顿。我检查了自己的领导责任，批评了该厂的领导作风，同时请求给厂里三个月时间整改，以观后效。我让他们一个星期拿出整改方案。整改方案拿来后一看，还是加强检查岗位等老办法。微分电机厂产量很大，周转量更大，完全靠人力肯定不行。我对厂长、书记说，传统的办法不解决问题，出路在技术进步，让他们回厂发动工程技术人员想办法。两天后我到厂里去，总工程师向我说了工程师李家俊的技术改造思路，我让他立即把李家俊找来。我和他面对面交谈后，思路慢慢理清了，首先要恢复机床精度，第二加装精密控制的元件滚珠丝杠，第三加装推进精密丝杠的动力——伺服电机，最后用单板机数控程序来控制。我给它定名叫经济型数控设备。我觉得这个创意很好，能成功，就问他做这个实验需要什么条件，要多少钱，他说要 7 万元，1 个月时间。我交代书记、厂长和总工程师，要钱给钱，要人给人，设备由他选，人员由他选，全力以赴。李家俊吃住都在厂里，结果用一半时间就搞出来了。先是轴类零件、盘类零件，然后是生产线，到数控化一个车间。李家俊发明的这一先进技术，不仅改变了微分电机厂的工艺水平，产品质量，还对全国推进微电子技术改造传统产业起了积极作用。我们把微分电机厂的整改情况汇报到机械部，他们认为这个思路对，又向国家经委作了汇报。朱镕基当时是国家经委副主任，管技术进步，看到这个先进实用技术广阔的前景，符合中国国情。1984 年 5 月，他亲自到南微厂考察，看完了以后即交代，在南京召开全国推广微电子技术改造传统机床设备现场交流会，大力推广南微厂经验。那时没有专利之说，国家经委拨了 240 万元，我们毫无保留地将这项符合国情、极具经济社会效益的技术发明，拍成 25 分钟的电影，分送各省和有关部委，把这项技术贡献给全国，推动了微电子技术广泛应用于传统产业，影响甚大。多年来南京向全国提供了数以 10 万台计的经济型数控各式机床等机电产品设备，为国民经济持续稳定快速增长作出了积极贡献。微分电机厂还引进了效率高出单点冲床 20 倍以上的高速冲床，使企业产品质量综合效益大为提高。把微电子这个新兴技术应用于传统产业这是个创意，是思想解放突破的成果。这个成果很快引入南京机械行业，几十个工厂，几万台设备能搞简易数控的都搞了，整个产业水平就不一样了。

油嘴油泵厂单缸泵产量全国最大，获金奖称号。为发展国家市场更加急需技术难度大、经济效益好的多缸泵，从韩国引进七八成新的欧洲产多缸泵成套数控设备，运转正常，效益极为显著。

高速齿轮箱厂是南京汽轮机项目分离出来的。发展的实践证明，建立专业高速齿轮箱厂的决策是正确的。原机械厅副厅长孙海云，机械局原总工程师刁家翔为此尽心尽力，机械工业部原副部长沈有余给了支持。高齿厂系高技术企业，主要加工设备均需进口，价格昂贵。百万美元一台是平常事。我们坚持从实际出发，买得起新的就买新的，买不起就精选便宜的二手设备，工厂努力拓宽市场，在电站、冶金大型空气分离、传输、水泥等行业提供优质重载精密齿轮。高齿厂改制后，发展更好更快，在香港上市，成为大型风力发电增速齿轮箱最大供应商，并保持了持续发展的好势头。

汽车改装厂具有丰富的东风改装车经验，原是交通局下属企业，后划给机械局管。厂长肖斌分析了中国汽车工业现状，觉得有一档车的用途广泛，前景喜人。这就是二汽研究中心集各车型优秀总成的六吨平头柴油车。公安部认为是最理想用于改装消防车的车型。二汽正在研究布点，有的省、直辖市均在争取，他提议南京也应争取这样的大项目。我怀着一探虚实的目的与肖斌奔赴十堰大山沟二汽总部，他们热情接待，我们一是争取更多底盘扩大生产，二是恰如其分地提出南京是布局六平柴项目的好地方，并邀请二汽派员考察调研。二汽是副部级企业，领导思想作风很好，平等热情待人，给我很深感触。二汽果然派联营部经理来宁调研考察，我们热情真诚接待，如实分析我们的长处和不足之处。经过细致横向比较，在产品集散运输、投资政策环境条件、技术管理力量、就地配套等主要方面，南京具有一定优势。一来二去彼此熟悉了，我们又请二汽更高领导来访，结果二汽主持全面工作的李副总来访，市领导热情接待，我作了上六平柴项目总体规划构想汇报，他们听了感到我们是认真而真诚的，表示要回二汽深入研究。我向二汽联营部伍经理提议，二汽地处深山，文艺生活不丰富，我请南京杂技团、越剧团到二汽慰问演出。他们反馈的消息是热烈欢迎。市文化局给了很大帮助，我亲自到剧团动员，临行市里有事，我请市经委副主任戴振亚带队，慰问演出引起了轰动，受到热烈欢迎，南京去的艺术团享受了二汽贵宾待遇。二汽对南京人的热情也深受感动。约在1984年秋，中国汽车工业总公司在二汽开会，有关项目领导在二汽，南京即派人前往。为提高级别，市委书记派了一位副市长同去。我们先后拜访了老部长饶斌，中汽总经理、副总经理，二汽新上任一把手陈清泰等主要领导。约一个月后，二汽派出专家组来宁商定合资建设东风专用汽车厂合同，二汽以全部技术支持，全部配套网络支持并出部分现金，象征性地占一点股份，全心全意帮助南京上项目。为争取时间，边试制边基建，克服重重困难，在铁心桥三年建成新厂，第一年产出1000台，第二年就突破万辆，产值高达17亿元。肖斌同志忙得满头白发，大见效益之时正是他退休之日。搞建设也是前赴后继的，后人应珍惜尊重前人的辛劳贡献。

工程机械厂过去是生产矿山设备的，主要产品是风动凿岩机，也有落后的小规模台车，是二三十年代的技术。部里会议结束以后，周剑南部长找到我说，这么多年我们也引进了一些东西，但国家急需的、基础的凿岩台车没有引进，南京有工程机械厂，可以搞。部里为这个项目曾多次到过瑞典阿特拉斯公司，但是没有谈下来，这次要不惜代价谈下来。回南京后我找到厂长、书记，作为地方企业，要引进这样的大项目，他们又惊又喜，国家支持上这样的大项目，是了不起的发展机会。我们过去的凿岩机是以压缩空气为动力源，6公斤压力；凿岩台车是液压油为动力源，600公斤压力。我们是一人一个风钻，用肩膀顶着往下钻，生产环境差，工人很辛苦，劳动生产率低，不安全。凿岩台车最多可以装4个臂，每个臂上可以装一台凿岩机，液压推动的，没有噪声，不需要人力，完全机械的，可以自动分析岩石，根据不同的岩石、不同的结构打出光点，自动对准光点一分钟打5米。我带了一支精干的队伍到斯德哥尔摩，回国上飞机前一小时终于在机场把项目签下来了。和瑞典合作，一年就生产出设备，我请市领导去看，庞然大物，3个臂伸出来5层楼高，打起来没有噪声和粉尘，下面是行走底盘，上面还有巨大的保护装置，即使塌方也可以保护操作者的安全，一个臂可以顶40个劳动力。这个产品被列入国家替代进口目录。很可惜这个项目先是合资，后来还是由瑞典独资生产了。

南京农用车厂金蛙农用车很适合社会主义初级阶段农村的需要，我们支持工厂实行大规模的技术改造，突出提高产品质量和扩大产能，变手工业作坊为工业化、规模化、流水化，生产工艺水平大为提高。产品价廉物美，农民购车10个月即可赚回本钱，农民亲切地称金蛙农用车为致富车。三年时间产量由1000多台跃增至10万台。高峰时年产超过50万辆，年销售收入37亿元，累计超过300万辆，也就是说为300多万农民脱贫致富提供了有力帮助。南京农用车厂还将自己整体后桥等多项关键专利技术，无偿供同行使用，取得了巨大的企业效益、行业效益，以及数以百万计的农户脱贫致富的社会效应。

以上是几个厂的例子，其实每一个厂背后都有深刻、生动的东西。在这一轮技术进步、产业升级中，我们与企业共同研究确定一厂一品、一厂一策，是充分研究国家发展需求，经过反复论证的结果，同时充分考虑了实施的可行性。中国有句精辟的成语“谋事在人，成事在天”。我以为这里的天意，涵盖了事物发生、发展的客观规律，而客观规律是不以人的意志为转移的客观过程。所以选择项目决策过程就是认真学习、思考、借鉴外部经验，反复研究论证的过程。机遇要珍惜，一着不让紧紧抓牢，争分夺秒付诸实施；风险要充分估计，未雨绸缪，措施在先。以这样的科学态度、严谨思想去认识未来，预见未来，并最大限度地发挥人的主观能动作用，天将助你，胜算的概率大为增加。机械局系统第一轮推进技术进步重大项目，是高度重视科学决策的实施过程，困难不少，但多数是在我们预计之内，总体上是比较顺利的，所产生的效果是十分积极的，影响也是十分深远的。第一，南京市机械局系统制造的主要机械产品普遍实现质量升级，普遍贯彻并达到了ISO9000国际标准，主要电机电器产品达到了国际电工IEC标准，实现了一次大的飞跃，至少缩短了二三十年差距。第二，开发试制生产了一大批国家急需的重要装备。如高级数控加工中心和高级数检车床，经济型数控机床，高效热电联产系列化机组，全液压三臂凿岩台车，国际标准系列火花塞，500kVA超高压大套管，钢化玻璃绝缘子，无人机舱自动压缩机，武钢进口直径1700高速轧机生产，全系统高速精密重载齿轮和36000千瓦燃气轮发电机组等，这些新产品均具有当时国际水准。第三，制造工艺手段有了第一次规模水平的充实提高，特别是大中型企业关键工艺设备水平明显提高，为稳定提高产品质量，增强产品开发能力，加快产品更新换代，奠定了一定物质基础。第四，实行全面质量管理深入班组，深入人心，向科学管理要效益渐成风气。第二机床厂对产品实行全面升级换代，在中国汽车工业崛起中赢得了很大的份额，促进了自身的发展。在微分电机厂经验启示下，像压缩机、锅炉、电站设备等普遍采用微电子技术控制，提高了产品功能质量水平。

企业技术进步深化了对科技是第一生产力的认识，依靠技术进步发展生产的基本指导方针，深入各级领导思想，促进机械工业在又好又快轨道上前进发展。1984年机械局工业总产值由原来的第三上升为第一，并遥遥领先。机械工业部对南京市机械局推进企业技术进步工作给予鼓励，并于1986年秋在南京召开机械工业部第二次技术进步工作会议。1200名代表出席会议，何光远部长作报告。我们向大会作了汇报，并开放24个企业，任所有代表自选参观指导，影响大，效果好，部领导和与会代表给了南京高度的评价，一致认为我们重点突出，选项准确，起点较高，用汇较少，综合效益好；节省投资，技改建设周期短，以提高产品质量为主线，突出关键工艺技术装备，加快产品升级换代，提高企业行业综合素质能力，效果显著。南京市机械行业在全国行业中先行半步，得到了部、省、市各级领导和有关方面的指导帮助和支持。

改革开放30年来，国民经济实现持续高速发展，经济质量正加快提高，其间市场竞争越来越激烈。我常和企业领导说，要使企业适应发展竞争需要，首先要有强烈的危机意识，深入研究预测经济快速发展中可能出现的问题、困难和新挑战；做一备二考虑三，就立于不败之地。二要有敏锐的机遇意识，深入研究高速发展和社会需求带来的潜藏的发展机遇，以此作出规避风险、抢抓机遇的科学决策。现在是知识经济的信息时代，科技进步真正是天天有所发现，天天有所发明，由于承载着现代科技成果，工业产品更新换代周期大为缩短。实践是最好的检验，像南京汽轮电机厂、高速齿轮箱厂、微分电机厂、南京电瓷厂、压缩机厂等一批优秀企业，在市场经济大潮中乘风破浪，不断创新发展，成绩骄人。水能载舟也能覆舟，潮涨潮落的有，得而复失的有，昙花一现的有，难以为继的也有，这是市场经济优胜劣汰的规律使然，宏观上不足为奇，联系到企业实际就是严酷的灾难。企业家如何居安思危，扬长避短；如何坚持办到做一备二考虑三，说来容易做起来难，现代企业家责任重大，心苦胜辛苦。

（选自《活页》2016年第2、3期，总第96、97期）

亲历计划经济到市场经济的转变

蒋裕德 *

回眸南京改革开放 30 年的巨大变化，无不令人振奋。作为在南京长期从事经济和计划工作的一员，我更是感慨万分。感触最深的就是，南京市人民以一往无前的进取精神和波澜壮阔的创新实践，顺利实现了计划经济体制向社会主义市场经济体制的转变，并由此带来经济和社会的又好又快发展。我记得 1978 年全市的国内生产总值只有 34.42 亿元，而到了 2007 年却达到了 3283.73 亿元，增长近 100 倍，年均递增 12.2%；人均 GDP 也由 844 元，发展到 44972 元，合 6157 美元，翻了近 6 番。这个成绩是全国水平的 2.7 倍，是全省平均水平的 1.4 倍。令人振奋的还有综合经济实力的显著提高，1978 年，南京的财政收入仅为 10.85 亿元，2007 年达到 628.5 亿元，年均递增 13.5%，其中地方一般预算收入 330.2 亿元，年均递增 14.6%。南京市总体实现了全面达小康的目标，南京人民实现了从温饱到小康的跨越，正在迈向更高水平的小康与和谐社会的新境界。

回顾南京从计划经济到市场经济的艰难转变，我认为大体可分为四个阶段。第一阶段，自 1979 年初到 1984 年 7 月。以党的十二届三中全会通过了《中共中央关于经济体制改革的决定》，南京被批准为综合改革试点城市为标志。这段时间的特点是，开始探索有计划的商品经济管理模式，农村改革不断深入，城市以扩大国有企业自主权为核心实施多种形式

---

* 蒋裕德，曾任南京市副市长兼计委主任、党组书记，南京市政协副主席、党组副书记等职。

的经济承包责任制，企业横向联合的改革逐步推开。第二阶段，1984 年 7 月至 1992 年 10 月。以党的十四大确立社会主义市场经济模式，计划管理的重点转向制定产业政策为标志。这段时间的特点是，开始重视和综合运用各种经济杠杆，在城市管理中实施目标管理，简政放权，大力发展区域经济，经济运行开始了由计划手段为主向市场调节为主的转变。第三阶段，1992 年 10 月到 1999 年底。以《南京市国民经济和社会发展“九五”计划和 2010 年远景目标》的顺利实施，南京市场体制基本形成为标志。这一阶段的特点是，大力推进经济管理和经济增长方式的转变，国有企业改革进一步深化；价格体系逐步理顺，建立了多层次的市场体系。第四阶段，2000 年至今。以转变发展观念、创新发展模式、坚持和谐发展的《南京市第十个五年计划纲要》全面实施为标志。这一阶段的特点是，经济管理实现了由注重经济增长向经济社会全面协调发展的转变。作为全国的一个缩影，从市计划经济委员会、计划委员会，到发展和改革委员会名称和职能的变化，折射出经济体制和运行机制在南京发生的深刻变化。

积极推进计划体制的改革，探索新形势下的目标管理

改革开放前，我国计划管理权限主要集中在国家和省两级，市的调控权限很小。计划管理的原则是统一计划，分级管理。市计委的工作主要是按国家批准的国民经济和社会发展五年计划审查各经济、文教部门所编制的年度、季度计划草案，检查国家计划的下达与执行情况，提出完成计划的实施意见，搜集整理相关资料，及时向上级计划部门提供有关计划的各项资料和对本市经济情况的分析报告，审查研究地方财政预算，编制和掌握主要物资平衡和分配计划等等。对社会经济的管理，主要依靠行政手段，即指令性计划安排和调控经济生活的运行。

1978 年 7 月，我从南京化学工业公司磷肥厂调来市计划经济委员会工作。当年，市政府还称“市革命委员会”，市革委会生产指挥部负责全

市的经济工作，“抓革命，促生产”。当时，计经委的工作给我的印象主要就是分钱、分人、分物、分指标。大到国民经济计划的制定，钢材、煤炭、水泥三大材的分配乃至财政资金的切块，小到兴办企业的审批，招工指标的分配，彩电、冰箱和煤气包的发放。在外人看来，计委是个十分神秘，权力很大的政府机关，其实计委的工作十分繁重，整天与数字打交道，日夜操劳，一点也大意不得。进机关不久，我从计经委科技处调到县社处任副处长，配合处长从事乡镇工业企业的规划和发展。县社处原称社队工业组，对外称市社队企业管理局。1981 年，我参与了市计委组织的南京“六五”计划编制，会同经委、科委召开经济、科技和社会发展的长期计划会议，进行一些专题的调研。同时，还组织力量编写了《南京概况》等基础资料。全市各经济部门也都开展了长期计划的调查研究和试编。编出的《南京市“六五”期间国民经济和社会事业发展计划（草案）》，经市委、市政府讨论修改后，再报市人大常委会审议。

1982 年 9 月，党的十二大提出“在本世纪末实现工农业总产值翻两番”的战略目标后，我们迅速组织力量调查分析了在宁的中央、省属企业的情况，调查了江宁、江浦、六合三县划归南京市以后的经济发展情况，以及高淳、溧水等县的自然、经济、历史资料，为实行省部属企业与地市合一的新体制做准备。虽然，在计划管理条件下，我们作出了极大的努力，但经济生活的多样性、复杂性使计划不可能做到包罗万象，面面俱到。改革开放中出现的新情况新问题，使这种管得过多、统得过死的以行政命令为主的管理方式已越来越不适应经济社会发展的需要。1983 年 4 月，为精简机构，推动经济体制改革，统一管理和协调工商企业的发展，市委、市政府恢复了计划经济委员会。我任南京市计经委生产技术处处长，后又任计委综合处处长。

1984 年 7 月，国务院批准南京为城市经济体制改革试点城市，同时下放了除铁路、长航、民航、邮电、电力等少数特殊军工企业以外的管理权。同年 10 月，党的十二届三中全会颁布了《中共中央关于经济体制改革的决定》。《决定》的最突出贡献就是突破把计划经济同商品经济对立起来的传统观念，阐明了加快以城市为重点的整个经济体制改革的必要性、紧迫性，规定了改革的方向、性质、任务和各项基本方针政策。乘此东风，南京市积极推进各项改革，以搞活企业，搞活流通，改善和提高城市综合服务功能为重点，发挥中心城市作用的南京城市改革由此拉开了序幕。

计划管理体系和工作重点也发生了重大变化。1985 年 10 月，市委、市政府决定撤销计经委，恢复成立市计委和市经委。市计委开始由过去繁重的事务性工作转到重点加强对宏观经济的控制；由过去过多的指令性计划转到指导性计划的管理。在编制下达和组织实施计划的同时，注意综合运用财政、税收、价格、信贷、工资等经济手段调控经济运行。根据“管大、管少、管好”的要求，计划工作从定指标、列项目、分投资、分物资，逐步转向研究国民经济发展战略，重大比例关系，产业政策，编制中长期发展计划，安排固定资产投资规模、方向和重点，抓城市的规划、建设和管理，重视和加强信息工作。以后，根据国家计委改进计划体制的 12 条规定精神，随着国家第二步“利改税”和简政放权的逐步实行，行政手段运用的范围缩小，经济调节的范围扩大，对企业下达计划也留有余地。各企业在生产经济计划的编制、修改、执行等方面有了更大的自主权。

从 1985 年开始，本市还在全市工作中全面运用目标管理手段，与计划管理相辅相成，共同促进了城市经济和社会的发展。市计委作为目标管理的主要综合部门，充分协调好目标与计划之间的关系，有效地保证了计划目标的顺利实施。在工业生产上，以搞活大中型企业为重点，不断简政放权，推进企业的内部改革；在农村经济上，提出了“城郊型”经济发展方针；流通体制改革也在向纵深发展。我们把目标管理和责任制结合起来，把 50 项目标实行三级分解，建立了明确的自上而下的三级目标体系。在目标的制定上，形成了覆盖南京国民经济和社会事业发展的十大块指标体系，包含了城市建设、城市管理、教育文化、医疗卫生等群众关心的方面。在目标实施的过程中，我们还实行了定期检查、年终考评奖罚的制度，将简政放权后焕发出的活力和动力组成了合力，并引导到党委政府实现城市发展的总目标上，从而促进了南京经济社会的协调发展。

编制南京中长期计划，加强和改善宏观调控

在我担任市计委领导期间，国家的计划体制又一次发生变化。1989年，南京经过争取搭上了计划单列的末班车。国务院决定对南京市在国家计划中实行单列，赋予相当于省一级的经济管理权限。也就是说，从次年起，本市计划实行中央和市两级管理，计划渠道由原来对应省计经委改为直接对应国家计委，国家各项计划直接下达到市。由此，带来南京市计划指标三个方面的重大变化：一是大幅度减少指令性计划，增加导向性、预期性计划指标；二是计划指标由实物量向价值量转变，突出总量和效益指标，淡化社会总产值、工农业总产值等指标；三是结合实行新国民经济核算体系，推行以国内生产总值为核心的指标体系，取消了国民收入指标。

《南京市国民经济和社会发展十年规划和"八五"计划》是市计委成立以来编制的第一个中长期发展计划，是南京市计划单列后第一个市级计划，也是南京市在20世纪末发展的蓝图。我作为市计委副主任直接参与了计划草案的起草。根据市委、市政府主要领导的意见，我们确定了"以经济建设为中心，坚持四项基本原则，坚持改革开放，坚持两个文明一起抓，依靠科技进步，加强科学管理，积极调整结构，大力增强后劲，完成市场体系，努力提高效益，促进国民经济持续、稳定、协调发展和社会事业更加繁荣，确保人民生活达到小康水平"作为十年规划和"八五"计划的指导思想。"八五"计划期间的发展重点是：推进经济体制由计划经济向社会主义市场经济的转变和经济增长方式由粗放型向集约型的转变，发展农业和乡镇企业，把农村经济推上新台阶；充分发挥石油化工、电子、汽车工业为主体的综合性工业基地的优势，加快地方工业的发展；进一步扩大对外开放，加快发展外向型经济；加强市场体系建设，大力发展第三产业；推进科技进步，促进经济发展；继续改善基础设施，增强城市综合

服务功能；努力保持社会事业与经济建设的协调发展；巩固扩大横向经济联合，进一步发挥中心城市功能；进一步改善城乡人民生活，提高生活质量；创建国家卫生城市，加强健康教育和卫生基础设施建设。

1992年，邓小平南方谈话发表及党的十四大以后，南京市改革开放的步伐进一步加快，经济运行开始由计划手段为主向市场调节的转变。市计委在领会社会主义市场经济理论的基础上，面对新的形势和新的要求，适时提出，计划工作要拓宽视野，更好地转向市场；计委的职能要进一步转到宏观管理和综合平衡上来；工作方式做到主动、推动、引导和服务。首先是抓机关职能转变，将固定资产投资、新办企业、非生产型外商投资项目的审批权一次性下放给区县和主管部门。二是积极深化计划体制改革，下发的计划本子由22个削减为11个，突出关系国计民生的总量指标，减少指令性计划指标。面对宏观紧缩的经济形势，从总量上为全市争取到更多的“债改贷”规模。通过向国家申请长期低息的政府贷款和6次专项贷款，并在计划中新增了土地利用开发计划，强化了对土地的管理，重点抓资金源头与土地源头的总量管理与综合平衡，建立重大项目服务体系。三是推进资源的综合利用，成立再生资源办公室，超额完成市政府提出的综合利用粉煤灰30万吨的任务，综合利用率第一次超过全国平均水平15个百分点。四是成立了市第三产业办公室，商业贸易计划处更名为市场流通处，与市第三产业办公室合署办公，并组织编制了“南京第三产业发展规划纲要”，探索第三产业指标考核体系等。

为了加强宏观调控，促进南京市场经济的健康发展，早在1991年12月，我们就成立了市计划与市场学会，针对特别棘手的粮食价格和分配、流通体制改革、政府和市场等问题，组织驻宁专家学者献计献策。以后，逐步放开了大多数农产品的经营，对粮食实行“保量放价”，建立保护价及相应的保护基金和储备制度。1993年，粮价全面放开，粮票粮本全部取消，原来的定量配给转变为市场自由采购。1993年以后，南京等8个省会城市不再实行计划单列，但仍保留有相当于省级的计划管理权限。这时，王启培同志离任后由我担任计委主任。

1994年，我们开始着手调研起草《南京市“九五”至2010年长远规划》，这是跨世纪的发展规划，也是在市场经济条件下编制的第一个南京中长期发展规划。在编制方法上，计委党组改变过去关门定计划为开门搞规划，多次组织专家论证会，并且和市社科联、南京日报社联合开展了“南京跨世纪发展战略有奖征文”活动，广泛吸收社会各界建议，会同有关部门深入研究了南京的城市定位、支柱产业选择、生产力布局、精神文明标志性工程、可持续发展等问题。宏观经济的运行开始由政府主导变为以市场为基础，过去的指令性计划转向了战略性、政策性、指导性规划；过去注重产业发展、指标分配的规划，转向了强化公共资源、公共产品、服务配置和空间定位的规划；过去完全由政府主导的规划，转向政府、社会、企业全方位合作的开放型规划。

计划经济特色的“五年计划”被“规划”取代，包括商品交易市场、劳动力人才市场、证券交易市场在内的各类市场在南京的建立，《南京市国民经济和社会发展“九五”计划》的全面实现，标志着南京市场经济体制的框架初步形成。

综合运用经济杠杆，推进经济和社会协调发展

计划管理体制的改革使计划工作的职能变化了，但地方政府调配资源、实现平衡的功能没有变。在市委、市政府和上级主管部门的领导下，市计委充分发挥综合经济部门的职能优势，努力在调节经济运行、统筹配置资源方面再上新台阶。

从20世纪80年代后期，南京市就开始探索综合运用经济杠杆管理社会经济的发展。1986年，南京市成立了“南京市经济杠杆调节管理委员会”，市长张耀华亲自兼任主任，副市长王荣炳、马昭宏及市计委主任王启培兼任副主任，办公室设在市计委，对内称市计委经济杠杆调节办公室。经济杠杆调节办公室通过制定经济法规，出台《南京市经济杠杆调节管理工作条例》，明确经济工作调节的方向，运用财政、信贷、利率、物

价、税收、工资、汇率等经济手段和本市直接掌控的外汇、投资、物资、债券、股票、部分建设资金保证规划、计划和政策的落实，引导企业走向市场增强活力，同时协调经济发展中出现的问题。

市计委从全市经济和社会发展的大局出发，统筹配置和使用港口资源、岸线资源、交通资源以及土地、资金、电力等生产要素资源。在岸线资源的配置和使用方面，推进《长江岸线资源保护和利用条例》立法工作，促进长江岸线资源合理、有序利用；在土地资源的配置和使用方面，研究建立“定项目、核土地”工作制度，优先保证投资强度高、技术层次高、产业关联度大的重点项目土地供应，促进土地集约使用；在资金调度和使用方面，在不断加大银企合作力度，引导和协调金融机构加大投入，并广泛吸引社会资金参与城市建设的基础上，重点对需要加强的农林水利、生态建设、环境基础设施、社会事业等薄弱领域的项目，给予大力支持，用好有限的政府资源，促使各类生产要素向优势产业和行业集中。

90 年代中期，市计委开始强化政府对重大项目的调控能力，注重对全市重大项目的参与和管理。健全了重大项目管理体系，系统地提出了加强重大项目建设的 28 条意见，报市政府审定转发。为了切实加强工业重大项目的管理，市计委适时地提出了《关于搞好工业重大项目，支持地方工业发展的若干设想》和《金龙计划项目管理办法的建议》为领导决策提供可靠的依据。在项目管理上努力抓好“三个一批”项目（一批竣工项目，一批在建项目，一批准备项目），协助建设单位相继完成了长江二桥、禄口国际机场、城北水厂、58 万吨轻油制气厂方案审查等。

项目建设资金紧张状况是长期困扰着我市经济发展的突出问题。为了积极开拓筹资渠道，我们通过向上争取，向下筹集，广开财路、用足政策，取得了丰硕成果。首先，努力争取国家支持。如 1995 年国家计划安排我市重点建设专项建贷 1.5 亿元，同时还落实了安居工程贷款 1.1 亿元，房地产信贷规模和农业大县等其他专项资金以及“菜篮子”工程的急需资金。其次，协助项目单位争取开发银行专项贷款。如 1996 年积极争取到了国家开发银行为白云亭农副产品批发市场 1100 万元信贷等。第三，拓宽外资筹措渠道。1996 年，我们通过与香港中信泰富集团采取合作与资本运作方式，短短三个月就筹集了 1 亿美元，有力地支持了南京城市三年面貌大变和新港开发区建设的需求。为上元门水厂、北河口水厂争取到法国和日本政府贷款。同时，努力向上争取专项外资贷款和中方担保项下对外融资规模，全年向国家计委争取“三资”企业专项贷款 900 万元和“台资”企业专项 1000 万元，又为江宁水厂争取意大利政府贷款 950 万美元，为城东干道等项目争取世行贷款。第四，积极做好建设资金计划，实施目标点贷。仅 1996 年全年共发放目标点贷 12.08 亿元，有力地支持了目标项目的建设。第五，积极发挥南京证券办公室的作用，发行企业和项目债券。第六，打造了南京“重洽会”这个平台，促进我市全面开放、全城开放和全方位开放。到目前为止，南京市的“重洽会”已在全国形成了品牌效应。

面向市场，通过金融手段拓展筹资渠道是我们的一项重要工作。1986 年 2 月，经人民银行总行批准，我们成立了南京市国际信托投资公司；1987 年，为了筹集地方电力建设资金和农副产品菜篮子建设资金，经营管理好市固定资产投资，我们又成立了南京市投资公司。1994 年 1 月，为增强经济实力，更好地服务于南京的改革与发展，市国际信托投资公司和市投资公司合并，实施统一管理，一套班子，两块牌子，挂靠市计委，由我担任管委会主任。在国家政策的允许范围内，开展融资、投资、证券、租赁、贸易、房地产等项业务，同时，积极开展“三来一补”、合资、合作等业务，解决了建设资金不足和效率不高的问题，促进了南京地方经济的发展。

1994 年 5 月，市政府成立市证券委员会，其办公室设在市计委，副市长李英俊任主任，我任副主任兼证管办主任。当时，国家证券法尚未颁布，工商企业规范化改造也正处于起步阶段，为了促进企业的规范化改造和证券业的发展，我们专门组织了部分专家学者起草了工商企业股份制改造的意见和南京市股票发行与交易的意见。会同市人民银行及有关部门制定的《南京市股票发行与交易管理暂行规定》，并正式批准熊猫电子集团股份有限公司、南京中央商场（南京人民商场）、南京新街口百货商店有限公司、南京造漆股份有限公司和南京信业股份有限公司等14家大中型企业进行了股份制改革试点。在此基础上，积极做好拟上市股份公司的前期组织、协调和督促工作，使新百股份、天龙股份（后并购为红太阳股份）、南京化纤、南京中北、新港高科、南京医药、熊猫电子等一大批地方企业顺利上市。

2002年，根据计划管理的变化和新要求，市计划委员会改组为市计划与改革委员会。2005年，在新一轮改革开放中，市计划与改革委员会和市体制改革办公室合并，成立市发展和改革委员会，简称“市发改委”。为了加快转变经济增长方式，抓住国家加强和改善宏观调控的重要机遇，把经济增长方式转变作为发挥比较优势、实现争先进位、构建和谐社会，市发改委研究并提出了我市《关于全面推进经济增长方式转变的工作意见》，首先，改进目标考核办法，把经济发展切实转到主要依靠科技进步和人力资源素质提高的轨道，推动经济增长从量的集聚转向质的飞跃，从外延式扩张转向内涵式提升。同时，加大产业结构的调整力度，坚持工业第一方略，着力培育与制造业相配套的现代服务、信息咨询、金融保险等生产性服务业，促进农业、工业、服务业的协调发展。其次，以沿江开发为载体，把发展高新技术产业与改造提升传统产业结合起来，把产业布局调整与推进区域共同发展结合起来，加快企业集群、产业集聚，构筑面向世界、面向未来的新型工业体系。第三，调整需求结构，在保持投资适度增长、出口稳定增长的同时，适时出台鼓励消费的具体措施，推动消费结构升级，释放消费潜力，提升消费对经济增长的拉动力。在经济运行的监测、预测和分析，提高应对能力，可持续发展战略等方面做好市委、市政府的参谋助手。

以富民强市为目标，促进和谐南京建设

在我市改革处于攻坚阶段的关键时期，我们努力把深入推进改革作为

巩固成果、解决经济运行深层次矛盾和问题的根本措施。通过推进改革，释放体制机制活力，增强发展动力。通过召开形势分析会等多种形式，研究消费、收入变化对推动经济的影响，从一些项目的建设周期，来分析对富民政策和经济走势的影响，坚持以人为本，搞好经济与社会的协调发展，促进和谐南京的建设。

在“七五”期间，围绕社会事业的计划执行，认真抓好重点项目的建设，我们会同市财政局，三年筹资1个多亿，支持鼓楼医院、妇幼保健医院、口腔医院等多家医院进行改造和扩建。特别对南京广播中心业务楼、金陵职大教学楼等社会事业标志性项目，从计划、选址、筹资等方面全力支持。为加强人口的宏观调控，我们提出了《南京市暂住人口管理实施办法》，在加强对流动人口综合管理的同时，坚持人口管理联合办公会制度，认真做好“农转非”和城镇机械增长计划的工作。积极推进户籍管理制度改革，加强我市市区城镇人口的宏观调控，进一步提高城市人口素质。在借鉴兄弟城市经验的基础上，我们结合南京市的具体情况，研究制定了《南京市蓝印户口管理暂行规定》，市政府以宁政发〔1995〕105号文正式下发，并由市计委牵头组织实施。从而促进了我市商品房的销售和外来资金、人才的流入，筹集一部分城市建设资金，促进了城市经济的发展。

1996年2月，经市人大常委会选举，我担任了南京市副市长，兼任市计委主任、党组书记（次年6月，不再兼计委的工作）。随着工作的改变，所涉及的方面和关注的视野也更加广阔。新世纪之初，市十二届人大四次会议通过的《南京市国民经济和社会发展第十个五年计划纲要》，明确了我市今后五年发展的总体目标，即以富民强市、率先基本实现现代化总揽全局，以结构调整为主线，以改革开放和科技进步为动力，深化实施科教兴市、经济国际化、城市化和城市现代化、可持续发展四大战略，进一步发挥南京作为省会城市和长江下游中心城市的作用，使我市在综合实力、基础设施、社会文明和生态环境等方面都进入全国先进行列。“富民强市、加快发展、率先基本实现现代化”，转变发展观念，创新发展模式，提高发展质量，坚持和谐发展，注重以人为本，推动社会全面进步，使发展成果惠及全体人民，推动南京经济社会切实转入全面、协调、可持续发展的轨道。

所有制结构调整是我市经济体制改革的重要环节。改革开放前，我市基本是全民、集体所有制企业一统天下。1978 年，全市拥有全民企业 347 家和集体企业 856 家，分别占全市工业总产值比重的 78% 和 22%。随着改革开放不断向纵深发展，长期计划经济体制下单一的公有制模式逐渐地被生产力发展的内在客观要求所打破。自 1978 年起，市委、市政府制定了《南京市城乡个体工商业管理暂行办法》，开始扶持个体经济的发展。进入 90 年代，我市各种类型经济进入了蓬勃发展阶段，形成了以国有经济为主体，三资企业和个体私营经济等多种经济形式并存和共同发展的格局。以后，国有企业通过转换经营机制，建立现代企业制度，在加快自身发展的同时，以合资、控股、参股、发展股份制等多种形式，逐步向集体、三资、联营或其他经济类型企业转移和渗透，实现了资产的重组和优化配置。我们通过大力贯彻落实《中小企业促进法》，建立和完善创业辅导、信用担保、信息咨询等社会化服务体系，不断营造公平竞争的市场环境和一视同仁的政策环境。南京的所有制结构逐渐趋于优化，国有企业数量明显减少，资产规模逐年增大。国有资本在一般竞争性领域的比重下降，在渐次退出的同时向基础性、公益性领域集中。

30 年来，南京始终坚持以搞活大中型企业为中心，不断探索国有企业改革的新路径。具体走过了这么几个历程：一是 1979 年至 1983 年的扩权试点阶段；二是 1984 年至 1988 年从以搞活大中型企业为中心环节到对内搞活和对外开放并举阶段；三是 1989 年至 1992 年的探索转换企业内部经营管理机制和转变政府职能阶段；四是 1993 年至 2001 年的整体推进、重点突破，建立现代企业制度的探索阶段；五是 2002 年至 2008 年的以产权制度改革为核心的企业改制创新阶段。在前几个阶段的基础上，2002 年 5 月，以推进国有工业企业“三联动”改革为标志，我市拉开了国有（集体）企业以产权制度改革为核心的企业改制创新的序幕。“三联动”改革，坚持了以加快发展为主题，以结构调整为主线、以产权制度改革为突破口，调整企业资本结构，理顺劳动关系，降低企业负债，进一步激发企业活力，为南京的经济和社会发展赢得更大的空间。这一阶段，改制工作由工业企业扩大到非工企业，由企业扩大到经营性事业单位，改制实现了规范完善、重点难点的突破。南京 320 家工业企业、220 家商贸、城建、农口等系统的国有企业和 146 家市属经营性事业单位的改制重组工作全面完成。企业的微观主体地位进一步确立，活力进一步增强，效益不断提高。

在企业改革取得突破的同时，为了让广大人民群众充分享有改革的成果，2003 年以来，市委、市政府高度关注民生，牢固确立了“两个率先”、富民优先的指导思想，成立了“富民办”统抓全市的富民工作（设在市发改委），明确提出举“富民”旗、打“特色”牌的总体思路，把富民工作作为保障和改善民生的中心工作，把富民工程作为“不含水分、群众得实惠”，全面达小康的重点工程。通过持之以恒地抓组织推动、坚持不懈地抓政策落实，南京城市居民人均可支配收入和农民人均纯收入进入增加较多、增长较快的新阶段。一是健全创业促进机制，探索以创业为主动力的富民之路，出台了一系列放宽准入和降低创业成本的政策，采取“一门受理、并联审批、限时反馈”的措施，提供金融支持，探索健全信用担保服务体系，连续 4 年从财政列支 2000 万设立担保基金，并对担保机构予以担保业务的补贴。全市获得政府支持的重点担保机构数量、注册资金总额和担保业务总量分别为 22 家、9 亿元、37 亿元，累计推动中小企业总投资 320 亿多元、新增企业利润 43 亿多元、税收 19 亿多元、就业机会 7 万多个。有限的政府投入获得了极大的杠杆放大效应，取得了良好的社会经济效益。二是建立就业调控机制，实施“十百千万”工程，并对就业困难人员采取政府补贴方式帮助就业。从 2003 年起，每年新增就业岗位 10 万个，创建 100 个充分就业社区，新办 1000 家灵活多样的劳动组织，帮扶 1 万名就业困难人员再就业。三是探索形成公平有序分配格局的创新办法，综合运用财税等手段，努力扩大中等收入群体规模，加大了对居民获得房租、红利等资产性收益的鼓励力度，提高营业税起征点，减少居民税费支出。同时，及时发布企业工资指导线和主要工种（岗位）的工资指导价位，并积极推行工资集体协商办法，提高企业工资指导线水平，连续三年提高了最低工资指导标准。五年来，城市居民人均可支配收入和农民人均纯收入平均每年增加 2232 元和 688 元，年均增幅达到了 15.6% 和 11.9%。2007 年城市居民人均可支配收入达 20317 元，比 2003 年的 10196 元增加了 10121 元，2007 年农民人均纯收入达到 8020 元，比 2003 年的 4923 元增加了 3097 元，全面超过全省小康社会建设目标要求。四是努力提升社会保障水平，探索建立新型的社会保障框架体系。在城镇，按照“社会化”和“广覆盖”的要求，逐步扩大基本养老、失业和基本医疗等社会保障覆盖面，大力推进社会保险的社会化管理；在农村，率先探索建立农村社会保险制度，开展了“以土地换社保”的实践探索，建立了农村医疗保险体系。同时，持之以恒地开展扶贫帮困工作，通过统筹安排财力，加大财政转移支付力度，帮助贫困乡村居民改善生产、生活条件；通过完善低收入者救助制度，重点帮助下岗职工、拆迁居民、失地农民解决生活困难。

为了落实科学发展观、构建和谐南京，我们从 2002 年 5 月以“建信用南京城，做诚信南京人”为主旨，积极推进社会信用体系建设。老实讲，这项工作意义重大、难度不小。归纳起来：我们以落实《行政许可法》为重点，大力推进行政许可方式改革，配合有关单位设立了行政服务中心和政务超市，简化审批程序，清理和取消一批行政许可事项。同时加强企业信用管理，推进企业诚信经营，以电子政务网为依托，构建市公共信用信息平台，以重点人群、重点行业为突破口，积极推进个人信用体系建设试点。其次，突出了金融领域的诚信建设，不断深化和完善行业信用体系建设，探索行业诚信经营奖励和失信惩戒机制。在全省率先出台了《政府公共管理中使用信用产品试行办法》等一系列与信用体系建设相关的规范性文件，为社会信用体系健康有序发展提供了制度保障。

改革开放 30 年来，南京市在打破传统计划经济体制，探索建立社会主义市场经济体制的进程中，进行了不懈的努力。通过改革、改组和调整国有经济的战略，重新塑造了与市场经济要求相适应的微观主体，建立起社会主义市场经济体制框架体系，改革了与生产力不相适应的生产关系，积极转变政府职能，大力推进服务型政府建设，开拓了统筹城乡和区域发展的新天地，进一步增强了科学发展、率先发展、和谐发展的内在动力。

整理人：汪晓宁　肖振才

（选自《活页》2016 年第 4 期，总第 98 期）

追寻地球早期生命轨迹

袁训来 *

六亿年前的蓝田生物群

我与蓝田生物群的不解之缘要从 1994 年开始说起。

那年夏天，我刚刚从北京大学毕业到中科院南京地质古生物研究所工作还没多久，在中国科学院地质研究所陈孟莪研究员的指引下，与两位同事一起坐火车第一次来到安徽省休宁县的蓝田镇。当时住在路边乡村的小旅馆，两边是大山，中间是流向新安江的休宁河，夏天水量充足、清澈见底，大家早上洗漱、晚上洗澡都在这条河里。作为地质古生物工作者，每天的工作就是带着榔头到山边露出的石头中敲化石，午餐是在附近树荫下吃带来的葱油饼，下午接着工作。由于皖南山区植被覆盖率高，露出的岩石较少，当时的工作效率并不是很高，一天下来也敲不到几块化石。尽管如此，以前老前辈们报道的一些典型的化石，如扇状和丛状藻类化石，这一次也都采集到了。但是，由于发现的化石数量有限，保存状态也较差，也没有发现新类型的化石，再加上当时对这些化石的科学意义认识不够，所以也就没有接着进行深入的研究。

1995 年，我赴加拿大蒙特利尔大学地质系做访问学者，其间不仅接

---

* 袁训来，中国科学院南京地质古生物研究所研究员、博士生导师，第十一、十二、十三届南京市政协常委。“蓝田生物群”研究获 2013 年度江苏省科技成果一等奖。

触到了古生物学的前沿知识，而且也拓宽了眼界，觉察到早期生命研究在中国大有可为。1997 年，回国没多久，我再次来到蓝田，希望能在这里采集到更多、更好的化石。这次除了自己用榔头敲化石外，还请了当地的农民帮忙清理剖面上的杂草，把挖出来的石头运到开阔地带进行化石剥离，这样，大大提高了工作效率，采到的化石也比第一次更加丰富。回到南京后，我和同事们对这些化石进行了较为详细的研究。由于在国外期间有一段科研经历，也收集到了有关的文献，所以这次我把研究成果整理成了英文文章，并在 1999 年发表在国外的学术刊物上，对这个化石生物群进行了简单的属种报道。由于这篇论文当时没有对这一化石生物群的科学意义进行深入的阐述，因而也没有引起国际早期生命学者太多的关注。

五亿八千万年前的瓮安生物群

在此之后的近十年中，我的注意力主要集中在贵州瓮安磷矿的“瓮安生物群”。瓮安生物群是一个磷酸盐化保存的化石生物群，其中的化石以微体化石为主，很多保存了细胞结构，时代为距今约 5.8 亿年的埃迪卡拉纪。早在 1987 年，我还是北大地质系的一名硕士研究生，在张昀教授（已故）指导下，硕士毕业论文研究的就是这个生物群，瓮安生物群也是我在 1993 年命名的。

1998 年有两篇具有重要影响的论文几乎同时分别发表在英国《自然》（Nature）杂志和美国《科学》（Science）杂志上，宣称在瓮安生物群中发现了动物胚胎化石。在 2000 年前后，该生物群成为国际学术界研究动物起源和早期发育的热点。这些动物胚胎化石保存非常精美，甚至保存了受精卵的细胞分裂过程：一个细胞分裂成两个，两个变四个，四个变八个……然而，虽然这里保存了大量的胚胎化石，或称为动物下的“蛋”，但是它们的动物成体却一直没有找到。是什么样的动物留下了这些胚胎？下这些“蛋”的“鸡”长得啥样？带着这些疑问，我和同事们开始对瓮安生物群重新展开深入的研究，试图从中找到这些下“蛋”的“鸡”。

然而，围绕着瓮安生物群进行了十多年的深入研究，我们虽然也发现了很多其他的重要生物化石，比如，最古老的地衣化石（论文2005年发表在美国《科学》杂志上，把这类生物的最早化石记录提前了近两亿年，证实了现代分子生物学关于最早的地衣和真菌的起源时间发生在6亿年之前的推测，相关成果也被评为2005年度“中国基础研究十大新闻”）等，但是，我们却始终没有找到下“蛋”的“鸡”。

直到2009年秋天，出现了转机。这一年，中国古生物学会年会在南京举办，会议期间，我与古生物所的周传明博士、陈哲博士等几位从事早期生命研究的同事一起聊天，谈起在“瓮安生物群”中十多年都没有发现留下这些胚胎的动物，难道还要把这个问题留给后面的年轻人去解决？大家还是要想想办法！问题往往出在“不识庐山真面目，只缘身在此山中”。能不能换个思维，这些下“蛋”的“鸡”会不会并不在那里生活！就像在许多有恐龙蛋保存的地方却几乎没有恐龙骨骼被发现，而有恐龙骨骼保存的地方却没有恐龙蛋一样，也许适合瓮安生物群胚胎化石保存的浅海环境并不适合这些留下“蛋”的“鸡”的生存，它们的成体生活在相对较深水的区域？沿着这一思路，我和周传明几乎异口同声地说出，我们再去皖南蓝田！蓝田地区有与瓮安生物群时代相当的岩石，只是水体要相对深一些，会不会有动物生活在那里？就像澳大利亚大堡礁现代珊瑚虫一样，到了生殖季节整片海洋的上层水体中都漂浮着珊瑚虫释放出来的繁殖细胞。在蓝田地区，埃迪卡拉纪的海洋中是否也生活着类似珊瑚虫那样的底栖固着动物，它们在繁殖季节下的“蛋”会不会从深水飘到比较浅的地方再沉积下来？比如，类似瓮安生物群的沉积环境中。当然，从现代地理位置上看，贵州瓮安与皖南蓝田有千里之遥，在埃迪卡拉纪它们也相隔甚远，当时蓝田地区即使有动物生存，也不可能把它们的胚胎运移到瓮安地区。但这种思路告诉我们，也许距离瓮安生物群不远，在当时也存在一个较深水的区域，那里也生存着底栖固着的动物，只是现在没有保存这样的岩石而已。

蓝田生物群的再研究取得了突破性进展

2009年秋天，我带领团队再次回到蓝田，与前两次来的情形不同，这次我们是带着明确的科学目的重返故地。此时，我们得到了中科院创新项目和科技部973项目的支持，科研经费有了保障，团队成员也有着更加丰富的研究经验。

科学研究中经常不乏看似“运气”的地方，蓝田生物群的新发现也不例外。带着寻找下“蛋”的“鸡”这一明确的目标，在蓝田地区开展大规模化石挖掘时，刚开始还只是在原来的剖面，也就是前辈科学家第一次带我们来的地方继续挖掘。这是一段紧靠“屯黄”公路的地质剖面，路边取石数量有限，我国公路管理法规也不允许在公路边大规模挖掘。这样缩手缩脚地做工作，很可能无功而返。这时候，我想到公路河对岸村庄的山坡上也有类似的地层出露，那里视野开阔，也许可以进行大规模的化石挖掘。

新地点的发现还有一段小插曲，那是在1997年夏天，也是我第二次到那里去采集化石。当时请了当地农民帮忙挖石头，工作了几天后，大家也熟悉了，其中一个老乡非常热情，觉得中午大家在路边吃冷油饼太辛苦，就邀请我们中午到他家里吃点热饭。老乡家住在河对岸的一个小村子，虽然只有十多户人家，却是一个非常古老的皖南小村，据说唐代就已经有了。吃完饭后，我就在村子里逛逛，看看古村的风貌，不知不觉地就走到了村子后面，那里堆满了老乡盖新房挖地基丢弃的石头。职业习惯促使我来到这堆石头旁边，俯下身随手翻了翻石块，很快就发现这些石头表面就有跟公路边类似的化石。追根求源，我很快就找到了这些石块的出处，可惜那里已经盖上了新房，而周边都是老乡的庄稼地和茶园，没有看到很好的岩石露头。我明白这些农作物和茶园就是农民的饭碗，当时也就没动心思把青苗铲掉，看看下面是否有很好的化石。

时过境迁，这次我们带着明确科学目的再次来到蓝田，必定要有所作为。在政策和经费允许的情况下，我们给了农民青苗的经济补偿，就在村旁的山地里开始了大规模的挖掘。没几天，很快就有了新进展，不但找到了比以前保存好很多的相同类型化石，还发现了新的品种。

根据我的分析和判断，瓮安生物群的胚胎化石直径约 1 毫米，如果在这里找到相应的成虫化石，根据现代生物学推测，下这些“蛋”的“鸡”的大小应该不小于 3 厘米，另外根据当时生物演化的总体水平，底栖游移生活的复杂动物应该还没有出现，如果有动物，它们很可能是底栖固着的类型，并长了触手用来取食……几天之后，一对（一个化石的正反面）上部长有触手、下面具有固着装置、长度约 3 厘米、形态类似现代珊瑚虫的化石被发现了！当科学预见和实验结果相吻合时，这就是难以言表的科学之美。这一发现也揭开了蓝田生物群研究的新序幕。

这次化石采集的野外工作从 10 月底一直进行到那年的冬天。那一年冬天，皖南一带普降大雪，我和课题组的陈哲博士、王金龙同志一直在进行野外挖掘，感觉这些 6 亿年前的生物虽然早已变成了化石，好像今天不把它们挖掘出来，明天就会跑掉一样，直到春节前三天，大雪封门，在发掘点全被大雪覆盖时才决定回南京。记得当时王金龙同志在冰雪覆盖的皖南山路上开车，时速 10 公里还经常打滑。

2010 年春节过后一上班，团队就对这些化石进行了讨论，大家一致认为这次新发现的动物化石很可能与那些下“蛋”的“鸡”有关。过了正月十五，我带领团队再次回到蓝田继续挖掘，寻找更多“最早动物”的证据。就这样，陆续在蓝田一直工作到 2010 年夏天。我们课题的长期合作者、国际知名的早期生命研究专家、美国弗吉尼亚理工学院的肖书海教授专程从美国赶回来，到蓝田的野外现场看了剖面和化石，并一起讨论了这些化石的科学意义，以及如何写文章向国际学术界公布。很快，我们就将论文初稿投到了英国的《自然》杂志。

这时候我已经认识到，蓝田生物群中不仅有藻类，而且还有动物，虽然还不确定这些动物与瓮安生物群中保存的胚胎化石是否存在直接的关联，但却已经清晰地表明在同一个时代甚至更早的时代里，地球上已经有了动物的存在，这些动物下的“蛋”也很可能与瓮安的一样。然而，毕竟安徽的蓝田生物群与贵州的瓮安生物群地理位置不同，沉积环境也不同，因此这些动物有可能在瓮安并没有保存为化石。另一个重要的问题是，这些化石与世界上其他地区保存的早期复杂生物化石相比，哪个更早，蓝田的化石是不是最古老的？课题组的周传明把这一化石群的化学地层、沉积序列与我国三峡地区和世界其他地区相关的地层进行了对比，他认为这是地球上迄今为止最古老的高等生物化石群，比以往的所有“埃迪卡拉生物群”都要古老。

文章投到《自然》杂志后，由于得出的结论比较“大”，杂志的编辑非常谨慎。在早期生命研究领域，国际上有很多知名的化石产地，如澳大利亚、俄罗斯、加拿大等，当时认为最古老的高等生物化石是加拿大的阿瓦隆生物群（Avalon Biota），而蓝田生物群的时间大约是6亿年前，比加拿大5.7亿年前的化石早了约3000万年。因此，编辑提出了几个疑问，蓝田生物群的层位有没有这么老？证据是不是够充分？我们其实早就考虑到这些疑问了，前期已经做了大量的基础性工作，只是有些辅助性的证据当时没有写入论文。现在既然编辑提到了这些问题，我们很快准备好了补充材料，作为论文的附件提交给了杂志。

2011年2月17日，正是元宵节。不知是巧合还是《自然》杂志编辑的有意安排，我们团队关于蓝田生物群研究的文章正式在英国《自然》杂志网站在线发表。不仅如此，杂志还邀请了世界上著名的早期生命研究专家、加拿大的格·纳波尼教授（Prof. Guy Narbonne）在杂志同期撰文进行了评述，对该项研究成果进行了高度评价，指出蓝田生物群“是地球上迄今最早的宏体生物”，这次研究成果“为早期复杂宏体生命的研究打开了一个新窗口”。

这一天，新华社、中新社、人民日报和科技日报等近20家媒体的记者参加了由南京古生物所专门组织的蓝田生物群重大研究成果发布会。我代表团队向大家报告了蓝田生物群的研究成果。时任中共休宁县委常委、副县长的方卫斌也特意从安徽赶来参加了发布会①，并对南古所科学家长

① 蓝田生物群属于休宁县管辖。

期以来在休宁开展的研究工作表示了感谢，表示将来要配合科学家做好蓝田生物群的研究和保护工作。

与举办新闻发布会，面对众多记者关注的目光相比，更令我兴奋的，还是在野外挖化石挖到第六天，发现了跟预测非常类似的动物化石的那一刻。科学工作的最大乐趣，在于对未知世界的发现过程，而到了宣布结果的时候就显得平淡了很多。我们之所以在大雪封门、春节前三天还在蓝田开展野外发掘，就是这种下一榔头敲下去也许就有新发现的期待一直在激励着我们。

2011 年春，中科院副院长丁仲礼院士到南京古生物所调研工作期间，我汇报了蓝田生物群的新发现及其科学意义，得到了他的高度重视。他鼓励我们继续深入研究，取得更多新发现。不久，我又申请到了中科院重点部署项目的资助，获得了开展蓝田生物群深入研究的专项经费支持。

2011 年 6 月，南京古生物所和休宁县政府共同举办了“蓝田生物群”现场研讨会，丁仲礼院士会同国土资源部、科技部、国家自然科学基金委有关领导，休宁县县长等地方领导，以及相关专家学者对该生物群的研究前景和化石保护进行了专题研讨，并现场考察了蓝田生物群的野外剖面。野外考察那天，天空中飘着细雨，看着剖面上原地保存的化石，大家不禁发出疑问：“这些化石看上去并不怎么起眼啊？”我随手拿起一块化石告诉大家，这些化石确实不显眼，只有几个厘米大小，可是在它们生活的那个时代，这些几厘米大的化石却代表了当时地球上最高等的生物，是地球上的“巨人”了，之后的生物才逐渐变得更复杂，个体也更大些。这次讨论会期间，我还为蓝田生物群的科学意义写了一首打油诗：

微小生命，幸运地，度过了冰河时代；
此刻，她们已然长大，在温暖、安静的海水中繁衍生息。
海藻和动物们，和睦相处、生死相依；
也许，最古老的“伊甸园”，就在这，阳光明媚的海底……[①]

① 在蓝田生物群出现之前发生了地球上最极端的寒冷事件，称为新元古代大冰期，或称“雪球地球”事件。在此之前的生物个体都很小，大部分需要借助显微镜才能观察到。

在这次研讨会上，丁仲礼院士对我们团队的工作提出了更高的要求，不但要把蓝田生物群的面貌搞清楚，了解这里面都有哪些类型的生物，还要搞清楚这些生物当时的生存环境，水深多少，氧含量多少，是不是透光，需要哪些营养，等等。在中科院项目等的支持下，我们围绕这些问题，继续对蓝田生物群开展了深入细致地基础工作，近年来相继在国内外杂志上发表了一系列的重要研究成果，并出版了一本蓝田生物群的专著，对蓝田生物群的古海洋环境、生物繁殖方式等进行了系统的探索。2013年，我们团队对“埃迪卡拉纪蓝田生物群”的研究成果获得了江苏省科学技术奖一等奖。

值得一提的是，对蓝田生物群的研究从头到尾都是由中国学者独立完成的。从发现、研究到撰写论文发表，都是由我们团队独立完成（肖书海当时是南京古生物所“千人计划”引进人才），而支撑研究需要的设备和技术等，也都是国内的，这些都充分体现了我国古生物学研究综合实力的提升。

求 学 之 路

有句话说“运气是属于有准备的人”，2009 年的发现看似“偶然”，其实离不开钻研以及长期从事古生物学工作的积累，与成长和早年的学习环境也密不可分。

我的老家在安徽安庆，大别山下的一个小村子。我 4 岁上小学，父亲是村小学唯一的老师。学校的教室同时也是村里的祠堂，4 个年级的孩子挤在同一间屋子听课，遇到红白喜事还要停课让出地方。直到去公社的中学读书，我才算正儿八经的上课了。印象最深的是中学的一位语文老师，过去曾经读过私塾，给大家上课就是练大字，背课文，早上起来先练 20 分钟毛笔字，把所有的课文从头到尾都背下来，其他再说。考试就是每个学生站着把课本从第一篇背到最后一篇。我至今记得，最难背的还是鲁迅的那些文章:《从百草园到三味书屋》《阿 Q 正传》……那个时候真的是锻炼，很多课文段落直到现在我还能背得下来，反观现在的教育就忽视了这些基本训练了。那时候土地刚开始承包，农活多，劳动力少，我是家里三兄妹中老大，节假日回到家里自然是没有时间看书，中间有一两年，甚至休学在家专门带年幼的妹妹。直到上高中的时候才意识到，要想走出大山，唯一的出路就是考上大学。

那个时候，乡下没有那么多获取信息的途径，没有电视，没有报纸，也很少有时间去听广播，更不用说几十年之后才发展起来的网络了。1983年的夏天，当我的同学从公社骑着自行车将北京大学的录取通知书给我送来时，我对北京大学可以说毫无概念。我高三班主任的夫人是北京大学历史系毕业的，我是根据她的建议填报了北京大学地质系古生物专业。我就这样“糊里糊涂”地走出了山村，来到了北京开始了新的求学生涯。

上大学后，我拿到了北京大学当时最高的助学金，基本上解决了生活费的问题。当初选择古生物专业是“无意”的，到了大学二年级，我对地质古生物学产生了真正的兴趣，而这一兴趣一直伴随着我，直到现在。

北京大学的已故张昀教授，可以说是带着我走上早期生命研究的第一人。张昀教授在地球早期生物进化等方面取得了众多举世瞩目的成果，同时也是一位深受学生爱戴的老师，在北大执教 30 余年。大二的那年夏天，按教学计划，组织古生物专业学生到大连黑石滩公园的海边开展现代海洋生物实习，张昀是指导老师。因为我来自农村，身体素质好，张老师就让我负责这次实习的后勤工作。所谓负责，就是“管钱管票”。那个时候，火车票很难买。夜里 12 点钟，我就带着小凳子到人民大学门口的火车票预售点给全班同学排队买票。到了野外以后，大家除了在岸边看生物，还要潜水观察水下的生物。那时大连的海水还非常清澈，海洋生物类型很多。我带上简易的玻璃罩潜水镜，根据张老师的指点，观察并寻找那些奇异的海洋生物，很快就带上来了潮下带代表性的海洋动物：海盘车（海星）和马粪海胆。做过生物学实习的人都知道，在野外找到一些常见的生物种类并不稀奇，但在短时间内把当地稀有的生物种类都找到，却非常不容易。回校后不久，张昀老师就成为我本科论文的指导老师，后来我也有幸成为张昀老师指导的第一个研究生。

回忆大学生活，让我记忆深刻的还有几件事。一次是大三那年，张昀老师带着我和另外一个同学做本科毕业论文，我本科论文的方向是地球早期微生物藻席和现代藻席的对比研究。现代藻席的考察点是海南岛三亚盐田，其间正好遇到中秋节，大家相约一起到海边过中秋，徜徉在温暖清澈的海水中，欣赏着海面上冉冉升起的明月，讨论的是第二天的工作和安排，这样的情景也许展现的就是科学家的情怀。另一次是在河北宣化庞家堡铁矿考察，在山顶休息时，张昀老师对我说过的几句话记忆犹新："人生在世也就那么几十年，如果在这短暂人生中能留下一些永恒的东西，一辈子就没有荒废，没有白活。帝王将相都是过眼烟云，昙花一现，作为古生物工作者如果能发现一些重要化石，将来到你百年之后，你的文章还可能会被别人引用，这些重要化石也会永久地保存在标本馆供后来者参考和研究，这就是你生命的延续，是一种永恒。"直到现在，当时的情景依然在我脑海中历历在目。如今，张昀教授早已仙去，我亦为人师，这些话，我也一次又一次地传递给了我的学生们。科学知识需要传承，科学精神更需要传承！

也许是受到张昀老师的影响，我认为，科学工作者需要有一点"阿Q精神"，追求更多的不是物质上的利益，而是在科学研究上的愉悦。蓝田生物群的研究成果从公布以来到现在还没有被质疑，也许将来会有质疑，但这些6亿年前的生物化石是事实，是不会改变的，是永恒。而这些永恒的发现，就是一个科技工作者为之付出激情，并从中汲取快乐的源泉。

把科学精神和科学知识传承下去

我个人认为，中国古生物学目前还处于"青少年"时期。最早开展现代科学研究的欧洲且不说，就连美国、加拿大和澳大利亚等地在20世纪上半叶也已经广泛开始了古生物学研究，到六七十年代，国外很多著名的化石宝库都已经被揭示出来了。然而，由于种种原因，古生物学在中国起步比较晚，相比之下，反而使得我们国家古生物学研究还具有很大的潜力，因此非常值得大家付出更多的精力来进行深入探索。事实上，这些年很多国外的古生物学者都把目光聚焦在中华大地之上，中国古生物学家的研究成果得到了国际学术界的广泛关注，中国的古生物学在国际古生物学领域也占据了越来越重要的地位。

从大学开始，到研究生毕业分配在南京古生物所工作，一直到现在，我从古生物学和早期生命研究中一次又一次收获科学发现的乐趣。我还努力把这种“乐趣”传递给自己的同事、学生，甚至希望传递给更多看似与古生物“毫不相干”的人。为此，我上过中央电视台的《百家讲坛》，也给中学教师、大学生、中学生乃至小学生作科普报告。

在我的团队中大部分是年轻人。我带过的研究生，大学有学地质的，也有学生物的，大多都非常努力，对化石都非常感兴趣。在培养学生时，我希望学生要发挥自己的主观能动性，并且要有自己的兴趣和方向，而不是按照我的思路做事情。我只是告诉他们，在某个方向有重大的科学问题存在，只要朝这个方向去，就可能有所发现和突破。只要学生的思路和解决问题的办法合理可行，我就支持他们去做，努力给他们提供需要的工作条件，让学生有机会自由发挥。世界上有很多重要的研究成果，都是在研究生期间特别是读博士期间完成的，这个时期年轻人的思维是最活跃的。如果规定学生一定要按照老师的思路去做，培养出来的学生不会比老师强，将会一代不如一代。所以一定要鼓励学生创新，按照他们自己的思路去做事情，这样才能有更大的发展空间。一个典型的例子就是，我带的一个博士生，在读博士期间就以第一作者的身份在英国《自然》杂志上发表了自己的科研成果。

也许是受到自己成长和生活环境的影响，我一直对学生强调家庭是非常重要的。家庭是自己做好研究工作的基础，只有家庭幸福稳定，才能有全心全意投入科研工作的心情，“后院不能着火”。学生谈恋爱是非常正常的事，有好心情，学习工作才更有劲头。我一直鼓励学生要做一个“正常的人”，要做“大成之人”。“大成”就是有一颗平常心去做任何事情，日常生活中各方面都很普通，会买菜做饭，会看足球赛篮球赛，棋牌都会一些，甚至偶尔也玩玩游戏，但是在科研和工作上，一点都不能含糊，必须有钻研精神，做出自己应有的成绩。

现在年轻人中的独生子女比例较大，从小到大一直是一个乃至数个家庭的中心，已经养成了唯我独尊的习性，但是人是一个社会性的动物，需要竞争，更需要合作。我经常这样告诫我的学生：当我们走向社会，我们要学会如何容忍别人的缺点，如何欣赏别人的优点，如何帮助别人。这个社会是大科学大数据时代，只靠一个人想完成某件“大事”几乎是不可能的，必须要有团队合作，团结合作的精神是慢慢培养出来的。如果把几个没有合作精神的科学家强制地捏到一起去完成某项任务，注定也是要失败的。

古生物学研究是一项基础研究，研究成果很多是以科研论文的形式来体现。现阶段，大多数中国古生物学研究的重要文章都发表在国外的杂志上，我们国家的很多人读不懂外文，没有办法去了解这些成果的意义。所以，要对这些中国基础研究的成果做科普宣传，让国人了解和认识，只要实事求是，不过度炒作就行。

2006年，中科院和南京古生物所创刊了《生物进化》科普杂志，目的是随时关注生物进化的最新研究成果，让公众更好地认识和了解地球生命漫长的进化历程，讲古论今，保护好现今的生物圈和生态环境，促进人类社会和谐、长久、健康地发展。从《生物进化》创刊到现在我一直担任该杂志主编。

作为从大山中走出来的孩子，我将带领我的团队一如既往地在大山中进行化石挖掘，让更多的封存了几亿年的化石生物重见天日，向大家再现地球早期生命演化史，这就是我进行古生物研究追求的目标。

（选自《活页》2016年第5期，总第99期）

实现零的突破　首拥世遗名片

——南京市政协推动明孝陵成功申遗回顾

陈华光 *

明孝陵——“明清皇家陵寝”扩展项目，是南京首个被列入《世界遗产名录》项目。它是在南京市政协全力推动下，把部门先期努力的项目提升为市委、市政府的重要议事日程、重要工作，经过严密组织、通力协调、各方协作、政策支持、艰辛努力而取得的来之不易的成果。回顾南京首次成功申遗，深感兴奋、自豪、长志气，对城墙申遗及世遗保护利用也很有启发和借鉴作用。

势在必行　志在必得

在当今，评价一个城市的地位和影响力，不仅要看其现代化程度和标志性建筑物，也要看其悠久的历史和世界性的文化遗产项目。南京在这两方面，都具有显现的和潜在的优势，但都处在前行中。南京在加快现代化进程中，必须保护好、利用好历史文化遗产，积极申报世界文化遗产项目。这成了进入新世纪的南京市一件势在必行、志在必夺的大事。

南京是四大古都中最后一个没有成功申报世界遗产的城市。到 2000 年，中国已拥有世界遗产 27 处。四大古都中，北京有故宫、长城、颐和

* 陈华光，曾任中共南京市委宣传部副部长，南京市文化局局长兼党委书记，南京市政协教卫文体委员会驻会副主任。

园、天坛等 4 处，西安有秦始皇陵及兵马俑等 2 处，洛阳有龙门石窟 1 处，均已列入《世界遗产名录》，唯有南京还是空白。人们都在夸赞本地悠久丰富的历史遗迹和文化遗产：西安人说，我市地下文物多了去了，一挖一个秦始皇，一挖一群兵马俑；南京人也说，我们挖都不要挖，一瞅一座明孝陵，一瞧一座明城墙，还有一身云锦衣裳。世界文化遗产，南京不是没有项目，没有资格，而是要积极作为，及早主动申报。

明孝陵就是一个很好的申报项目。明孝陵作为“明清皇家陵寝”扩展项目之一处于领头地位。明朝是中国封建社会发展高度成熟的一个朝代，作为开国皇帝朱元璋的陵寝——明孝陵，在建筑规划、布局、类型和施工上，都有不同于以往皇陵的独特之处，体现了人文建筑和自然风水地貌的高度和谐统一，其所确立的帝陵制度为此后 500 多年明清两代帝陵建筑所沿用，明孝陵所具有的深厚博大的东方文化内涵，不仅属于中国，也属于世界。

明孝陵成功申报世界文化遗产影响深远意义重大。这将能更好地体现南京融现代文明与古都特色于一体的城市品位，更好地保护并向世界展示南京独特而丰富的文化遗产，极大地提高其在国际上的知名度，有力地推动城市旅游以及相关产业的发展，从而获得良好的社会效益和经济效益。南京明孝陵在考古调查、文物保护、环境整治等几方面工作取得新进展后，国家文物局明确表示支持明孝陵作为“明清帝王陵寝世界遗产扩展项目”进行申报，这为我市进行申报工作提供了难得的机遇。

各方努力　政协推动

明孝陵申遗工作，在相关单位的努力下，前期各自完成了已有事项，但是尚欠市级层面的组织领导、各方协调、政策支持、舆论宣传的强劲东风。在市政协的关注和推动下，此项申报工作得到了市委、市政府的重视，逐一解决了相关问题，得以顺利推进。

中山陵管理局认真做好了明孝陵申报的前期工作。几年来，中山陵园管理局在主体管理保护、环境整治、道路建设等方面，先后投入数百万资金，对明孝陵整个陵宫地区进行了考古调查、无损探测；对神宫圣德碑亭、石象路环境进行了整治；修复了文武方门、东井亭遗址、享殿台阶石栏杆等。此外，还布置了明孝陵各种史料陈列、展示牌、说明牌，并对景区进行了绿化、美化。可以说，明孝陵景区面貌的改善，使其作为“明清帝王陵寝世界遗产扩展项目”的申报条件趋于成熟，为做好申报工作奠定了基础，具有了一定的把握。

市文化局文物局既做业务指导又做陪葬功臣墓申遗工作。朱元璋陪葬功臣墓也是明孝陵申遗不可分割的组成部分。据包括明史在内的各种正史和方志记载，至少有 14 座功臣墓分布在钟山之阴，现在能确定的有徐达、常遇春、李文忠、吴良、吴祯、仇成墓和一座佚名失考墓，考古工作者已从中发掘出大量珍贵文物。其中，徐达、李文忠墓参观的游客众多。这些功臣墓都属市文化局、文物局管理，在相应的主体管理保护、环境整治、道路建设等方面，都逐一做了富有成效的工作。

认真书写申遗文本。在国家、省、市文化、文物部门及专家的指导下，明孝陵及功臣墓的申遗文本材料（包括中、英两种文字的文本、录像、幻灯片）也逐步修改、逐渐完善。递交申报材料时间紧迫，为了争取在 2003 年 6 月世界遗产委员会大会予以提交讨论，必须根据国家文物局的进度要求，在 2001 年 8 月前将申报文本的中文本送达国家文物局修改；在 2002 年 2 月 1 日前将中、英两种文字的文本、录像、幻灯片正式送交联合国教科文组织。我们都按要求，提前送交。

在此期间，市政协在推进明孝陵申报工作中做了诸多坚持不懈的努力。

一是选报调研课题。当时，我在市政协教卫文体委员会工作（我是委驻会副主任，吴更生是驻会主任，龙盱西是驻会副主任），知道明孝陵申遗工作正在着手进行，需要从市级层面给予推动，便在本专委会提出明孝陵申遗的调研课题，得到专委会主任和同事们的认可和分管副主席张伯兴的重视，后提交由时任市政协主席张晔主持召开的专题主席会议上，认真讨论研究，确认将此作为 2001 年市政协全年的重点调研课题，组织力量，安排经费，编制工作计划，着手进行调研推进。

二是进行本地调研、外市学习考察。为推进明孝陵申报世界文化遗产工作，市政协张伯兴副主席率部分委员实地视察了四方城、孝陵墓、东陵、护城壕等现场，并听取了中山陵园管理局和市文物部门关于保护、维修和存在问题的情况介绍，还就推进申报工作进行了座谈。2001 年 4 月下旬，张伯兴副主席率考察小组（专委会中有我、周福龙副主任、贺云翱教授、专委办强蓓主任参加）专程赴洛阳，学习龙门石窟去年申报世界文化遗产取得成功的经验。我们认真听取洛阳市分管领导和职能部门负责人和专家的介绍，实地考察了龙门石窟成功申遗后的巨变和如织的参观人流，深受感动，颇有收益启发。后经讨论整理，形成了关于推进明孝陵申报世界文化遗产的调查报告。报告分为申遗意义、良好机遇、存在问题、洛阳经验和建议等几个部分。市政协主席会议专题讨论了此报告，并向市委、市政府专送了报告。此后，我专委会正、副主任还专门向时任市委副书记的汪正生同志作了具体汇报。市里接受了报告、采纳了建议，及时成立了由市委、市政府主要领导和分管领导，以及市政协分管领导及相关区、职能部门领导、市政协教卫文体专委会主任组成的明孝陵申遗领导小组，将申遗摆上了重要日程，实施了编制计划、加大宣传、整治环境、调整交通、加大政策资金支持等有效措施，顺利推进了申遗工作进程。

三是及时进行现场督察督办。明孝陵保护区内环境达标存在不小问题。虽然 1992 年国家文物局批准的《明孝陵保护规划》明确了明孝陵保护区和建设控制地带界限，但由于历史原因，一些单位的进驻破坏了明孝陵地区完整空间序列和周围环境。从下马坊到大金门的神道是南京手表厂的驻区，前线歌舞团、中山植物园、部队等单位也或多或少处于保护区内，并有违章搭建。为此，市政协根据市申遗领导小组的工作计划，由张伯兴副主席带领有关部门领导、所在区政府领导，多次到下马坊、大金门等地，就限期拆除违章违建进行现场办公、督察督办。虽然困难多阻力大，但由于态度坚决，措施果断，最终还是在限期内达到环境整治目标。

此外，沪宁高速公路连接线、两条公交车道穿过明孝陵保护区等交通调整改道及所需资金等问题也得到了解决。我市明孝陵申遗按标准和时间要求，顺利通过了联合国教科文组织专家的检查。

从零到一　接二连三

经过三年的不懈努力，南京明孝陵终于被通过列入世遗名录，打破了零的纪录，填补了南京古都没有世界遗产的空白。由此，南京开启了历史文化名城的新历史，掀开了古都文化遗产保护事业的新一页，迈上了接二连三申遗的新征程。

全票通过，列入名录。北京时间 2003 年 7 月 4 日零时，在巴黎召开的第 27 届世界遗产大会上，经审议表决，中国南京明孝陵被全票通过列入《世界遗产名录》。大会审议明孝陵、十三陵项目时，会场气氛非常热烈，在三四个代表团发表了简短的支持大会将明孝陵列为世界遗产目录的演说后，大会主席询问其他代表团是否还有意见，话音刚落，全场便爆发出热烈的掌声，明孝陵项目全票通过。明孝陵的审议前后仅花了十几分钟。其他项目的审议并不都像明孝陵这样顺利，有的被延缓通过，有的引起各国专家的激烈争议。在这次世界遗产大会上，共有 32 个国家的 37 处遗产申报，其中包括 26 个文化遗址、7 个自然景观以及 4 个文化和自然双重遗产项目。我国同明孝陵一起申报世界文化遗产的还有北京十三陵，它们均是作为“明清皇家陵寝”世界文化遗产扩展项目申报的。在世界遗产大会上，扩展项目和新申报项目的审议程序和标准完全一样。这也是我国第一处跨区域的世界遗产建筑群。另外，云南省的“三江并流（怒江、澜沧江、金沙江）”自然景观，被审议通过列为世界自然遗产。

反响强烈，意义深远。消息传到南京，我们这些参与者十分振奋，市民们也兴高采烈。一时间到明孝陵的参观者异常踊跃，有本地市民、外地观众，还有外国游客。正如还在法国参加第 27 届世界遗产大会的中国代表团成员许慧玲在接受记者电话采访时所说，世界文化遗产使古都南京多了一张世界承认的名片，它将极大地提升我市作为历史文化名城的知名度和在历史上的地位；进一步体现江苏文化大省文化中心的地位；提升广大市民对文化遗产的认知水平和保护意识，对文物保护工作将起到巨大的推动作用；促进“富民强市，两个率先”的历史进程，为我市旅游业、文化产业和经济发展带来新的亮点和契机。

明孝陵申遗的成功做法起到了示范、带动、借鉴作用。市委市政府的高度重视，部门单位的攻坚努力，方方面面的协同支持；主体保护尽心尽力，环境整治不遗余力，经费投入舍得；舆论宣传广泛，思想发动充分，全民投入自觉；遗产保护管理制度严格，项目利用科学合理，名片声誉持久维护等卓有成效的做法，均可以被仿效借鉴。

继明孝陵之后，云锦又成功申遗。南京云锦已经有近 1600 年的历史，是中国织锦技艺最高水平的代表，体现着中国七千年的蚕桑文明。其技艺之一“挑花结本”中的二进制工作原理，就是现代计算机的鼻祖。为了更好地保护和发展云锦艺术，2002 年 6 月，南京市正式成立了“南京云锦申报人类非物质文化遗产工作领导小组”。2002、2004、2008 年，在申遗领导小组的领导下，南京云锦先后三次向申遗冲刺。2009 年 9 月 30 日，在阿联酋首都阿布扎比召开的联合国教科文组织保护非物质文化遗产政府间委员会会议决定，中国南京云锦织造技艺入选《人类非物质文化遗产代表作名录》。南京云锦研究所有关负责人表示，南京云锦申遗成功，必将进一步推动云锦技艺的保护和传承，促进南京云锦和世界各民族文化的交流与合作，为人类文化的多样性及可持续发展作出贡献。这是继明孝陵之后南京又一次成功申遗，而且它填补了非遗项目的空缺，非同寻常，值得点赞。这里要提及的是，南京古都学会在时任会长张连发的主持下，首推云锦申遗课题，做了大量调查、考察和资料搜集工作，出了云锦会刊专辑，广为宣传推动，并与国家文物局等方面进行前期申报的业务和渠道沟通工作，争取到了各方面的认可和支持，功不可没。

云锦之后城墙再度申遗。历经 20 余年不懈努力，逐年投入巨大资金，南京城墙维护工作逐年上台阶，发生了根本性、全局性的大变化。20 余公里城墙的全面修复、全线贯通，更可喜的是2014年青奥会期间，从国家层面将南京城墙向世界青年人隆重推出、精彩亮相。2006年，南京作为全国明城墙申遗的牵头城市，带领十几个城市协同申报。2016年是明城墙肇建650周年，南京抓住机遇，举市开展多种形式的纪念活动。2017年春节期间，又组织了城门对联征集、书法家撰写、企业家赞挂活动，广泛进行了舆论宣传。南京古都学会积极配合，进行联合考察、座谈调研、学术讨论，组织专家学者撰文，出会刊专辑，其中俞明会长、陈华光副会长和杨新华副会长兼秘书长的撰文还被市政协选用，出了《活页》专辑，起到了相应宣传推动作用。接下来应按市里确定的城墙申遗计划，会同相关城市齐努力，一项项抓落实，一步步向前推进，最终实现目标。祝愿经过几年努力，让明城墙成为我市第三张亮丽的世遗名片。

（选自《活页》2017年第6期，总第112期）

口述

我参加的香港“两航”起义

许　震 口述　倪　洪 整理*

1949 年 11 月 9 日，是香港“两航”起义伟大而光荣的日子，距今已整整 65 周年了。作为起义人员，我对当时的经历至今记忆犹新，历历在目。

“两航”是当时中国最大的公司

“两航”系指原中国航空股份有限公司（简称“中国航空公司”或“中航”）与原中央航空运输股份有限公司（简称“中央航空公司”或“央航”）。

中航初创于 1929 年 5 月 1 日，原名中华民国政府特设中国航空公司，随后改组，由国民政府交通部与美商“中国飞运公司”订约合营，于 1930 年 8 月 1 日正式成立，总资本为当时国币 1000 万元，中方股份约占 55%，美方股份占 45%。1933 年 4 月，“中国飞运公司”将股权转让给美国泛美航空公司。1945 年 7 月，中、美双方合约期满，经协商于同年 12 月续签新约 5 年，中方股份增至 80%，美方股份减为 20%。自 1947 年 5 月起，刘敬宜担任总经理。

---

* 许震，曾任江苏省民航管理局工会主席，南京航空联谊会“两航”起义人员领导小组组长。倪洪，曾任南京市政协祖国统一工作联谊委员会办公室主任，南京航空联谊会常务理事、专职副秘书长兼办公室主任。

中央航空公司原为欧亚航空邮运股份有限公司（简称“欧亚”），正式成立于1931年2月，由国民政府交通部与德国汉莎航空股份有限公司合办，总资本为当时国币300万元，分3000股，中方持有2000股，德方持有1000股；1933年8月总资本增加到510万元，中方持3400股，德方持1700股。第二次世界大战爆发后，中、德两国分属于不同阵营，1941年7月中断外交关系。同年8月，国民政府交通部接管了“欧亚”的德方股份，并将其改为国营。1943年2月，国民政府交通部与航空委员会合作改组“欧亚”为央航，由陈卓林任总经理。

经过抗日战争中后期的驼峰空运，特别是抗战结束之后国民政府的复员运输，“两航”的飞机等航空器材得到补充，人员及其技术得到锻炼，运输业务有了很大发展。到1948年底，“两航”共拥有世界同期先进航空技术水平的C-46、C-47、DC-3、DC-4和CV-240型等新型飞机逾百架，空地勤人员7572人。其中，中航由于得到国民政府给予的许多优惠条件，在技术设施和业务经营方面都领先于其他航空公司，此时已拥有运输飞机60架，共有员工4808名，运输总周转量在国际民航运输协会各成员航空公司中排名第8位，在当时的远东和全世界范围内都是规模较大的航空公司之一。中航的存在和发展，在中国的政治、经济领域中产生过重大作用，也在国际民航组织和国际民航运输协会中有相当影响。央航的运输业务在抗日战争胜利后得到迅猛发展，此时也已拥有运输飞机42架，员工2764人，成为国内与中航并驾齐驱、在亚洲亦具有很强实力的航空公司之一。

周恩来亲自领导起义工作

策动香港“两航”起义运动，由时任中共中央军委副主席周恩来亲自领导，是在当时中国的军事、政治、经济形势发生了更加有利于人民以及“两航”面临重重困难大背景下进行的，也是在中共港澳地下工作者以及诸多进步人士的共同努力下实现的。

1949 年 3 月，中国共产党召开七届二中全会，决定了取得全国胜利以后的基本国策。4 月 21 日，国民党政府最后拒绝签订和平协定，人民解放军遵照毛泽东主席、朱德总司令发布的《向全国进军的命令》，强渡长江天险，23 日解放了南京。国民党政府被迫迁往广州后又退踞重庆，为支撑残局，需从空中向西南运送物资，但因空军运力不足，于是命令“两航”参加空运武器弹药。

这时“两航”的正常运输业务已下降了 60%，同时中航公司主要部门和央航总公司均迁往香港。在香港，“两航”生存困难，与英资航空运输企业矛盾更加尖锐，港英当局借口军事需要，先是通知中航将飞机大修厂与发动机修理厂迁出香港启德机场，后又下令征用中航两处厂房，并限期移交港英当局，甚至通过《紧急法令》强制执行，使得“两航”尤其是中航到了山穷水尽的境地。

为了使“两航”归向人民阵营，配合人民解放军尽快解放大西南，进而解放全中国，中共做了大量的工作，逐渐形成了策动“两航”整体起义的决策。

1949 年 2 月，中共中央香港分局负责人潘汉年、夏衍及驻香港的中共文化工作委员会的张骏祥、蔡景超、于伶等人，通过中航香港办事处处长、我党地下工作者何凤元，与刘敬宜商谈中航飞机通航北平事宜。3 月，中共中央社会部上海情报委员会书记吴克坚通过央航副总经理查夷平，与陈卓林、陈文宽（副总经理）、邓士章取得联系。4 月，国民党方面和谈代表团成员张治中等人，由南京飞北平参加国共和谈。和谈破裂后，该团代表经周恩来的劝慰留居北平。我党通过关系，利用央航飞机于 4 月 23 日秘密将张治中的夫人和家属共 9 人从上海送到北平。事后国民党严厉追查，在地下党安排下，查夷平 19 日借病回苏州，陈卓林 20 日避居香港，邓士章在沪被拘留一天后保释。

上海解放前夕，国民党政府机构纷纷南迁，中共地下党组织积极开展反搬迁、护产迎接解放的工作。刘敬宜撤离上海时，预留了在上海解放后才能启封的一件密示，嘱届时将中航公司留沪的设备、财产清点造册，妥善交给当地新政权，并指定人员负责联系、交接等工作。陈卓林也与我上海地下党组织达成默契，成立了央航保管委员会，计划隐藏一部分器材并拆散一些飞机，但被国民党情报人员发觉，留守委员会主任顾乐�等被捕，国民党派军警强押央航器材南迁，致使原计划未能全部实现。

上海解放后，上海市军管会空军部接管“两航”留守机构时发现上述情况，中共中央华东局进行了全面分析研究，并向中央军委递交了争取“两航”的工作报告，提出策动“两航”起义的建议。

6 月，周恩来根据国内时局的变化和“两航”的重要作用，作出了策动“两航”起义的决策，并指定由中共中央社会部部长李克农负责，罗青长（时任周恩来副主席办公室副主任）具体办理；同时，电告我香港有关部门设法策动“两航”迁返祖国。在起义过程中，周恩来时常检查工作，及时作出指示。新华社驻港分社负责人乔冠华报经中共中央同意，会见了刘敬宜，向他指出，“搬回去，是中航唯一的出路”。

7 月，中共中央军委为尽快发动“两航”起义，决定派遣中共中央华东局社会部吕明偕留在大陆的央航副总经理查夷平前往香港开展策动工作。行前，周恩来及李克农等领导在中南海接见了他们。周恩来亲自交代任务，并要他们代表中共中央和他本人欢迎刘敬宜、陈卓林两位总经理回来共商国家大事，参加新中国民航事业的建设。吕明是国民党空军中的中共地下党员，他在美国接受飞行训练时就认识刘敬宜。查夷平是爱国进步人士，曾于 1925 年参加中国共产党，1946 年初在南京与中共代表团有联系，曾经担任欧亚主任秘书和央航的副总经理，在央航中上层关系较多。

1949 年 8 月 24 日，吕明、查夷平抵达香港后，迅即同中央指定的中共中央华南分局香港工委书记张铁生，副书记黄作梅和吴荻舟及中共中央社会部香港负责人张唯一、朱汉明取得了联系。9 月初，吕明、查夷平和朱汉明、何凤元、陆元斌、陈耀寰组成“两航”起义工作核心小组。吕明向他们传达了中央军委和周恩来对策动“两航”起义的指示，决定停止对“两航”个别飞行员驾机起义的策反工作，转为策动整体起义。

起义工作核心小组决定对“两航”上、中、基层人员同时开展策动工作，分工大体为：吕明、查夷平负责争取“两航”总经理的工作；何凤元负责争取刘敬宜、中航总公司的中层干部和中航香港办事处人员的工作；吕明、陆元斌负责争取飞行人员和中航机航组人员的工作；陈耀寰负责争取央航中层和“两航”基层人员及联络港九民航工会的工作；朱汉明负责与北京的通讯联络工作。从此，多方合力，共筹起义，积极展开了四个方面的工作：

（一）策动“两航”总经理，实现“两航”整体起义

争取央航总经理陈卓林的工作相对较为顺利，吕明、查夷平在到港当天就会见了他，转达了周恩来副主席欢迎他回国参加祖国建设之意。但在第二天8月25日，央航副驾驶李福遇驾机自广州起义飞抵南京，陈卓林受到了蒋介石的训斥，对我地下党组织产生了误会，态度出现了反复。经继续做工作后并在广州解放的大好形势下，陈卓林开始谨慎地向中上层人员布置起义。他非常自信央航员工会听他的，但出乎意料，在中上层及飞行人员中都遇到了一些阻力，尽管如此，陈卓林仍秉初衷，毅然起义，决意亲自参加北飞。

中航总经理刘敬宜从与我党接触到率众起义，经历了较长时间。中航撤离上海时，刘敬宜一方面把中航总公司的牌子挂到台南应付迫迁，另一方面透过美方董事向国民党政府施加影响，将机航基地和营业重心转移到香港，力图开辟新的国际航线以摆脱国内航线锐减的窘境。1949年6月，何凤元根据党的布置开始做争取刘敬宜的工作。7月，何凤元安排乔冠华与刘敬宜会晤，劝其起义。刘敬宜虽明确表示不去台湾，但仍想靠美国帮助其发展国际航线，希望美国继续向中航提供飞机零备器材，使中航维持下去。这期间，刘敬宜曾拒绝泛美航空公司并吞中航的阴谋。9月12日，国民党政府交通部部长端木杰等到港催逼中航迁台，中航员工从上到下都不愿迁台，营业难以继续。9月下旬，何凤元及刘敬宜的秘书、联谊课负责人吴景岩建议刘敬宜去找共产党。经费彝民介绍，吕明、查夷平与刘敬宜洽谈起义事宜。这时，上海市军管会主任、市长陈毅派出工作人员张志

鹏、中航顾问杨柳风到香港，对刘敬宜做争取工作。

1949 年 10 月 1 日，中华人民共和国宣告成立，香港各界爱国人士欢欣鼓舞，客观形势对发动“两航”起义工作更为有利。在何凤元的建议下，电讯课课长华祝等中航中层筹划起义的骨干借讨论中航前途之际，多次劝刘敬宜起义，刘敬宜仍迟疑观望，没有表态。

10 月 25 日，刘敬宜应蒋介石电令赴台“述职”，险遭不测。接着，端木杰又电令刘敬宜、陈卓林 11 月 5 日赴重庆“商谈问题”，陈卓林已获悉国民党要对他们二人下毒手，拒不受命，刘敬宜也不敢再入虎口。当时已有蒋介石要撤换刘敬宜、陈卓林的风声，加之传闻英国政府将承认新中国，中航在港资产会受到保护，使刘敬宜彻底放弃了对国民党的幻想。在此期间，吕明等反复向刘敬宜陈述利害，陈卓林也以两公司休戚相关，催刘敬宜速作抉择。11 月 7 日晚，何凤元、吴景岩拿着部分中层骨干已签名的中航起义宣言文本，找刘敬宜恳谈，言明已联络好了 200 多名骨干员工，控制了中航各主要部门，一切准备工作都已完成，表明举事的坚强决心，敦促刘敬宜领导起义，否则“我们将被迫采取单独行动”。

刘敬宜同意起义，既是中国共产党的殷切召唤和中航员工由衷敦促的结果，也是其身受国民党威胁的结果。他终于在爱国心、事业心的驱动下，作出脱离国民党政府、归向人民的正确选择。刘敬宜 11 月 9 日在给美方代表艾礼逊的信中说：“中航公司正站在一个十字路口上，而除了一条路以外，其余的路都是引向最后的毁灭。我已经把这问题权衡至再，在一个长时期的慎重考虑之后，我得了这个结论，中航是一个中国的航空公司，它不能脱离中国的土地。”“它必须回到中国，在中国恢复工作。作为中国航空公司的负责人（首脑），我的责任要求（我）必须作一个断然的决定……中航公司回到中国去而开始工作。”

（二）策动中层，发挥促上启下作用

“两航”的中层，不仅是日常工作中的骨干，而更是起义时的骨干。1949 年 6 月，何凤元接受策动“两航”起义任务后，向刘敬宜指出弃暗

投明道路的同时，又将中航课级负责人吴景岩等列为工作对象。何凤元首先找平时相互很接近和熟悉的人，通过分析国民党统治崩溃已成定局的形势，讨论中航前途，试探态度，进而征询回大陆的意愿，经过个别接触逐渐扩展，至9月上旬已串联八九个人。9月中旬，抓住反对迁台环节，在中航中上层活动并串联、召集部分中层人员开座谈会，逐步形成反对迁台的舆论，提出“反对迁台”的口号，掀起群众性的反对迁台运动，并策动会计课长徐寿彭编制庞大的迁台外汇预算，使迁台计划难以实现，从而为我党在香港策动“两航”起义争取了组织准备的时间。

9月底，我党在中航的各主要部门都争取到了支持起义工作的骨干。10月初，何凤元、陆元斌在中层干部座谈会的基础上，召集志同道合的中航各部门掌握实权的课、处级负责人及能左右其所在部门的业务骨干开会，正式提出起义目标，讨论实施的方法、步骤和措施等。起义工作核心小组部署的各项起义准备工作，通过中层骨干所掌握的业务部门和系统，从行政渠道以合法形式隐蔽执行。

自9月中旬至10月中旬，先后参加中航中层干部会的共有20多人，他们聚集在一起，形成策动起义的中坚力量。他们既参与起义工作的筹划，又各自按分工团结广大员工逐步完成了起义准备工作。最后，他们配合起义工作核心小组的部署，以下促上，经过艰苦工作，终于促使总经理刘敬宜下定决心参加起义，率众北飞。

央航的情况与中航不同。央航是通过自上而下和自下而上相结合来推动中层，形成合力控制全局的。上层由吕明、查夷平接触陈卓林、邓士章、廖仲爽等，很有成效。基层则由陈耀寰通过工会中的骨干楼阅棣、陆麟才、端木全等引荐，逐个向工会的执、监委员和积极分子中扩展。至10月上旬，我党在央航机务部门已发展了20余名基层负责人，召开了基层骨干会，讨论了依靠基层、团结中层、争取上层的工作策略，由端木全、陈子钊负责基层工作，通过冯忠祺等领班在机械员、练习生中活动，组织好基本队伍；由楼阅棣、陆麟才负责向中层推进。

10月30日，央航成立了迁建委员会（后更名为非常委员会），把上层、中层及基层力量凝聚在一起，成为统一行动领导组织，有力地推动了思想发动和组织工作。11 月 4 日，央航召开北飞前准备会议，吕明、陈耀寰参加，研究具体行动方案。飞行人员的组织工作，陈卓林交由航务组主任何守荣经办。

（三）策动空勤，组成起义先导队伍

作为“两航”起义的先导，组织庞大机群结队北飞，打响第一炮，对内对外都具有重要意义。吕明到香港后，于 8 月 28 日接替了中共中央华南分局有关负责人对陆元斌、陈耀寰进行个别飞行员策反工作的领导。9 月 1 日，吕明与陆元斌、陈耀寰见面，明确地将工作任务转为“两航”整体起义，并决定停止单机起义行动，以避免“打草惊蛇”。经过两个多月富有成效的联络发动，空勤起义队伍已基本形成。中航预计能发展 18 名机组人员，担任机长的正驾驶和已成熟的副驾驶各半，吕明决定，中航、央航起义当日各北飞 10 架飞机，中航超额的机组人员留作执行第二批北飞任务。央航由于开展工作困难，最后经陈卓林亲自动员，只有 2 架飞机参加北飞，原计划未能实现。

在各方面的努力和配合下，起义第一炮终于打响，由刘敬宜、陈卓林两位总经理率领中航 10 架、央航 2 架共 12 架飞机成功起义北飞，激励了“两航”爱国员工，震撼了国民党政权，引起了国际瞩目。

（四）联络港九民航工会，广泛发动基层群众

“两航”南迁后，运输业务日益萎缩，经济陷于困窘，而国民党政府趁机逼迫中航迁入台湾。“两航”员工素对国民党腐败统治不满，不愿去台湾陪葬，于是“两航”的困境和员工个人的前途交织在一起。1949 年春，在启德机场附近办英语补习学校的冷雪山，从在“两航”工作的学员中了解到“两航”员工对时局的看法与思想动向，告知港九工联会理事长张振南。张振南认为在启德机场各航空公司组建工会，对发展港九工会的进步力量有利，便向中共香港市委书记黄施民作了汇报。中共香港市委为

在机场建立公开合法阵地，发展进步力量，进而发展秘密组织，决定在航空公司建立工会。于是，张振南授意冷雪山筹建民航工会。

同年 7 月，冷雪山引荐胡理昌、魏应鹏会见张振南，探询筹建工会问题。8 月，张振南又接见了楼阅棣等人。8 月上旬，冷雪山等召开了第一次港九民航工会筹备会，会上对维护职工利益、阻止公司迁台和必须组织起来等问题统一了认识，决定以中间面目出现，秘密征集会员筹组工会。

9 月 11 日，港九民用航空事业职工总会正式成立，约有 400 名会员，“两航”员工占绝大多数，选举冷雪山为工会主席，楼阅棣、汪企远为副主席。吕明得到香港中共地下党的通知，可以通过民航工会的配合做工作。为加强起义工作核心小组对基层情况的了解与沟通，吕明同意调派王章绮由澳门到香港协助陈耀寰在中航基层及工会干部中开展工作。

10 月 16 日，吕明授意陈耀寰和工会的执、监委员及部分骨干见面，为纠正某些单纯福利主义倾向，防止影响策动起义工作计划，还相机透露了起义意图，提出配合起义的要求。随后，胡理昌地下党小组所领导的工会核心小组和绝大多数执、监委员便全力以赴地配合我党领导的策动“两航”起义的行动，使“两航”基层组织发动工作进一步深入开展。

工会以反对迁台和维护员工利益的主张，把“两航”员工凝聚在了一起，利用工会的组织，进行秘密联络，组成了基层行动小组，成为“两航”起义的一支重要力量。

过细进行北飞准备

起义工作核心小组反复研究讨论行动方案、确定方法步骤和实施措施，深入中航、央航召开骨干会，指导技术行动部署，协调各部门的相互配合，团结广大爱国员工，群策群力，排除困难，加紧完成北飞前诸项准备工作。

1. 确定北飞飞机数量。北飞飞机的架数取决于已联络的“两航”飞行人员的人数、技术条件和能编多少个机组。它不仅关系到机务对飞机和机型的准备，而且也是其他各项准备工作的依据。中航陈达礼、邓重煌分析认为可飞 18 架，央航陈卓林提出要飞 20 架。起义工作核心小组研究认为，30 多架飞机起飞约需 2 个小时，持续时间过长，易被怀疑察觉。吕明确定中航、央航各飞 10 架。中航因联系人数已超过 10 个机组，随即停止发展工作。央航最后由于种种原因，只能派出两个机组北飞。11 月 8 日午夜，吕明曾同陈达礼商量中航能否增加飞机，但准备工作已来不及，故中航仍定为 10 架。

2. 机务准备。机务部门根据北飞飞机架数及机型，选定适合长途飞行的机号；经细致检查，对飞机重要部件和发动机进行了调换及认真维护，以确保最佳适航状态和在长途飞行中不发生机械故障；飞机的停放则按机组要求，使各机均能自由滑出起飞，互不影响；飞机行使随时行动，接到行动通知后，油箱加满油；根据飞机零部件的消耗量，列出 3 个月所需器材、零备件的清单，交器材部门预做准备。北飞实践证明，每架飞机都维护得很好，没有发生任何故障。

3. 器材供应准备。器材部门按机务部门提供清单，将随机携带的器材、零备件及工具进行装箱；接到行动通知后，于前一天夜间交营运部门，由机场值机人员装上飞机，以供北飞起义飞机回归祖国后使用。

4. 航务、运输准备。为避免引起“两航”内敌对势力和香港当局的怀疑，“两航”既要按正常航班继续排班、预报和售票，又要把参加北飞的飞机和人员安排好。央航比较好解决。中航的签派大权由美国职员控制，难度很大。为解决该问题，起义工作核心小组专门策动了中航航务管理课的陆维森执行签派任务。陆维森、张乃嵘精心制定了两套排班表，一套按飞行班期时刻表排好正班和加班飞行，预报飞往海口、重庆、桂林、昆明、台北等地，执勤人员中既有可以公开排班的北飞人员，又有不属于起义安排的美籍和中国飞行人员；北飞前一天晚上，再以各种理由逐个通知非北飞人员，告以翌日的该航班飞行取消，不要去机场；并通知已购票之乘客，航班因故取消，勿到机场。为使工作顺利进行，何凤元预先借故将与国民党特务有来往的人员调离机场，并派起义工作骨干周起负责值机工作。11 月 9 日凌晨 4 时半，中航陆维森、华祝，央航楼阅棣、徐文良等到机场担任现场指挥，由陆维森告知外场值勤人员，因空勤人员临时有变动，由代替者检查飞机和办理各种手续。为万无一失，对中航美籍机务（领班）值班员，起义指挥部预先安排了监视人员，必要时限制其打电话。机组和随行人员顺利办完起飞前的各种手续，登上飞机，按预定时间起飞，全部飞离香港。为麻痹敌人，除指定的飞机向香港起义工作核心小组收讯电台拍发讯号外，各机按原航班预报佯装联络，以防止被国民党空军拦袭。

5. 通讯准备。起义工作核心小组制定了北飞起义飞机通讯联络程序和方法，并为北飞飞机安装了供各机之间通话联络专用的甚高频。起义工作核心小组设了收讯电台，由陆元斌、都润荪（中航电台台长）、周文雄（原央航飞行报务员）担任收讯工作，接收北京发来的电报，并负责守听北飞机群的动态。央航设在香港公海船上的电台，与北飞飞机也保持了秘密联络。起义工作核心小组在机群飞越武汉后，向外公布起义消息；机群安全到达目的地后，通知北飞人员在港家属。

6. 掌握天气预报。气象情况直接影响飞行安全，为掌握北飞沿途特别是华北地区的天气情况，起义工作核心小组设专人收听北京单向发送的当日天气实况。陈耀寰、华祝向在香港皇家天文台工作的周恩济（原中航气象员）了解天气形势预报，印证了北飞航路数日内将是好天气情况后，决定了北飞起义日期。

7. 空勤机组北飞准备会。11 月 8 日晚 9 时，陈达礼主持召开中航北飞人员准备会议，何凤元、陆元斌、华祝、陆维森到场。陈达礼传达了以下内容：北飞日期定于 11 月 9 日，早晨 5 时到机场，6 时开始起飞；12 架飞机参加北飞，其中 11 架飞机由中航陈达礼领队飞往天津，另一架飞机由央航潘国定等人驾驶直飞北京；航线高度 9500 尺，为防止国民党空军飞机袭击，尽量在云中或贴云顶飞行，航线离桂林国民党空军活动半径远一点；鉴于四种机型速度不一和不可能调配必要的间隔和层次，飞机分两批，一批经汉口北上，一批取道南昌至天津；北京已布置南昌、武汉、上海、北京、天津各地人民广播电台可供导航，最主要的武汉人民广播电台的广播时间已延长；上海、武汉、济南、石家庄机场已做好准备，可落地加油；陈汉斋负责向香港起义工作核心小组收讯电台单向发讯。为预防意外，他们还确定了途中迫降联络用语，并在机场内安排了抢险小组，如发现滑行道、跑道有障碍立即清除，等等。

8. 财务、总务准备。财务部门调集现金，以备起义工作急需。起义前一日，急需一笔现金发给北飞人员作安家费之用。因用途保密，不能循正规途径取得，最后由何凤元、张乃嵘向有关财务人员以人格担保才从中航营业收入中取得现金，使问题得到解决。总务部门控制交通工具，保证北飞所需车辆。

9. 组织纠察队伍。为防止敌特破坏，“两航”10月底已建立严密的纠察组织，随时待命，按各自划分的地区分工值勤。

10. 临起义时的紧急措施。起义前，“两航”设法陆续将在外地的飞机调回香港，撤回在台湾的技术骨干；起义前一天下午，对留港的所有飞机按预先准备的方案进行技术停飞处理，起义当天“两航”全部班机停航。

11月5日，吕明、查夷平搬进九龙半岛酒店，成立起义指挥部，并在机场附近的太子酒店设立联络点，一切准备就绪。

北京时刻在关注“两航”起义准备工作。周恩来总理多次召开会议研究有关问题，最后一次会议是10月底，解放军代理总参谋长、北京市军管会主任聂荣臻，解放军第三野战军副政委、华东军区副司令员粟裕，外交部副部长李克农，空军司令员刘亚楼，军委华东航空接管委员会主任、上海军管空军部部长蒋天然等领导参加。周恩来总理传达了中共中央书记处的决定，批准了“两航”起义时间、飞机降落地点、具体飞行计划、机场选用的安排；批准了接待刘敬宜、陈卓林两位总经理和北飞人员的工作方案；安排了届时由新华社发布“两航”起义的消息，研究了对“两航”的政策及其总公司、分公司设置、机场使用和经营方式，等等。为防止国民党空军破坏，有关地区部队专门做了充分准备。

起义壮举震惊中外

1949 年 11 月 9 日，“两航”在香港的 2000 多名员工通电起义。

中航 10 架飞机和央航 2 架飞机在缺乏地面导航及气象保障的困难条件下，冒着可能遭到国民党空军袭击的危险，经长途航行全部安全飞回祖国大陆。刘敬宜、陈卓林、吕明、查夷平等人乘央航潘国定机组驾驶的 CV-240 型（空中行宫）XT-610 飞机，于当日中午 12 时 15 分到达北京西郊机场，其他 11 架飞机由陈达礼领队，飞抵天津张贵庄机场。代表中央人民政府和周恩来总理到北京西郊机场欢迎的有李克农、刘亚楼、空军参谋长王秉璋、周恩来总理办公室副主任罗青长和民航局局长钟赤兵等领导及有关人员。当天晚上，周恩来总理在北京饭店宴请刘敬宜、陈卓林一行。

11 月 12 日，毛泽东主席电贺刘敬宜、陈卓林和“两航”员工，赞扬他们“毅然脱离国民党反动残余，投入人民祖国怀抱，这是一个有重大意义的爱国举动”，希望他们团结一致，为建设人民航空事业，并为保卫留在香港的祖国财产而奋斗。同日，周恩来总理致函“两航”员工，宣布两公司受中央人民政府管辖，任命刘敬宜、陈卓林分别任中航、央航总经理。新华社、《人民日报》发表了《欢迎两航空公司起义》的社论，并指出：“对于将在两公司基础上发展起来的人民航空事业，表示无限信心。”周恩来总理在北京饭店会见宴请了“两航”起义北飞全体人员，他说：“我们欢迎两公司的起义，因为这是具有无限前途的中国人民民航事业的起点。”他号召“两公司的全体人员努力克服前进途中的困难，坚持自力更生，而不要对帝国主义者存任何幻想”。

“两航”起义北飞成功后，立即通电其国内外各办事处、航站，电令保护好财产，号召尚待解放地区和海外员工归附人民中国。吕明对中航澳门电讯课预先有所布置，起义成功后，中航澳门电讯课和工厂、材料库员工积极响应，庄重签名加入起义行列。中航澳门电讯课是人员、资产完整参加起义的一个部门。央航曼谷办事处员工致函，绝对拥护起义。中航、央航昆明办事处员工在中共“两航”昆明支部领导下，秘密响应起义，进行护产斗争，迎接解放。台湾、海口的部分“两航”员工闻讯后，冲破国民党的阻挠，赶赴香港报到，参加起义行列。中航曼谷、仰光、加尔各答、旧金山等办事处员工，纷纷响应起义，宣布归附中华人民共和国。

“两航”起义是在中国共产党直接领导下的爱国壮举，是震惊中外、影响深远的一件大事，给国民党政权在政治上、军事上的一个重大打击，切断了国民党政权的西南空中运输线，配合人民解放军解放大西南，加速了解放全国大陆的进程。

“两航”北飞的12架飞机和后来由“两航”员工修复的国民党遗留在祖国大陆的17架飞机（C-46型14架、C-47型2架、水上飞机1架），构成了新中国民航初期的机队主体。内运的器材设备，成为新中国民航初期维修飞机所需的主要航空器材来源，并组建了太原飞机修理厂、天津电讯修理厂，而后为发展新中国航空工业和电讯研究工作奠定了一定的技术、物质基础。

“两航”起义归来的大批技术、业务人员，成为新中国民航事业建设中一支主要技术、业务骨干力量，在“八一开航”、支援解放西藏空投物资、成功试航拉萨，在航空护林、探矿、灭虫、测绘，在带飞天文领航以及试制盲降设备，在改建天津张贵庄机场、武汉南湖机场和兴建首都机场中，在发展民航运输生产、保证飞行安全、改善民航基础设施、加快民航人才培养和增进我国国际交流合作等方面，都贡献了智慧和力量，作出了不可磨灭的贡献。遍布全国许多岗位的“两航”起义员工，在国防、航空、航天、电子、通信、机械工业、科研、文教等部门，为社会主义现代化建设和争取祖国统一作出了积极贡献。他们的贡献和成就，充分体现了周恩来总理当年关于“争取人是最主要的”指示的重大和深远意义。

员工复员和器材内运

复员，即由香港回祖国大陆参加新中国民航建设。据统计，参加“两航”起义的员工共有2527名。起义后，中华人民共和国民航局即着手“两航”留港、澳人员复员事宜。从1950年1月16日起，央航复员广州，中航复员天津、上海。到1950年底，“两航”自香港复员广州、上海、天津的员工累计1725人，随同员工回内地的直系亲属2474人，总计4199人。

器材内运。在中共澳门地下党组织的大力协助下，中航在澳门的无线电维修厂、材料库，于1950年1月24日完成电信器材2477箱内运工作。这是“两航”海外资产中较早完整内运的一批。2月下旬“两航”在港物资解冻，大批抢运工作开始。从3月14日至5月6日，中航的大宗器材从港运出，计有9789件及飞机汽油3600桶，均运往天津。

央航器材3月26日运往天津362件，4月26日运往广州316件。央航最大一批器材3452件于4月13日交海后号轮船，因广州遭突袭，延至5月9日才装船，但在12日海后号轮船开船前两小时，被港英当局以“英皇枢密院扣留令”再度冻结，以致这批央航器材受阻，未能及时运回。

1950年底，民航广州办事处处长任泊生、政委陈瑞光派陆元斌、陈耀寰再去香港协办器材内运事宜，在“两航”联合办公室的张乃嵘、张心康、黄国铨（中航助理工程师）和郑宝书等留港员工的通力合作、艰苦努力下，排除各种阻碍，完成了组织交给的护产抢运任务，共运回器材2779箱，其中央航1838箱、中航941箱；1951年、1953年又两次陆续运回“两航”档案、办公用具和部分器材。

1956年下半年，“两航”起义人员复员、器材内运工作结束。原中航香港办事处机构保留，留下少数员工在香港德辅道高罗士打大厦原址办理部分空运业务。

三年护产斗争

“两航”起义后，国民党政权疯狂反扑，在港英当局纵容下，百般利诱、分化“两航”员工，进而与美国和英国合谋，进行各种威胁破坏和掠夺活动。在险恶的形势下，我党领导“两航”广大起义员工，配合中国政府展开了捍卫起义成果的护产斗争。

“两航”起义后，除刘敬宜、陈卓林两位总经理及随行人员和北飞的飞机、机组外，其余2000多名员工和当时价值约5000万美元的71架飞机等资产仍在香港。当时，英国政府尚未承认中华人民共和国政府。国民党政府在港英当局的庇护下，伙同美国人陈纳德等，妄图掠夺“两航”留港资产。“两航”起义留港员工积极响应中国政府的号召，在中共香港地下党的领导下，赢得香港各界人士的大力支持，团结一致，进行了三年之久的护产斗争。

中航总经理刘敬宜在北飞之前签署命令，任命王新章（视察室主任）代总经理，并成立了顾问委员会。央航则成立了非常委员会。“两航”护产工作，在张铁生、朱汉明、任泊生（受中共中央调查部、中央军委委派到香港，全权负责香港“两航”公司起义后的工作，后任中央军委民航局广州办事处处长）领导下，由何凤元、陆元斌、陈耀寰等同志具体组织。中航组织300多人、央航组织200多人组成纠察护产小组，日夜守卫飞机、厂房和仓库。

1949年11月14日，端木杰再次到香港，宣称委派沈德燮（中航高级顾问）、戴安国分别为中航总经理和央航代总经理，撤销刘敬宜、陈卓林职务，并对“两航”资产进行所谓“接收”。这一举动遭到“两航”留港机构的拒绝。中航刘敬宜总经理发表公告开除沈德燮，央航总经理陈卓林电令开除戴安国。“两航”停留在香港的飞机换上了五星红旗标志。沈德燮、戴安国在港挂牌子，登广告，诱惑“两航”留港员工前往登记。在党的领导下，起义后的“两航”机构同中层起义骨干一起，在港九民航工会的配合下，发动积极分子开展正面教育，增强团结，进行反登记斗争。“两航”对查明已背叛起义者采取果断措施予以开除，永不录用；同时，通过舆论工具揭露沈德燮、戴安国破坏“两航”起义的险恶用心。结果，受命赴港平息“两航”起义事件的端木杰等人，在“两航”起义的影响下也投奔了新中国，国民党政府破坏“两航”起义的阴谋被挫败了。

1949 年 11 月 19 日，沈德燮、戴安国在国民党政府的支持下，分别以中航、央航名义向香港高等法院对中航员工 16 人、央航员工 20 人提起所谓控告。11 月 24 日，他们取得了香港高等法院的“临时禁制令”，冻结“两航”资产及飞机。同日下午，“两航”聘请大律师陈丕士等向香港高等法院提出反诉，25 日，也取得对国民党政府的“临时禁制令”，禁止沈德燮、戴安国移动“两航”资产。11 月 28 日和 29 日，中航 1247 人、央航 1084 人分别在香港《文汇报》《大公报》上发表宣言，表示坚决保护“两航”财产，正告港英当局“重视中国人民政府在香港的资产权益”并予以保护，同时呼吁香港各界人士给予正义声援。

1949 年 12 月 3 日，周恩来总理在就“两航”留港资产问题发表的严正声明中指出：“两航空公司留在香港的资财，只有我中央人民政府和我中央人民政府所委托的人员，才有权处置，决不容许任何人以任何手段侵犯、移动或损坏。我中央人民政府的此项神圣的产权，应受到香港政府的尊重。如两航空公司留港资财有被非法侵犯、移动或损坏情事，则香港政府必须负完全责任，并将引起相应的后果。”

国民党政府鉴于英国政府即将撤销对它的承认，12 月 12 日声称以 350 万美元（其后以 475 万美元定价）将“两航”留港的 71 架飞机及其他资产“卖给”美国人陈纳德和魏劳尔。随后，陈纳德等人向香港高等法院提出诉讼，要求“接收”“两航”留港资产，被驳回。以后陈纳德和魏劳尔又诡称将“两航”留港资产转售给他们在美国注册的所谓“民用航空运输公司”，向香港高等法院申请由其控制“两航”资产，结果又被驳回。1950 年 2 月 1 日，美国前战略情报局局长杜洛云声称向陈纳德和魏劳尔购买了“两航”资产，向香港高等法院控告陈纳德、魏劳尔，请求委派

“接收人”接管“两航”资产，因证据不足，香港高等法院未予受理。

1950 年 1 月 7 日，英国政府承认中华人民共和国。周恩来总理 1 月 9 日命令在港起义员工保护国家财产，准备接收。1950 年 1 月中华人民共和国政务院派出接收港九中国伪政府机构工作团。1 月 13 日，中华人民共和国民航局局长钟赤兵电令刘敬宜、陈卓林分别负责接收中航、央航所有在港资产。2 月 23 日，香港高等法院根据主权国豁免原则，宣布撤销对“两航”的“临时禁制令”。“两航”的护产斗争取得了重大胜利。

1950 年 4 月 1 日，中华人民共和国政府成立政务院特派接收港九国民党政府机构专员办事处，负责接收“两航”等 29 个起义单位的资产。

1950 年 4 月 2 日凌晨，中航停放在启德机场 07 号跑道以北香港军事禁区内的 7 架飞机被炸。但港英警察竟非法将在跑道另一侧夜间值勤的中航纠察人员全部拘留。中航何凤元、华凤翔、陆元斌、张仁德等人赶到现场，当即向港英当局提出强烈抗议。次日，周恩来总理就中国飞机在香港被炸一事发表声明：我国民航飞机 7 架，在由英警负责警卫的香港英国当局军事禁区内被炸事件，香港英国当局应负完全直接责任。

朝鲜战争爆发后，英国也加入了这场战争。1950 年 5 月 10 日，英国枢密院对香港高等法院发出“枢密院令”，经由行政手续将“两航”飞机和器材再次扣押。

1950 年 5 月 17 日，章汉夫副外长就香港英国当局扣押中国民航局下属中航、央航两航空公司停放在启德机场的飞机和器材的事件，向英国政府提出严重抗议。

1952 年 7 月 28 日，不顾中国政府的多次抗议，英国伦敦枢密院司法委员会将中国留在香港的央航 40 架飞机及其他资产，非法判给美国陈纳德的所谓“民用航空运输公司”。7 月 29 日，港英当局施用暴力，出动武装警察、冲锋车、警车，殴打、囚禁“两航”护产员工。10 月 8 日，香港高等法院又将中航留港 31 架飞机及其他财产判给了陈纳德。在港英当局的庇护下，陈纳德用航空母舰将“两航”留港飞机和其他资产强行运走。

1952年8月2日、10月28日，中国政府外交部对英国政府迎合美国意旨，公然采取挑衅的横暴行动，庇护陈纳德劫夺中国“两航”留港资产，先后向英国政府提出严重抗议，并严正声明：“一切后果，应由英国政府完全承担。”作为相对措施，上海市军管会于1952年8月15日征用英国在沪的英联船厂及马勒机器造船厂；同年11月征用英商上海电车、自来水、煤气公司。

在这场复杂的护产斗争中，“两航”留港机构以及何凤元、张乃嵘、张心康（央航营运组业务课副课长兼客运股股长）和大律师陈丕士等立场鲜明，英勇斗争，出力甚多。“两航”纠察护产员工为维护中国尊严，保护国家财产，不畏强暴，英勇斗争，流血流汗，作出很大贡献。

从央航起义到航空世家

我于1947年底，在上海报考中央航空公司电报员训练班，1948年5月被录取，全班共34人，学习半年，我毕业后分配在上海龙华机场央航总电台担任报务员。随着解放战争形势的发展变化，央航从1949年初开始，撤退到广州、香港等地。

1949年11月9日的香港“两航”起义，这是一个绝对秘密的重大行动，事先是高度机密，只有主要领导和极个别骨干知道。我是11月10日在海口航空站接到香港中央航空公司关于起义的电报才知道的。当时，我心急如焚，就立即乘轮船，于13日抵达香港，受到公司人员的热情接待，并把我暂时留在公司工作，主要负责打印将要运往大陆的航空器材装箱清单。

1950年3月，由刘澜涛任校长的华北人民革命大学招生，央航有20个名额，当我得知被批准到北京上这个大学时，高兴极了。我学习半年毕业时，适逢新中国开始发展民航事业，我被分配到华中站当报务员，不久，调到新设的九江备降站电台做负责人。从1953年开始，又调我到华东工作，先是到新建的安庆站电台当报务主任，1954年10月，又到上海站电台当报务主任。1955 年调到新开航的南京站当报务主任。1959 年 12 月，成立江苏民航局时，任通讯导航科副科长。

在 1956 年 9 月，中共八大召开期间，光荣加入中国共产党。我被评为 1958 年上海管理局、1959 年全国民航局先进工作者。1962 年我在杭州参加民航飞行条令编写，之后又连续两年参加编写民航通信、导航条例人员职责等。

在“文革”期间，从 1969 年开始，我先是被下放到蚌埠原南京军区空军五七干校劳动，主要是栽种苹果树和梨树，看护果园。1971 年，又被下放到南京江南光学仪器厂七车间当工人。两年后，1973 年调厂子弟学校任副主任，1975 年任校长兼支书。学校共有 20 多个班级，1000 多名学生，教职工 60 多人。

到 1982 年，落实党的政策时，我又回到了江苏省民航局工作，当了两任 8 年的工会主席，被评为民航先进工会和先进工作者。1990 年 9 月退休。

回顾这 65 年来，我毅然选择了顺应历史的大潮流而动，参加了“两航”起义，谈不上有多高的政治觉悟，是穿着西装闹革命，而且是表现出一个才 21 岁血气方刚青年的勇气和闯劲罢了。现如今，我们家有 9 个人同航空有渊源：夫人晏丽章，从 1951 年成为民航学院学员后，长期从事民航气象预报员工作；长子许伟民，南京禄口国际机场办公室主任；次子许铁民，在江苏东航供职；女儿许华庆，江苏民航运输员（已退休）；孙子许大千，在江苏省民航监管局工作；孙媳吴蓓蓓，江苏东航空姐；孙女许丽莎，上海东航空姐。

我已年届八十有六，在儿孙满堂，安享幸福晚年时，每当亲朋好友羡慕我是“航空世家”时，我从内心里感到欣慰、光荣和自豪。

（选自《活页》2014 年第 6 期，总第 77 期）

从军统少将到中共特别党员

——追忆我的父亲周镐

周慧励 口述　孙月红　沈　量 整理*

周镐是我的父亲，对于这个名字，现在大多数人可能感到陌生。但如果提及几年前热播的谍战片《潜伏》里面的男主角余则成，应该是尽人皆知了。我的父亲就是余则成的原型。

周镐，1910 年生人，字道隆，又名周治平，湖北罗田人。1927 年考入黄埔军校武汉分校步兵科。1934 年参加国民党“军统”。1943 年以军统身份打入南京汪伪军委会军事处任少将科长，为国民党政府服务。年底秘密建立军统局南京潜伏站，被任命为少将站长。1946 年成为中共特别党员，以中共党员的身份潜伏于国民党保密局，负责国民党军队的策反及情报工作。1948 年受党组织派遣，前往徐州淮海战役前线，成功策反了孙良诚部的投诚。1949 年 1 月在策反刘汝明部时被捕，不久被枪杀于南京。父亲牺牲时，我还只有十一二岁，并不十分记事，更何况，即便是在这短短的十余年里，我也很少见到父亲。但父亲在我的记忆中却始终是清晰的，是温暖的。

说起父亲，不得不从母亲说起。

1949 年 1 月初，我的父亲周镐被国民党保密局枪杀时，我的母亲李华初带着我们姐妹 3 人正在武汉苦苦地等待着父亲的消息。

---

* 周慧励，周镐烈士次女，现居湖北省英山县。孙月红，笔名子图，中国作家协会会员，中国报告文学学会会员；沈量，南京市政协教卫体（文化文史）委办公室二级调研员。

武汉解放后，母亲仍然没有得到父亲的任何消息。朋友提示她，周镐可能去了台湾。母亲却说，周镐绝不可能去台湾，最大的可能是，他已经不在人世了。

当然这只是母亲最坏的猜测，潜意识里，母亲是多么希望父亲还活着，还能等到一家人团圆的那一天。由于生存艰难，母亲带着我们姐妹3人离开了武汉，回到了父亲的老家罗田农村，继续等待着父亲的消息。但直到1965年母亲含冤去世，也没得到父亲的下落。我私底下觉得这对母亲未尝不是件好事，至少她在有生之年心中是充满希望的。这一年的年底，父亲被中共中央组织部办公厅追认为革命烈士。

二

父亲1910年1月21日出生于湖北罗田三里桥乡七里冲周家垸，14岁考入武汉私立成呈中学，在校期间接受了孙中山的三民主义，并决心为此而奋斗。寒暑假，父亲把三民主义带回了家乡，在家乡召集民众演说。那时的父亲正值青春年少，又侃侃而谈，在当时落后封闭的农村非常引人注目，吸引了一大批乡亲听讲，其中就有一位大他3岁的富家女孩。这个名叫李华初的女孩后来就成了我们的母亲。

中学毕业后，17岁的父亲考入了黄埔军校武汉分校步兵科。

在校期间，父亲与母亲的恋情引起了外公家的强烈反对，原因自然是父亲家境贫寒。但两个有文化、有感情的青年男女自然不会屈服于这般迂腐的封建礼教，他们想出一个办法——“抢亲”。于是，在20世纪20年代末，湖北罗田农村上演了一场抢亲的好戏，父亲周镐单枪匹马“抢”过富家小姐李华初，两人共骑一匹白马越过层层障碍到达父亲家。外公得信后，带着众多的乡亲追到父亲家，在两个家族的对峙中，父亲最终抱得美人归。母亲付出的代价是与外公父女关系的彻底断绝。

父亲家因太过贫穷，家里竟然没有房子给新婚夫妇居住，只能把山顶上的一间茅草房分给父亲母亲。婚后父亲继续去武汉上学了，自小娇生惯养的母亲不会劳作也不会做事，一个人艰苦度日。一个大雨的夜晚，发着高烧的母亲抱着同样发着高烧的哥哥躺在床上昏睡，早晨从昏睡中醒来的母亲发现自己和儿子已经浸泡在水中，屋顶还在不停地漏雨。再看哥哥已经昏迷不醒，等母亲抱着哥哥找到乡间郎中时，哥哥已经咽气了。

父亲闻讯赶了回来，要带母亲离开家乡。临走前，叫来一个沿村乞讨的老人，指着自己住的茅草屋与周围的田地跟他说：从此，这就是你的家，这块田地与竹林全是你的了。爷爷不干了，气愤地说：儿子是我养的，这些东西应该全归我所有。父亲对爷爷说，你的田地已经够你生活的了，三民主义的民生要求平均地权，耕者有其田。

解放后母亲带着我们姐妹 3 人回到罗田，遇土改，政府说父亲当年把这田地给人是收租的，要划母亲为小土地出租。那位要饭的老人站出来说，周镐当年把他名下所有田产都给了我，一分钱没收，更没收过一分钱的租子，母亲才被划为贫农。

父亲把母亲带到武汉，租了一间小房子，平日里母亲就帮富人家洗衣服，帮缝纫铺缝扣子赚些小钱度日，虽然艰苦，但能与父亲生活在一起，母亲感觉很幸福很甜蜜。

二

毕业后，父亲参加了国民革命军第十九路军。几个月的军校学习对父亲传奇的一生起到了决定性的作用。

1934 年春，福建事变的一些参与者被国民政府通缉，父亲只身亡命上海，后又从上海转道返回家乡。不料，一到汉口就被国民党宪兵四团逮捕，罪名是“参加叛乱”。这是父亲第一次被捕（他一生五次被捕），时年 24 岁。初次被捕，还很年轻的父亲情绪不稳，心中忐忑不安。负责审讯他的竟然是他的一位旧友。父亲一见是朋友情绪稍稍稳定下来。这位朋友并不审讯他，反而是竭力劝导他：“治平兄，你是黄埔出身，何不加入复兴社（复兴社特务处即军统前身）？这样，过去的一切就可以一笔勾销了。”父亲问：“如果我参加了复兴社，过去的一切真的能一笔勾销吗？”朋友说：“是。”父亲遂同意试试。就这样，父亲参加了复兴社特务处，就是后来的国民政府军事委员会调查统计局（简称军统），开始了他 12 年的特务生涯。

1935 年到 1942 年的短短 7 年间，父亲的特务生涯极富传奇色彩。这也许是他人生中第一阶段的传奇生涯。他参加军统刚满半年却又遭逮捕，汉口军统调查室指控他是“共产嫌疑”，来势汹汹，结果查无实据，纯属子虚乌有。被保释后，父亲仍在军统任职，但命运就此改变，他得到军统核心成员之一——周伟龙的赏识。周伟龙是军统元老级的高级特务、戴笠的结拜兄弟。有他的关照，父亲自然是官运亨通，青云直上。不久，他由汉口调任贵州，又由贵州调到广东，再由广东调重庆，邮电检查、缉私、谍报、督察等，军统中的各个行当他都干过，大受戴笠的青睐。而且他的官也越做越大，从尉官到校官，又从校官到少将，一路畅通无阻。

在父亲参加军统的这段时间里，母亲随父亲到处奔波。姐姐周慧冰出生于湖北，我出生于贵阳，妹妹周慧琳则出生于广东。

1943 年初，父亲被国民党政府从贵州调到重庆，戴笠要给他一项艰巨又危险的工作：潜伏于汪伪军委会，为重庆政府收集汪伪情报、策反汪伪军队，以及做周佛海与重庆政府的桥梁。

于是，父亲秘密地去了南京。

自此，父亲就在我们的视线中消失了。母亲也不知道父亲去了哪里，在干些什么？父亲离开我们后，军统派人把我们母女 4 人从贵州接到重庆。当时重庆政府很困难，但对我们母女 4 人非常照顾，我们的所有生活用品全由国民党政府供给。我与姐姐被送到沙坪坝磁器口的私立小学读书，学费、食宿全免，那个学校的校长是戴笠。蒋介石定期到这所小学，给这些特殊家庭的小学生作报告。我听过蒋介石勉励学生的一次报告。

后来我们得知，当时父亲潜伏在南京汪伪政府军委会。父亲在南京汪伪军界上层算得上是一个十分活跃的人物，表面上混得有头有脸，但谁能知道他内心的痛苦与紧张。他整天生活于恐惧之中，在给母亲的信中说：

“……你未必相信，在京伪军委会工作期间，虎口之内，幸有余生，其间痛苦，一言难尽，今日尚在者，非祖宗福荫，早丧残生了。”

父亲虽是国民党的军统人物，但他与大多数的中国人一样，痛恨日军的残暴，看到父老乡亲及广大民众惨遭日军的欺凌与侮辱，痛心疾首，激起他更加强烈的民族责任感与正义感。所以他在为军统策反汪伪部队时不遗余力。

1943 年底，他秘密组建的军统南京站开始了活动。

军统南京站早在 1937 年军统撤离南京前就建立过，并配置了电台，但南京一沦陷，这个南京站就叛变投敌了。以后军统在南京的组织，规模都较小，在日伪的眼皮底下也不敢有大的活动。父亲重新建立的这个南京站，规模较大，下设 8 个组。

军统南京站算是沦陷区的大站，父亲身负重任，他的工作效率很高，成果显著，戴笠颇为满意。不久，父亲被戴笠提拔为军统少将。他交给父亲的任务主要有两个：一是担负周佛海与重庆的情报联络工作，搜集汪伪首都军事、政治、经济等情报，这是周佛海与重庆方面的重要热线之一；二是利用自己在汪伪中央军事委员会里的地位和工作便利，与伪军中的实力派高级将领吴化文、孙良诚、张岚峰、郝鹏举等建立密切友好的私人关系，收集他们的情报，积极争取他们，最终在抗战胜利时投靠蒋介石。

父亲在南京领导的国民党军统地下组织，随着日本的投降也从地下走到了地上，父亲开始了公开的活动。国民政府于 11 日电令朱德总司令：所有该集团军所属部队，应就地驻防待命，不得向敌伪擅自行动。另一方面命令伪军负责维持治安，保护民众。12 日任命大汉奸周佛海为国民政府军事委员会京沪行动总队总指挥，令其指挥税警总团、上海保安队、警察、第十二军及浙江保安队等伪军，负责维持上海至杭州一带的治安。接着又任命父亲为京沪行动总队南京指挥部指挥。

日本投降的第二天即 8 月 16 日，父亲在南京宣布成立国民政府军事委员会京沪行动总队南京指挥部，指挥部设在新街口的汪伪中央储备银行。

指挥部首先接管的是汪伪的《中央日报》和周佛海控制的《中报》。在封存了汪伪中央储备银行金库和几所大仓库之后，父亲又命令中山东路上的汪伪财政部、宪兵队、汪伪中央电台等重要机关，听从南京指挥部的统一指挥，不得擅自行动。当晚，指挥部封锁南京的交通港口和车站，逮捕了47名汉奸，昔日的市长、部长们，包括伪中央常务委员梅思平、缪斌、伪司法行政部长吴颂皋、伪南京市市长周学昌、伪中央陆军军官学校校长鲍文沛等，统统关进了伪中央储备银行大楼的一间地下室里，闷得他们透不过气来。

在抓捕过程中，伪陆军部长肖叔萱因受伤流血过多而死亡，汪伪考试院院长陈群畏罪自杀。这在汪伪汉奸中引起了很大的震动和恐慌，当时南京的社会秩序乱七八糟，一片狼藉。反抗的，告状的，请日本人保护的，不一而足。父亲的行动已经触动了汪伪乃至重庆高层某些人的利益，这就给后来的接管行动失败及父亲的被捕埋下了伏笔。

这天夜里，父亲在指挥部里通宵达旦地起草给冈村宁次的受降书、电台讲话稿，以及审查指挥部的文件、通告、第二天的报纸清样。

17日，伪《中央日报》和《中报》分别更名为《建国日报》与《复兴日报》，套红标题为胜利专号，出现在南京的街头。这两份报纸报道了军委会京沪行动总队南京指挥部成立的消息，以及父亲亲自起草的《南京指挥部第一号布告》。

当天中午12点，父亲又来到中山东路西祠堂巷汪伪的“中央广播台”，向市民宣告抗战胜利的消息，同时宣布南京日伪政权已由南京指挥部接管，南京指挥部负责维持社会治安，行使政府职权。社会各界和广大市民要遵守秩序，等候国民政府还都南京。

看起来一切都很顺利，父亲也在埋头苦干。然而，汹涌的激流在平静的水面下涌动着，一场灾难正向父亲袭来。

父亲的行动，打乱了蒋介石的部署。蒋介石任命父亲为南京指挥的本意是在南京一带维持现状，防止新四军进城，以等待他的正规军的抵达。而同时有好几支伪军部队都接到了蒋介石的委任，如任援道、十二军军长张耀宸等。没想到，父亲的行动太过火了。更令蒋介石不能容忍的是，父亲居然搞出个让冈村宁次投降的受降书，如果冈村宁次真的向你周镐投降了，那以后中国战区的受降仪式还怎么搞！这些都犯了蒋介石和戴笠的大忌。

此时，蒋介石急于想制止父亲的过火行为，但又无兵可用，刚刚收编的伪军也不便进城。于是，蒋介石又下达了命令：南京的治安暂由日本军队来维持。

18日下午，日本中国派遣军总司令官冈村宁次派参谋小笠原中佐到指挥部，请父亲到日本军司令部商谈解决办法。父亲一到日本军司令部即被软禁起来。

父亲组建领导的这个指挥部，只存在了三天，就烟消云散了。

“周镐事件”后，国民政府立即准备接管南京。中国陆军总司令部在南京设立了临时派出的先遣机构“前进指挥所”，以陆军中将冷欣为主任。蒋介石立即下令由新六军这支嫡系部队接管南京。

就在日本人软禁父亲之后，南京警备司令任援道奉戴笠之命到日本军司令部交涉，将父亲转押到自己的警备司令部。戴笠到达南京后，又派人将父亲押至上海审查，罪名竟是贪污。

在狱中，父亲试图托关系找人帮自己说话，洗刷掉这些莫须有的罪名，却到处碰壁。

1946年3月17日，戴笠从青岛乘飞机途经南京，因雨雾飞机撞向岱山，机毁人亡，戴笠死后因无人再细查父亲之事，经军统中好友的帮忙说情，军统局副局长唐纵同意将父亲释放。

三

出狱后的父亲已经不是原来的父亲了，变得沉默寡言，闲居在南京二条巷蕉园5号的家中，没有工作，生活相当艰难。在军统多年，父亲早已厌烦了这种工作环境，他对国民党内部的互相倾轧，贪腐渎职已经恨之入骨，对国民党已经失去了信心。正当他迷茫时，他的同乡、黄埔同学、中共党员徐楚光闯入了他的生命，策反了他。后由华中分局书记邓子恢的批准加入了共产党。父亲遂以中共特别党员的身份潜伏在国民党保密局中，任中共中央华中分局京、沪、徐、杭特派员，负责国民党军队的策反及情报工作。

父亲曾在日记中写道："我当共产党，的确为不良政治所驱使，余妻当有同感，乃商议做解放工作，正好徐祖芳（即徐楚光）同志函约相晤，恰到好处而成功。"

父亲从入狱到出狱，从国民党阵营走进共产党的阵营，母亲一无所知。我们母女 4 人已经从重庆回到武汉，军统也不再负责我们的生活，母亲带着我们姐妹 3 人艰苦度日，日夜焦躁地等待着父亲的消息。

1946 年夏天的一个午后，父亲母亲的一个朋友来到武汉找到我们，他告诉母亲：周镐仍在南京，住址是中山东路二条巷蕉园 5 号。失去两年多消息的父亲突然有了信息，母亲激动得让泪水尽情地流淌，她高兴啊。两年多的日日夜夜的担心与思念，如今终于有了结果。临走时朋友欲言又止地跟母亲说：周镐现在又有了一位妻子，并且还有了一个出生刚刚几个月的儿子。母亲差点晕了过去，泪水又一次的流满了她那清秀而消瘦的脸庞，这是痛苦的泪水。朋友安慰她：在那个特殊的环境里，周镐也是太难了，单身不可能得到汪伪军委会信任的，能活下来已经是不容易了，你快带着孩子去南京吧。

当然，母亲不了解这些，作为一名优秀的特工人员，父亲是不可能把这些告诉别人，包括自己的亲人的。

随后，母亲带着我们姐妹 3 人来到了南京，找到了二层洋房的蕉园 5 号。尴尬的场面可想而知。我那年已经 9 岁，也记事了。当时并不懂父亲为什么一见到我们姐妹 3 人就抱着我们痛哭，哭完了就带着我们 3 人上街买裙子、买皮鞋。姑姑随我们一起去了南京，她带着我们，让父亲跟母亲谈心，父亲跟母亲说："我们的感情永远都不会变的，你要照顾双方的儿女，你要让步，如果你不让步的话，吴雪亚（后娶的妻子）要我寅时死我不可以卯时死，我已不是从前的工作性质了，我现在是为穷苦大众而工作。”母亲虽然很伤心，但她理解父亲，也知道吴雪亚妈妈对父亲的革命工作很有帮助，就做出了让步，在外租了房子。几个月后，我们回到了武汉，父亲经常寄钱给我们。

父亲的一个同学曾对父亲说过：“任何人都可以找小老婆，就是你周治平不能找，因为你们是自由恋爱，更因为李华初对你付出得太多。”父亲一生几次坐牢，前几次坐牢都是母亲找关系托父亲的同学把他救了出来。因此，父亲对母亲感情一如初恋，只是充满了愧疚。母亲曾对我们姐妹 3 人说，你们的父亲一生都是在做危险的工作，我为他担惊受怕一辈子。

母亲回到武汉，抚养我们姐妹 3 人。但她的心时刻牵挂着远在南京的父亲。母亲后来独自一人去过南京几次，有一次是徐楚光安排的。

1946 年 11 月，父亲第三次被捕。关押在保密局看守所。因找不到证据，局长毛人凤对手下的高级特务还算客气，没有可靠的证据也不会轻易处置。两个多月后的 1 月 21 日，农历除夕这一天上午，父亲被释放了。

父亲出狱后，保密局命令他仍回上海工作，担任佛教训练团的组长。父亲像什么事都没发生过一样，照样上班下班，照样与同事来往，当然他还是不断地来往于京沪徐之间，秘密地为党收集情报。

1947 年 9 月，徐楚光来到武汉看望我们母女，第二天即被捕。被捕地点离我们住处很近，母亲得知此消息后，立即给父亲拍了一封电报：“余仁身暴重病，已经住院。”父亲第一时间得知徐楚光被捕的消息，立即通知有关人员隐蔽、撤退，避免了重大损失。

由于叛徒出卖，这年的 12 月 30 日父亲第四次被捕，又一次被关进了宁海路 19 号保密局看守所。

1948 年 3 月，父亲的保密局好友、少将经理处长郭旭和少将设计委员任建冰二人联名向毛人凤上书作保，父亲又一次死里逃生，走出了保密局看守所。

母亲最后一次去南京，没有见到父亲，蕉园 5 号还在，保姆独自一人在家。保姆王妈告诉母亲：他们已经走了好久了，不知去了哪里。

从此，母亲再也没有得到过父亲的任何消息，艰难地生活直到去世。

后来得知，经华中工委第六工作委员会的安排，父亲与吴雪亚妈妈带着弟弟妹妹于1948年9月进入苏北解放区。为了迷惑敌人，家里一切如旧。

解放区的物质虽然匮乏，每月每人津贴只有6000元（当时一块银洋可以换华中币12000元，6000元也就是一二尺布的钱），每天七钱油，四钱盐，米面按公家规定也仅能果腹。但解放区军民团结一致，同甘共苦，父亲对此感触很深。

父亲过去在南京过的是高级军官的生活，吃穿都很讲究，出有车，食有鱼，稍微走一点路，都感到很吃力。但到了解放区，一天走七八十里路，还是泥泞土路，父亲居然不觉得累和苦，这不能不说是精神之作用。过去父亲用的是“周治平”专用信笺与信封，到了解放区，父亲让手下的人员用报纸剪裁后贴贴补补做信封。

父亲为了报答党和人民对自己的知遇之恩，全身心地投入工作之中，不分昼夜地奔波于宿迁、睢宁、沭阳、新安镇等地，在紧张的工作之余，还把国民党统治集团的内幕写成《蒋帮拾零》《蒋政权的黑幕》《蒋介石的庞大特务系统》等文章。新华社和解放区电台将父亲的文章播出后，由于言之有据，鞭挞有力，引起了广泛的注意，反响很大，打击了敌人，产生了很好的作用。

他在日记中写道：生命仅一线之安，此后余生，当誓为党和人民尽忠，拼命消灭蒋贼政权。余生有幸，必达此目的也。

四

1948年11月13日，父亲在淮海战役的前线成功地策动了国民党一〇七军孙良诚部5800人的投诚。接收的武器有：六〇炮29门，山炮47门，汽车27辆，骡马80余匹，冲锋枪58支，轻机枪281挺，重机枪98挺，汤姆枪25支，手枪数十支，步枪3694支，子弹30万发，炮弹800发，还有大批电讯器材。

1949 年 1 月初，父亲又接受组织安排前往蚌埠策反国民党第八兵团司令官刘汝明。那年那月那时，淮河一带大雪狂飞，冰天雪地，父亲带着投诚的孙良诚等人一路劳顿地来到了国共的分界区淮河。临上船时，他从包里掏出日记本与钱物，对警卫员说：如果我三天不回来，你就把这本日记和钱物交给夫人，照顾好我的家。不等警卫员答话，父亲转身踏上小船，随船而去。

父亲等人被刘汝明部六十八军第一一九师三五五团团长刘铁钧（刘汝明之子）带入他们的防区。刘铁钧很是热情，周到地把父亲等人秘密安排在团部休息。刘汝明吩咐儿子将同是西北军同仁兄弟的孙良诚接到城里。孙良诚一见到刘汝明，一时竟说不出话来，紧紧地握着这位把兄弟的手，老泪纵横。待情绪稍稳定后，他恳求刘汝明：子亮兄，我完全是无可奈何地听人摆布，估计你不会上他们的当，请子亮兄务必拉我一把，让我脱离那穷山恶水的共区，去江南与家人团聚。刘汝明问孙良诚：和你同来的中共代表是什么人？任何军职？

孙良诚说：他叫周镐，过去是戴笠手下的红人，军统局的少将，抗战时曾任军统南京站站长，后来投了共，现在专门搞国军的工作，是什么六工委的负责人。此人精明干练，不好对付啊！如此等等，他将父亲的情况一五一十地告诉了刘汝明。

刘汝明听完，惊得一时竟说不出话来，面带惧色，问道：这个周先生真的是投了共产党了吗？他靠得住吗？

刘汝明虽然手握重兵，身为上将兵团司令，但他害怕保密局，对特务们一向敬而远之，不亲近也不敢得罪。他知道保密局的特务个个心狠手辣，又可以“通天”，直接向蒋介石打小报告。西北军一些老同仁就吃过军统保密局特务的不少苦头，有的人甚至还丢了性命，和这伙人打交道，太可怕了。目前在前线，他更加忌讳保密局，生怕特务侦知他和中共方面的暗中往来，一旦让蒋介石抓住了什么把柄，他刘汝明兄弟及全家将死无葬身之地。他听说过许多“双料特务”的传闻，他不能肯定父亲的身份就是中共代表，或许是保密局潜伏在中共方面的内线呢。

刘汝明遂将父亲前来策反一事迅速上报给蒋介石和徐州“剿总”总司令刘峙。与此同时，他通知第二处处长陶纪元，一方面向保密局报告，一方面立即派人将父亲及其随从人员逮捕。

蒋介石与毛人凤对父亲的叛变十分恼怒，特别是蒋介石，几次重用父亲，父亲居然去投共！蒋介石与毛人凤在得知父亲去了解放区后，曾派人沿途搜捕，现在居然送上门来了。

这是父亲第五次入狱、第三次被关进宁海路 19 号的保密局看守所。几天来无人审讯，父亲知道这次他不可能再走出这个牢房了。

在保密局逃离南京的前夕，父亲被押到狱内刑场。那场面极具戏剧性，行刑者竟是父亲昔日的同事、曾经的同志。

父亲对那位举枪对着自己的昔日同事说：“兄弟，枪打得准点！”

那位昔日的同事手颤抖了一下，子弹打在父亲左膀子上。

又是一枪，仍然偏离了父亲的心脏。

那昔日的同事不是枪法不准，也许他不忍，也许他想让父亲多活几分钟，哪怕一分钟，或许会有奇迹出现，父亲能免于一死。但这对一个受刑者来说，是多么的残酷。父亲满身是血，仿佛是披着一身朝霞伫立在那里，岿然不动。

司法处处长李希成不得不亲自补上一枪。

父亲倒在了南京解放的前夕。

这一切，我们姐妹 3 人与母亲一无所知。

武汉解放后，母亲等不到父亲的消息，生活无着，加上刚刚解放，武汉时时刻刻拉警报，母亲听不得那警报声，天天生活在恐惧中，就带着我们姐妹 3 人回到了农村。多年来母亲省吃俭用，节省下来半块金条、一些金银首饰、一盒银圆、港币，以及手表、钢笔、象牙筷子、银筷子等，她把这些物品装在一个小箱子里，随身携带，睡觉时就放在枕头边。父亲没了踪影，她想把这些物品留给我们姐妹 3 人读书生活用。可谁料到，回到罗田仅一个月，一个月黑风高的夜晚，这些物品却被歹人悉数盗去，被偷走的还有我们母女4人的换洗衣服。母亲抱着我们欲哭无泪。这些物品被偷，等于要了我们母女4人的命啊。母亲前去农会的工作组报案，工作组的一位同志非常同情我们，劝母亲道：最好不要报案，这些东西就是找回来，贫下中农也不会让你拿回去的，还会追问这些钱物是从哪里来的，你就当这些物品换回你们母女的4条命。母亲最终没报案。接下来土改，我们一家被划为贫民，分了田地分了房子。从此，我们母女4人在乡间贫苦地活着。

我们姐妹3人很替母亲争气，学习成绩都很好，就是没钱交学费，母亲拿着父亲以前写给她的信给学校领导看，有一封信是这样写的：等将来革命胜利了，将你们接到一块过好日子……凭着这些信，我们姐妹被评上乙等助学金。母亲身体不好，不能劳动，我们生活没有来源，如果没有这些助学金，我们初中都读不起。母亲失去父亲时才30多岁，有人追求她，也有很多人劝她改嫁，但母亲说：我可以去死，但绝不改嫁。我们知道，母亲心里只装着父亲。

母亲终于把我们3人带大，随我们去了英山、新州等地生活。但接下来的政治运动，又使母亲陷入了痛苦的境地。

那时每年都有政治运动，我们吃尽了苦头。我们姐妹3个全受到连累。我与爱人结婚后，我爱人的党籍就被开除，没有开会，就发了一纸通知，通知上说："成余地不听组织劝告，与逃台大特务女儿周慧励结婚，特此开除党籍。"当时，爱人怕我痛苦，没把实情告诉我，20年后才恢复党籍。1962年，政府说妈妈是伪军官的太太，要下放农村。我随着母亲一起被下放到罗田农村。3年后，母亲死在了农村。我帮她换衣服时，发现她把父亲的一件遗物——军统证章（出入证）别在内衣口袋里。母亲终生爱着父亲。她常说，你们的爸爸是个非常好的人，好人应该有个善终，为什么他就没有呢？

几个月后，父亲被政府追认为烈士。但母亲没有等到这个消息，离开这个世界时还睁着眼睛。1971年，政府给我们姐妹3人送来了烈士证和光荣烈属牌。

五

母亲去世前，把她珍藏多年的父亲遗物交给了我。母亲除了把父亲的黄埔同学通讯录及军统证件埋在地下以外，其余的都保存了下来。我在整理父亲的遗物时流泪了，感叹父亲的命运与不易，更感叹母亲一生的悲苦和对父亲的挚爱。

遗物有大量的信件、照片，还有《辞源》、日记本、通讯录、领带、衣服、皮包、印章、印章盒、印泥盒、老虎钳、砚台、报纸、父亲专用的“治平用笺”信纸及“周镐缄”信封等。

当时我不知道父亲以后会是烈士，但我坚信他是个好人，会有个好说法。我一定要保藏好父亲的这些遗物。在那个特殊的年代，如果被抄家翻出，肯定是要倒霉的。我把这些遗物用牛皮纸一件一件地包好，再在牛皮纸外面包一层玻璃纸，黎明时爬上山顶把这些物品藏在山上的柴火里，晚上天黑后又把物品取回来藏在家里，以免白天被搜查，晚上被动物咬。

“文革”以后，我们姐妹 3 人把这些文物分批捐赠给了南京雨花台烈士纪念馆。砚台是蒋介石赠送给父亲的，“文革”期间因为害怕，我用起子与锤头把“蒋中正”三个字凿掉了。印章也不是一般的石头，是珍贵的红玉石。那张《复兴日报》，是父亲在南京接收期间将汪伪的《中报》变更的，报纸刊登了父亲亲自起草的《京沪行动总队南京指挥部布告》。这张报纸是母亲从南京带回来的，这份报纸只刊出了 3 天就夭折了，是报纸类的绝品。那 13 封信是父亲对母亲带泪情感的倾诉。信里有一段内容是这样的：“……我现在因厌恶宦海生涯，深愿早日得到胜利。我们‘坐井而饮，耕田而食，日出而作，日入而息’那种自在生涯，多么痛快、自在。我前两年的话，约你抗战胜利了，回家的诺言，到今天，愈想愈是对了，人生数十年的光景，何必如此奔波劳苦呢？……什么功名利禄，我都看得淡然了。初呀（母亲名字），苦吧，待着吧，抗战的胜利就在目前了，这样我们也对得住国家民族的，个人的心地，也可告慰了。这上面的话，是灰心吗？颓废吗？我都不承认的，完全是为着生涯的辛苦。十余年来，无片刻的休养，一个人精力是有限的，且社会的人士也太坏了，又何必与人争此功名利禄呢……”

1992 年，我与姐姐周慧冰去北京拜访了当年父亲的同事沈醉。在重庆时，沈醉对我们母女 4 人很是照顾。我与姐姐念旧情，特去看望沈醉。那时沈醉身体不好，他的夫人说，只能会一个小时，沈醉听后不高兴地对夫人说，你也不看看是谁来啊，我没事。沈醉几次叨念着：周治平是个非常好的人啊。

屈指算来，我的好父亲周镐离开我们已经 66 个年头了。

（选自《活页》2015 年第 2 期，总第 84 期）

鏖战上甘岭的最后较量

李长生 口述　朱同芳 整理*

举世闻名的上甘岭战役是我军以少胜多的一个典型范例，是在特殊的地形上、在关键的时间内由局部小仗逐步发展成庞大战役的一场特殊战斗。正是因为我军在上甘岭战役中将敌打得焦头烂额，使其遭到惨重失败，无还招之力，敌人才不得不垂头丧气地坐下来在板门店与我军谈判。从这点来看，上甘岭战役是整个朝鲜战争结束前我志愿军与敌的一次关键性的较量。时间虽然流过了 30 多年，但给我留下的记忆是永恒的，回想起来仍然历历在目。

一

1952 年 8 月底，我团奉命从金城一线防御阵地撤至白易山一带休整。团认真总结了金城防御作战经验，组织部队学习了二级战斗英雄李经盛、张象山、扆志忠创造的“依托坑道、小兵群作战”的战法，统一了战术思

---

* 李长生，1951 年参加抗美援朝战争，任中国人民志愿军第十二军第三十一师第九十二团、九十一团团长，参加过第五次战役、金城防御作战和上甘岭战役，获朝鲜民主主义人民共和国三级自由独立勋章和三级国旗勋章。1955 年被授予上校军衔。历任浙江省军区副参谋长、南京军区后勤部司令部副参谋长、南京军区司令部研究员等职。朱同芳，第十三届南京市政协委员，曾任南京市政协教卫文体（文史）委员会兼职副主任，南京出版传媒集团董事长（总编辑）兼党委书记。

本文是朱同芳于 1985 年对李长生的采访实录。朱同芳也曾在这支英雄部队服役。

想，并进行了反复的模拟演练。全团上下士气高昂，情绪饱满，求战热情高，各连都纷纷请求到前线去。可上级偏偏不给任务，我这个当团长的心里比战士还要着急。那个时候不要说一个多月没有打仗，就是一个星期没有打仗，心里就发痒了。

10 月 20 日上午我在三营了解休整情况，约 9 时许，作战股长郭寿洪突然跑来找我："团长，军部来电话，叫你立即到曾军长那里去。"我一听，高兴得一拍手："好，这下总算有任务了。"随即就返回团部，拿了一份地图，换了一双胶鞋，带着警卫员小李和小刘就向军部赶。军部离团部足有 10 里路，我们边走边跑，约一个小时就赶到了。

此时，曾绍山军长正在作战室等我。我是个急性子，过去跟军长又比较熟，所以一见到曾军长就急不可耐地问："军长，有任务吗？"军长见我满头大汗，上气不接下气的样子，笑着说："你别急，先洗个脸，坐下来我慢慢讲，这次有大仗给你打呢！"我一听心里就痒痒的，心想：十五军四十五师在上甘岭 597.9 高地和 537.7 北侧无名高地与敌激战了一个星期，战斗正在继续，是不是叫我们也上去呢？

我洗完脸，见军长站在沙盘前，也就走了过去。军长指着沙盘上的上甘岭说道："友军在上甘岭已与敌恶战了整整七天七夜，兄弟部队打得很英勇、很顽强，但敌人进攻的兵力还在不断增加，妄想夺占上甘岭 597.9 和 537.7 两个制高点，拉平战线，进而夺取战役防御要点五圣山。为狠狠打击敌人，消灭敌有生力量，根据三兵团首长指示，决定把你们九十一团调上去。"

曾军长说到这里突然停了下来，在作战室来回走动了足有两分钟。我知道军长考虑问题时喜欢来回踱步，就不动声色地等待着。

军长走到我面前深沉而又亲切地说："这次全军就先去你们一个团，一定要当好代表队。至于以后去不去部队，还要根据战情定。你们九十一团是个老团，在长征路上是屡建战功创奇迹的，在太行山上是铁拳头，在上甘岭也要打出个好样子。"军长问："有信心吗？"我立即大声回答："有！"军长又问："有困难吗？"我考虑了一下说："这次去可能是连续作战，最好能给一些新兵，这样我们可以随即补充。”军长当即表态：“给你一个营！”最后军长说：“你先回去做准备，先带一些干部到阵地熟悉情况，有些问题我要向师里讲。去后要好好向兄弟部队学习，有困难自己想办法克服，克服不了的告诉我。”军长还反复嘱咐我：一定要注意战法，要很好地组织火力和小兵群动作，要把金城防御作战的经验应用起来。

这时已是午饭时间，为了早一点把任务传达给部队，我顾不得吃饭，向军长告别后就往回返。

我边走边考虑下一步方案和决心，一到团部，就打电话向师政委刘瑄作了汇报。他说：“我知道了，你赶快准备吧！”随后，我一边吃饭，一边召集了团领导碰头会。当时团里只有我和政治处主任王金海、副主任李殿华，没有副团长，没有参谋长，副参谋长赵金来去谷山设营未回，我是团长兼政委。任务传达后，我谈了初步考虑的决定。我说：“营长及有关人员先到阵地去熟悉情况。如一上去就打，以连为梯次，具体打法等看了地形、了解情况后定。”我分工王金海主任负责部队动员工作，副主任负责部队准备工作。

晚饭后，我带着三营长吴大震、二营长杨水保，八、七、六、五、八十二迫击炮连连长和各连 2 名排长，政治处 5 人，后勤处 5 人，共 30 余人，乘卡车从白易山出发，前往十五军军部接受任务。由于敌机活动频繁，我们只能黄昏出发，途中还不能开灯，加上道路坑坑洼洼，坡陡弯多，速度很慢，有时还要下车防空，整整行驶了一个晚上，21 日凌晨才赶到十五军军部道德洞。

到十五军军部作战室报到后，秦基伟军长很快就来了。我立即上前向他敬礼。他说：“你就是九十一团团长李长生吧？欢迎你们。”随后他要我们先吃饭，任务等吃了饭再谈。我一心想早点进入情况，赶紧说：“请首长先下任务吧，我们想早点到前面去。”秦军长说：“好，你们先到四十五师一三五团去，他们在最前面，可以先了解一些情况，然后等部队上来。”之后张蕴钰参谋长把有关地形及部队作战情况向我作了介绍。

早饭后，我们由秦军长派的通信员带路，直赴四十五师师部。10 时许，我们到达了四十五师师部，崔建功师长很热情地接待了我们。我看他不想马上让我们走的样子，着急地说："师长，我们想早一点到一线阵地去，不想在这儿停留了。"崔师长见我很急，答应说："中饭一吃就让你们走。"

这时，已是中午 1 点多了，从 20 日上午开始，我没有很好地吃一顿饭，大家乘了一夜车，也比较累，且越往前敌情越紧张，我们就在四十五师师部吃了中饭，碗一放就又赶路了。一三五团指挥所设在五圣山主峰，五圣山海拔 1061.7 米，地面高度也在 500 米以上，比较难爬，但为了早一点熟悉情况，我们一鼓作气爬到了山顶，个个热得汗流浃背。当时我才 30 岁，爬山并不比连长、营长差，大家几乎同时赶到了主峰。

我很快找到了一三五团张信元团长，听张团长详细介绍了情况。为了尽快熟悉阵地，我随即召集大家开了会，明确了按性质任务对口到各个阵地上熟悉了解情况。主要熟悉和了解阵地的地形特点、工事构筑、敌人进攻的手段、友军的战法和经验，并联系我们的任务思考打法。

到了 24 日，我想，秦基伟军长要求我们在五圣山上等部队，其意图就是让我们利用这个时间熟悉情况，研究打法，研究部署。于是，我在 24 日上午收拢了去各阵地"实习"的干部。但三营长吴大震和八十二迫击炮连连长牺牲了。研究战法时，大家发言很踊跃，有时争吵起来，有时一致赞许，你一条、我一条，加起来有几十条打法。我组织大家一种打法一种打法的进行了分析研究，从中找出了最佳战法。最后，在总结大家意见的基础上，我定下了决心方案，向大家明确了以下几条决心和意见：（一）上甘岭战斗是敌人一次有预谋、有准备的进攻行动，有一定的政治和军事背景，敌人不会轻而易举地放弃进攻。因此这个仗会越打越大、越打越恶，要做好连续作战的准备。（二）我团准备接替的阵地是一三五团坚守的 597.9 高地，此高地地势险峻，与敌对峙，敌人称之为"三角形山"，是五圣山前沿的一个要点，也是敌人主要的进攻目标，敌必夺、我必守，因此要做好反复争夺和勇于牺牲的准备。（三）从前一阶段战斗情况看，敌人进攻依赖炮火，平均每天向我阵地倾泻上十万发炮弹，阵地上无一米堑、交通壕可依用，无一完整工事，只有几个坑道。因此，我兵力使用不能太大，人员不宜太多，只能使用小兵群添油战术。金城防御作战创造的“小兵群战法”是适用的。（四）敌人不善于夜战和近战，贪生怕死，战斗力不强，尤其害怕白刃格斗，而我团有夜战、近战和白刃格斗的光荣传统，要充分发扬这一传统，坚决守住阵地。（五）活用战法，敌进攻时一般不与其硬拼，以小兵群对付。敌兵力增加，我阵地人员一般不增，只增加火力，紧要时适量增兵。（六）阵地需要添兵时，伤亡一人添一人，需要几人添几人，不盲目添兵。（七）坚守阵地的方法是逐连轮换，一个连一昼夜，第一个连接防后，第二个连进至5、6号坑道，担负坚守分队的预备队，并做好随时接防的准备。

决心是定了，也明确了，但在决定哪个营、哪个连先打时犯难了，大家都争着打头仗。二营长杨水保说：“在金城防御时我们是二线，这次轮也该轮到了。”一、三营说他们有金城防御作战经验。最后我决定按三、二、一营的顺序打，并让八连打第一天。我考虑八连是个刚调整组建的连队，新兵少，连队士气高，金城防御创造“依托坑道、小兵群作战”战法的二级战斗英雄张象山就是八连的二班长，八连连长张林书和指导员刘怀珍都是身经百战的老兵，打仗有经验。所以，我就决定让八连先上。

10月27日，部队已陆续到达五圣山，副参谋长赵金来也赶回来了。下午，我和赵副参谋长、王主任、李副主任开了短会，我把所有情况作了详细介绍，谈了我的决心，并进行了分工。会议很短，只有40分钟左右。分工是这样的：我负责全团指挥，不再由作战股长郭寿洪负责指挥所工作。团指设在原一三五团指挥所，赵金来副参谋长到597.9主峰3号阵地，既负责三营的指挥，又担负团前指（三营长牺牲了，没有教导员）。王金海主任任政工指挥组组长，设在团指西侧约200米部队前后机动必经路口处，负责对部队进行政治鼓动，并收集战场情况。副主任李殿华到后指，协助后勤处长窦生堂负责全团的战场保障工作。后指设在团指的东北侧约300米处。

随后我召开了司令部股长会议，决定由侦察股长韩增冲带两名侦察员，在 597.9 高地翼侧有利地形上，选择便于观察、便于隐蔽的制高点，建立侧方观察所，负责观察敌步兵活动情况及阵地战斗情况，开设后直接与团指联系。通信股长瞿振华担任通信保障组组长，重点保障 597.9 主峰阵地和最前沿的 9、10 号阵地与指挥所的通信联络。0 号阵地至 4 号阵地间有近 400 米的暴露地段，也是我后续梯队增兵和接敌运动的必经之路，敌封锁相当厉害。因此我决定，凡是敌人向 0 号至 4 号阵地间行炮火封锁之后，一律重新架线不查线，以便节省时间。为了搞好步炮协同，我向秦军长请示派一个炮兵团干部协助指挥，以保证能适时、准确地发挥炮火威力。

当天下午，秦军长就派了炮兵团段道林团长来指挥所。根据阵地工事完全被毁的情况，我打电话向曾绍山军长要了 1000 条麻袋，曾军长当天晚上就派人送来了。为了迅速将研究的部署及定下的决心传达到全团，我采取了一竿子到底的方法。28 日晚上在五圣山指挥所召开了排以上干部会，把全面情况向大家作了明确，既节省了传达的时间，又防止层层传达发生误差。大家提出了“不打糊涂仗，当好代表队”的口号。28 日全团上下都在做战前准备，一切工作都在按计划进行。约 18 时，我接到了四十五师崔师长的电话，通知我团在 11 月 1 日接守 597.9 诸高地。计划是友军在 30 日、31 日和 11 月 1 日向 597.9 诸阵地实施连续反击，反击成功后交给我团防守。为做好突然接防和参加反击的准备，10 月 29 日，我将三营秘密向前推进，八连在 29 日晚上就运动到了 6 号高地北侧约 500 米处的一个小树林里。

至此时，全团已做好了一切准备，枪弹入膛，只欠令下。

二

10 月 30 日，友军按预定方案向 597.9 诸高地实施了反击，战至 11 月 1 日上午，除 11 号阵地表面被敌占领外，其余阵地均已恢复，但敌人丝毫没有停止进攻的迹象，攻势越来越猛，企图趁友邻部队立足未稳夺回阵地。我通知八连秘密向前运动。下午 1 时 30 分，友邻阵地出现了危急情况，敌人以“羊群战法”成连成营地涌向了9、10、3号阵地。这时，我八连主动与友邻联系，以一个排的兵力适时实施了增援，协同友邻打退了敌人。下午3时许，我接到了四十五师崔师长的电话，他正式通知我团接守597.9诸阵地，并于18时前交接完毕。我随即通知了赵金来副参谋长做好接守阵地准备。为了恢复阵地工事，有利于坚守分队战斗，我打电话通知二营营长杨水保，选派10名打坑道能手，随八连一起上阵地。我说：“在天明之前打3条短坑道，位置选择在3号阵地反斜面离主峰10米左右处，如能完成，每人立大功一次。”为保证八连在第二天有充分的精力对付敌人，我通知七连跟随八连上阵地，晚上帮助八连修工事，拂晓前退守5、6号阵地坑道隐蔽，充作八连的预备队。同时我通知后勤指挥所在天黑后将1000条麻袋送到八连阵地。阵地交接于11月1日18时完成，我八连接替了四十五师一三五团坚守的0、4、5、9、10、3号阵地，连夜按预定计划实施准备。经一夜突击，构筑了6个防炮洞、3个双人掩体、5个轻机枪射击掩体、1条掩壕、50米交堑壕。二营打坑道的10名战士按规定时间完成了3条短坑道构筑任务。我宣布给每人立大功一次。八连的战士一个个摩拳擦掌，情绪高涨，等待着敌人来送死。

2日8时，敌以密集的炮火向我八连阵地反复袭击，发射炮弹近10万发，出动飞机百余架次，轮番轰炸扫射，持续时间近2个小时。阵地上硝烟弥漫，石土飞扬，表面工事基本上全被摧毁。10时，敌出动美七师三十一团、美空降一八七团和伪九师三十团等部，向我八连坚守的9、10、3号阵地发起攻击。八连在纵深强大炮火的密切配合和有力支援下，灵活地运用并发展了金城防御依托坑道坚守的经验，英勇抗击，顽强战斗。当敌火力袭击，步兵开始向我阵地接近时，主力退守坑道，观察员在隐蔽位置上实施观察，同时呼唤炮火对敌急袭。我和营连指挥所是直通电话，为防止线路被炸，还架设了备用线路。炮兵团长就和我在一起，因此，从步兵呼唤炮火到炮弹落到敌群只需几分钟。当敌火力延伸，步兵涌向山头发起冲击时，八连一边继续呼唤炮火，一边以小部兵力跃出坑道，利用弹坑、岩缝和残存的地面工事，迅速占领射击位置，待敌冲至30米内时，突以机枪、冲锋枪、手榴弹、手雷、爆破筒组成密集的火力杀向敌人。敌改变冲击方向和队形，他们就灵活地转移射击位置，将成群的敌人消灭在阵前，并根据战况的发展需要，适时将屯集在坑道内的主力，分组增援各阵地。激战至16时，八连共击退敌20余次攻击，阵前敌尸遍野、枪械满地。但敌仍不死心，纠集残余兵力再次攻击，一部突入主峰东北友邻阵地。八连见友邻情况紧急，即以一个小组驰援。但敌已占领阵地。在此情况下，我增援小组战士王万成、朱有光以舍身杀敌的英勇气概，毅然拉响爆破筒，冲入敌群，与数十名敌人同归于尽，保证后续分队恢复了阵地。

坚守在9号阵地的八连四班，采取了以老带新、以新帮新、以少对多，先打近、后打远，先打多、后打少的战法。敌进至50米时用冲锋枪打，进至40米时用手榴弹砸，进至30米时用手雷炸，进至20米内时用爆破筒爆，他们仅以伤亡3人的代价，打退了敌人两个连又一个排的7次攻击，歼敌400余人。战至15时，我八连已伤亡80多人，敌仍在组织进攻，我随即通知七连以一个排的兵力增援，以保证八连的抗击力量。战至17时，阵地上的枪炮声和爆炸声逐渐停了下来，天也暗了，我判断可能敌不会再组织进攻行动了。当时我在指挥所掌握战斗情况，一是靠阵地报告，二是靠耳听眼看。如敌人向我阵地打炮，证明阵地在我手中，听不到枪炮声心就悬着，担心阵地会失守，因此每次枪炮声停下来后，我总要打电话问一问阵地情况才放心。

一天的战斗终于结束了，八连共击退敌2个团兵力的40余次进攻，毙伤敌近1000人，生俘1人，缴获各种武器75件。我亡36人，伤59人。根据预案，我通知赵金来副参谋长，18时前七连接守八连阵地，八连连长张林书带2名排长、4名班长继续留在阵地担任七连的顾问，协同七连指挥。

七连接守阵地后，九连进入5、6号坑道，充当七连预备队。随后我带着警卫员和作战参谋到了597.9主峰阵地，检查交接防情况和了解全天战斗情况。战士们说："小兵群战法比较灵，以一当百，以少胜多，敌人毫无办法。"我问有什么问题时，大家反映阵地上灰尘太大，冲锋枪和轻重机枪经常发生故障，子弹用不了，而威力大又实用的爆破筒、手雷不够。我问还有什么困难，战士们一致说："只要能守住阵地，其他困难再大也能克服。"事后我才知道，阵地上只有压缩饼干，无水供应，山上也无水源，我答应一定想法解决。

为了迅速掌握全团情况，我又立即返回到五圣山指挥所了解政工组和后勤等各组工作开展情况。刚刚了解完毕，突然兵团王近山副司令来了电话。我一听说是王副司令来的电话，心中怦怦直跳，是不是今天没有打好？首长要批评了？我拿起听筒，听到王副司令讲："李长生吗？你辛苦了，你们打得真漂亮呀，我代表兵团首长向九十一团全体干战表示祝贺。你们打了一个大胜仗，兵团决定通令嘉奖九十一团，希望你们要继续发扬。"我回答说："请兵团首长放心，我保证不丢一寸阵地。"随后我概略地汇报了一天的主要战斗情况。最后王副司令说："你把我的话告诉全团，大家都要学习八连，特别是那个四班。"听完电话，我乘兴把兵团通令嘉奖的决定告诉了王金海主任，要求他进行宣传，通告全团，以鼓舞士气。当时指挥所里真是一片欢腾。

高兴之余，我立刻想到阵地上战士的困难，立即找来了后勤处长窦生堂，要求运输队加大手雷、爆破筒运输量，少送子弹。为减少伤亡，采取一人一段接力输送的方法，并在每个接力点上挖一至两个防炮洞。我把一连和直属连都交给他使用，要求在天亮之前完成任务。为保障一线阵地喝有水、吃有饱，我又把一营副教导员王清义和三营副教导员王福定叫来，要求他们两人在741高地建立一个前沿生活供应站，想尽一切办法让前沿阵地上的战士喝得足、吃得饱。由于部队伤亡大，伤员烈士的抢救和后运工作比较重，我又把一营教导员姚太云找来，让他负责和组织救护工作。救护所设在6号阵地反斜面，并要求连夜就开展工作。一切布置停当，一看表已是3日凌晨1点多了，作战股长郭寿洪说："团长你赶快休息一会吧，不然天一亮又有情况了。"我叫他把布置的几项工作在天明前收集一下落实情况告诉我，然后就在电话机旁的地铺上睡下了。

由于过度劳累，一觉睡醒已是7时整，竖耳一听，阵地上没有枪炮声。我赶紧问作战股长是怎么回事，他说敌人没有进攻，还告诉我昨晚布置的几项工作已全部落实，生活供应站和救护所已开展工作，弹药已经送到。这时我才松了一口气。

约 10 时，伪二师三十一团出动一个营的兵力向我七连坚守的 9、10 号阵地发起冲锋。七连学习运用了八连小兵群以小对大的战法，以 1 个老兵带 1 个新兵组成 1 个战斗小组，对付敌人 1 个连，以 2 至 3 个组对付敌人 1 个营。先把敌人放到 50 米内用手榴弹炸，敌进至 40 米内时用手雷甩，进至 25 米以内时就用爆破筒爆。坑道内的人员向阵地运送弹药时，1 个老兵带 1 个新兵，运送数次后，送过的新兵充当老兵再带新兵运送，逐次轮换，这样既锻炼了胆量，又熟悉了地形，还练了战术动作。战至 12 时，七连共击退敌 15 次冲锋。12 时许，敌又出动了 4 个连的兵力向七连发起冲锋，我考虑七连有 1 个排在 2 日支援八连时已伤亡了三分之一人员，因此我命令九连以两个排兵力加入七连战斗。在我顽强打击下，敌人的进攻又被打退。15 时起，敌再次以两个连的兵力向七连阵地发起攻击并掩护拖尸。我七连和九连的两个排密切配合，互相鼓励，重伤员在坑道内压子弹，轻伤员坚持不下坑道，打得非常顽强。战至 17 时，战斗结束。前后共击退敌 35 次冲击，毙伤敌 750 余人。

随后按照预案，以六连接守了七连，同时九连撤下了阵地。我指定七连连长董宝志带 2 个排长和 4 个班长继续留在阵地，充当六连顾问，协同六连指挥。但哪个连充当六连预备队呢？在征求二营营长杨水保和赵副参谋长意见后，我决定由五连担任六连预备队，并乘六连接防之机进至 6、5 号坑道。四连是我团的一个过硬连队，从干部指挥到连队战斗作风以及个人素质都是硬邦邦的，四连和三连在全团是首屈一指的大功连。我考虑如战斗持续下去，万一阵地失守，必须有一个顽强的预备力量来反击，因此就决定把四连和三连作为团预备队，暂不接守阵地。

3 日 18 时许，六连和七连交接完毕。交接后，我和指挥所人员对两天来的战斗情况进行了分析总结，研究解决减少伤亡和打击敌人的方法。大家认为：敌人 3 日投入的进攻兵力没有 2 日大，2 日是两个团，3 日只有1个团，七连的伤亡比八连大，主要原因是添兵过早造成的。大家还认为我们使用的兵力还可以减少，添兵要注意时间性。为解决这个问题，我决定由一营参谋长陆延玉在4号坑道专门负责控制添兵的时机和兵力大小（团预备队放在5、6号坑道，4号坑道是添兵时必经的跳板，所以陆延玉在4号坑道位置是比较合适的）。为加强一线指挥，我把二营营长杨水保调到前指，同时把全团的9门82迫击炮交给他指挥。

六连进入阵地后，立即挖掘工事。经一夜准备，六连做好了抗敌冲击的一切准备。

约20时许，在9号阵地前沿执行侦察任务的侦察员报告，在9号阵地前沿约400米的小树林里，敌集结了约有1个营的步兵，后方还不断有汽车运兵来。我问了是否确实，侦察员说：他们已接近到距敌只有几十米处，亲眼看到的。这个重要情况的出现，我判断是敌在做进攻准备，就一边告诉赵金来副参谋长，一边告诉炮兵段道林团长。段团长随即向十五军炮兵群指挥所作了请示。4日凌晨3时，军使用1个火箭炮团一个齐射，对敌集结位置进行了火力急袭，把整个小树林打成一片火海，就差看见敌尸飞上天。

4日上午，我坐在指挥所里，竖着耳朵听阵地动静。但8点了还没有任何动静，打电话问六连连长，他说看不到敌人有进攻迹象。到了10时，敌开始向9、10、3号阵地炮击，但炮击后步兵没有发起行动。快到12时，敌步兵还是没有进攻行动。大家都等得着急起来，究竟是什么原因呢？我和指挥所的所有人员一起分析判断，认为是敌一梯队被我火箭炮覆盖了，无力在短时间内组织进攻。后来四十五师侦听到敌人电话，证实了这一点。我侦察兵也发现敌人在我火箭炮覆盖的小树林里向外拖尸。我把这一情况告诉了炮兵段团长，并代表全团为炮兵兄弟请功。

约12时许，敌出动一个营的兵力向我9、10、3号阵地发起了攻击，但敌人这次没有采取以往的迂回战术，而是直接向我9、10、3号阵地进行冲击。六连早就等得不耐烦了，一个个争着打，谁也不肯在坑道。敌人开始只以班的兵力冲击，六连见此情况，各阵地就以1个老战士打，2个新兵送弹药。敌人又以排的兵力冲击，各阵地就以1个老兵带1个新兵打。约14时，敌以两个连的兵力多路攻击，六连就以2到3个战斗小组打。战斗打得比较顺利，敌始终没有踏上我阵地一步，进至前沿时就被打退了。

约16时30分，敌以4个连的兵力分多路向我9、10、3号阵地发起猛攻。获此情况，我立即令二营营长杨水保用82迫击炮对敌冲击队形进行压制。在敌刚进至我前沿150米左右时，就遭到了很大杀伤。但敌还是继续向我阵地进行冲击，且攻势较猛。六连各阵地密切配合，前赴后继，英勇顽强，大胆地把敌放近打，用手榴弹、手雷和爆破筒在阵地前组成了一股强大的火墙，使敌丢下遍地尸体掉头逃回。这一天六连共打退了敌20余次攻击，毙伤敌450余人，我仅伤亡50余人。

约17时30分，天色已黑了下来。我通知赵金来副参谋长，按预案由五连接守阵地，六连连长牛凤香带2名排长和4名班长留在阵地，充当五连顾问，协同五连指挥。同时通知一营将一连拉到5、6号坑道隐蔽，作为五连预备队。

六连撤下阵地后，我找了部分干部战士了解情况。大家说："今天的敌人特别好打，一打就垮，不过瘾。"我说："敌人的一梯队被我们的火箭炮打光了，只能用这些豆腐兵来充数送死。"大家还告诉我，阵地上吃到热馒头、热包子了，还喝到了水。我听了很高兴，特地打电话给生活供应站的王清义，表扬了他们。他告诉我，从3日开始，供应站每天向阵地送1000斤馒头、500斤包子，还有300壶水。有力的后勤生活保障，使阵地上的战士个个精力充沛，情绪高涨，为打退敌人打下了良好的基础。

约19时50分，我在指挥所里突然接到李德生副军长的电话。当时我感到很突然，因为从接受任务以来，我与军部很少联系，也很难联系（曾绍山军长曾打电话询问战斗情况）。战时通信联系紧张，且我团当时隶属十五军指挥，所以与本军、师首长联系是很少的。李德生副军长是我团的老团长，因此与他比较熟悉，听到他的声音，也感到特别的亲切。他在电话里代表军首长向全团干战问好，表扬了我们打了大胜仗。他告诉我，根据兵团首长指示，他带领军司、政机关部分人员在德山岘组成五圣山前沿指挥所，统一指挥我军的反击作战和与兄弟部队的配合动作。我听到高兴极了。李副军长询问团里的情况很认真，我告诉他电话里说不清楚，能不能让我当面汇报。征得李副军长同意后，我带着侦察参谋和警卫员就下山了。一见到李副军长，就像见到亲人一样，我激动得眼泪都要掉下来了。李副军长紧紧地握着我的手说："你们辛苦了，九十一团真不愧是铁打的。"随后我把几天的情况详细向李副军长作了汇报。汇报后，李副军长说："今晚我还要开一个会，三十一师已全部来了，要准备反击537.7，你先回去吧。希望你们一天比一天打得好。"

回到指挥所，作战股长郭寿洪向我报告：黄昏以后，敌人小股兵力在597.9高地前沿活动频繁，纵深车辆来回不停。我当时判断：敌人对炮火的依赖性大，且不善于夜战，晚上行动的可能性不大，5号很可能有一场恶仗打。作战股长通知前沿做好防敌偷袭，并准备明天打一个恶仗，同时通知了后勤多送一些弹药。

5日拂晓，敌开始向我五连坚守的9号、10号、3号阵地进行炮击，天亮后还出动了飞机对阵地进行扫射和投掷炸弹。我阵地被炸成一片废墟，交通坑被炸平，除坑道外，隐蔽工事均被摧毁。敌妄想在步兵发起冲击前，就将我阵地人员大部杀伤，然后用步兵进行冲击。约6时，敌人出动伪九师三十团、伪二师三十团各1个营的兵力，向我9、10、3号阵地发起攻击，另以1个连兵力向我0、4号阵地进行迂回分割。五连不慌不忙，沉着应战，敌炮一停，就迅速跃出壕道占领阵地。有的把手榴弹3个一捆4个一捆地摆在掩体前，有的把手雷的盖子取下，随时准备投出去，还有的把爆破筒一根一根地放在不同位置。由于整个上甘岭战斗已持续了20多天，阵地上被炸成的墟土足有1尺厚，因此敌冲至我阵前时动作也比较缓慢，敌人一个挤一个像羊群上山一样往上爬。五连的战士大胆地把敌人放到只有20米的地方，用手雷炸远的，用集束手榴弹炸近的，用爆破筒炸中间的，并用轻重火器组成侧方火力打敌冲锋队形。坚守在3号阵地的五连二班新战士胡修道，在全班伤亡只剩下他和战友藤土生时，毫不畏惧，英勇顽强，发扬了敢打敢拼的精神，打退敌人 41 次冲锋，消灭敌人 200 多人。阵地上从拂晓开始，一直到 17 时，枪声未停，炮声未断，喊杀声未止。经我上级炮火的有力支援和五连的浴血奋战，敌人号称“一年来攻势最猛的一天”又以失败而告终，不得不抛下遍野尸体，丢下满山坡的枪支弹药，连滚带爬地撤下去。

5 日战斗结束后，由一连接守了五连阵地，二连进至 5、6 号坑道，充作一连预备队。五连连长牛根子带 2 名排长和 4 名班长留在阵地，充当一连顾问，协助一连指挥。

一连接守阵地后，连夜加修工事，准备抗敌冲锋，但 6 日全天敌步兵没有行动，只是零碎地进行炮击。当时我估计敌人在 7 日要组织进攻，但 7 日这一天没有行动，8 日也是如此。后来我们从上级通报中得知，上甘岭战役打响以后，敌使用了伪二师的十七团、三十一团、三十二团、伪九师的三十团、美七师的三十一团、美空降一八七团共 6 个团，其中伪九师的三十团和美空降一八七团是从纵深调来的战役预备队。美七师的另 2 个团在纵深配置，近期无法调来，与我交战的 6 个团均遭毁灭性打击，无法再组织进攻。根据这一情况，我们判断敌人至少在一个星期内不会有大的进攻行为。

11 月 10 日，我接到军前指指示，鉴于敌人在 597.9 高地地区无大的行动，且 597.9 诸阵地已全部恢复并得到巩固，我军准备重点反击 537.7 北山阵地，要求我团三、四连作为九十二团反击北山时的预备队。

11 月 11 日，我九十二团对 537.7 北山阵地实施了反击，恢复了原来阵地。由于反击比较顺利，我团三、四连未参加战斗，于 16 日归建。

在九十二团反击 537.7 北山阵地后，敌集中力量进行反复争夺。但对 597.9 主峰诸阵地没有采取进攻行为。在此情况下，我团一、二连坚持不放松警惕，常以小股兵力在夜间潜出阵地设伏袭扰，以扩大战果。

11 月 15 日上午，三连连长突然跑到指挥所找我，一看到他我心里就明白了一半，肯定是来要任务的。这次只有三、四连没有打到仗，而恰恰这两个连是全团战斗力很强的连。两个连长都是不服输的牛脾气。三连连长张东阳气鼓鼓地说："团长，战士们都埋怨我，说我没有请战，其他连队都打了，就是我们还未打。"听到这话，我心里暗自为这种诚恳的求战热情而高兴。但从哪儿来任务呢？我反复思考了好长时间，最后想出了一个一箭双雕的主意。我对张东阳说："你们上去把一连换下，怎么样？"张东阳听了高兴地说："一定完成任务。"当时我心里想：虽然537.9高地没有什么大的战斗任务，但三连上去后同样能得到锻炼，并且也能满足战士们的求战愿望。

三连在16日晚上按时接守了一连的阵地。二连仍然坚守5、6、4号阵地。二、三连在阵地上白天加固工事，修筑掩体，挖掘交堑壕，夜间组织精干小分队到阵前对敌人进行袭伏，并取得了一定的战果。

11月25日，我接到了军指挥所传达的兵团首长指示，要求我团在27日将阵地移交给四十五师，我随即通知了全团做好交防准备。任务刚下达，四连连长曹双会突然跑来找我，火气比三连连长还要大："团长，你有偏心，为什么三连有任务，四连就没有，全团这么多连队唯独四连没有？"我解释说："这是经过研究的，也是需要，不能老让你们打呀。"他还不服气，说："下次有任务四连不排在第一，我提你意见。"我说："下次一定优先考虑。"

四连连长走后，我心里猛然升起了一个念头：537.7北山的战斗还没有结束，敌人还在不断组织进攻，如把四连留下来不是很好吗？但537.7北山阵地现在是三十四师一〇六团坚守的，已不是自己能决定的，必须得到军、师首长的同意才行。晚上，我打电话请示了李德生副军长和师刘政委，他们研究后同意将四连留下，隶属一〇六团指挥，加入537.7北山之战斗。当把这个决定通知到四连时，四连上下一片欢腾，仗还没有打，仿佛已打了大胜仗。

11月27日，我团与十五军四十五师进行了交接防。全团撤至谷山地区进行休整。在接守597.9诸阵地时，阵地是无完整工事、无隐蔽交堑壕、无大型坑道，经我团坚守部队的连日加修构筑，变成了工事配套，堑交壕相连，坑道能打、能藏、能生活。四十五师在接防时感到非常满意。

交接防的同时，四连接守了 537.7 北山 6 号阵地，并与敌连日交火，打退了敌人从班到连兵力的数十次进攻，取得了毙伤敌 300 余名的战果，得到了友邻的赞扬。四连于 12 月底归建。

三

整个上甘岭战役结束了，我团先后打退了敌人 6 个团兵力的轮番冲锋，取得了歼敌 4200 多名、俘敌 1 名、缴获大批枪支弹药的好战果。与我团交战后，敌人寸土未得，阵地始终为我牢固控制。我团仅伤亡 600 余人，与敌伤亡的比例是 1∶7。八连和辎重连荣立了集体一等功。八连四班副班长蔡兴海被授予特等功臣，二级战斗英雄。全班的事迹在 1952 年 12 月 6 日的《人民日报》第一版上刊登。舍身冲入敌群，拉响爆破筒，与敌同归于尽的八连战士王万成、朱有光荣立了特等功。五连新战士胡修道荣立特等功，同时被授予“一级战斗英雄”称号，并被授予“朝鲜民主主义人民共和国英雄”，授予金星奖章和一级国旗勋章，出席了 1953 年朝鲜民主主义人民共和国全国战斗英雄代表大会，受到了金日成主席的接见。回国后出席了 1955 年全国青年社会主义建设积极分子代表大会，并受到了毛泽东主席的接见。全团涌现了 100 多个功臣单位和个人。

秦基伟军长表扬我团“表现了高度的顽强和战技上灵活性，以及战斗组织严密和高度团结精神”，并说：“上甘岭战役的胜利，也可以说是我们伟大的志愿军战士政治素质与战斗技巧的胜利。”

撤下阵地休整时，我和李德生副军长、师刘政委、李长林副师长一道，专程去三兵团指挥部汇报战斗情况。王近山副司令员说：“你们用小兵群打败了敌人的‘羊群’，这个战法很成功，很值得总结。”

上甘岭战役至今已有 30 多年，每当想起这些往事，心里总感到无比的兴奋和欣慰，因为这是一种崇高的荣誉，是我们志愿军战士的伟大光荣！

（选自《活页》2018 年第 1、2 期，总第 119、120 期）

往事

我在侵华日军南京大屠杀遇难同胞纪念馆的22年

朱成山*

2014年2月27日下午，第十二届全国人大常委会第七次会议经表决通过，决定将9月3日确定为中国人民抗日战争胜利纪念日，将12月13日设立为南京大屠杀死难者国家公祭日。我在第一时间获得了这个激动人心的消息。作为与侵华日军南京大屠杀遇难同胞纪念馆共同奋斗了20多年的馆长，我的心情尤其显得激动。我于1992年进入江东门纪念馆工作，1993年担任馆长，至今已经有22年了。20多年里，我参与、主持与见证了纪念馆的二期、三期扩建工程，展陈改造，“万人坑遗址”发掘，“万人普查南京大屠杀幸存者”，举办外展等一系列工作。经过所有人的努力，纪念馆取得较快的发展，逐步提升了自身的水平，在国内外享有较高的声誉。今天回首往事，感慨颇多。在纪念馆发展的二十几年的时间内，有许多值得记忆和回味的事情，这里摘取几个故事与读者共同分享。

三次发现：为江东门大屠杀遗址形成铁证

说起江东门纪念馆的建馆起因，还要追溯到1982年。当时，日本文部省在审定中小学教科书时，将日本军国主义“侵略”中国篡改为“进

* 朱成山，曾任中共江苏省委外宣办副主任，侵华日军南京大屠杀遇难同胞纪念馆馆长，中国抗日战争史学会副会长。

入”，妄图以此来否认侵略中国的史实。这一倒行逆施激起了中国人民特别是南京市民的强烈愤慨。为了顺应广大人民的呼声，1983年11月，南京市政府决定为南京大屠杀30多万死难同胞建馆、立碑、编史，并立即着手开始筹建工作。

建馆选址是个大学问，为什么会选在南京市西南角的江东门呢？原来，早在1982年，南京市在进行文物普查时，就已发现江东门农民的菜地里有两个大坑，挖开后累累白骨。据当地群众反映，这里是当年日军大屠杀的现场和掩埋尸体的“万人坑”。又据史料记载，1937年12月16日，日军把已解除武装的中国士兵和平民万余人，囚禁在江东门原陆军监狱院内，傍晚押至对面荒地，然后放火焚烧民房照明，四周架起轻重机枪，向人群猛烈扫射，受害军民众声哀号，相继倒于血泊之中。后由南京慈善团体红卍会收尸万余具，掩埋于就近两个大土坑、一条壕沟内，被称为“万人坑”。根据上述考证，南京市人民政府果断决定在这“万人坑遗址”上建馆。1983年12月13日，在江东门正式举行了建馆奠基仪式。在建馆的时候，从江东门“万人坑”施工现场又挖出了遗骨，这批第一次集中发现的南京大屠杀遇难者遗骨，部分被陈列在纪念馆的遗骨陈列室内，成为日军南京大屠杀的直接见证物。1985年2月，邓小平同志来南京视察，题写了“侵华日军南京大屠杀遇难同胞纪念馆”馆名。1985年8月15日正式建成并对外开放。

1998年4月30日上午，纪念馆在整理草坪时，在馆内遇难同胞遗骨陈列室北侧草坪坡上，新挖掘出了4具遇难者遗骨。截至1999年12月，陆续清理发掘出暴露在表层的208具南京大屠杀遇难者遗骨。这些遗骨分布在地表七层，分布面积达到170平方米。经过法医、医学、史学、考古学等方面专家的鉴定和试验，证实这批遗骨就是南京大屠杀遇难者的遗骨，被原地原貌地陈列在现场。这次遗骨发现时，正当日本极少数右翼分子抛出反动影片《自尊——命运的瞬间》为侵略战争翻案的时候，并有少数日本人妄测说纪念馆内陈列的遗骨不是遇难同胞的遗骨，而是“文化大革命”时期的。此次发掘是对日本右翼势力荒谬说理的再一次有力驳斥，同时也为“江东门大屠杀遗址”提供了铁的证据。

2006 年 4 月，在新馆建设施工的过程中，在工地上第三次发现了暴露在表层的遇难者遗骨 19 具。经过法医学和考古专家的鉴定，认定为南京大屠杀遇难者遗骸。为对这批遗骸进行保护和展示，各部门紧密配合制订了详细的工作方案，最后确定先整体搬移、后整体恢复的方案。2007 年 11 月份，在新馆展厅封顶之际，将这批遗骸整体恢复，原地原貌地陈列在新展厅内。

至此，在江东门同一个地点，三次不同时段内均发现了南京大屠杀遇难者遗骸，这充分说明此处是侵华日军集体屠杀遗址、南京大屠杀遇难同胞丛葬地之一。三次发现，为江东门大屠杀遗址形成了铁证，因此江东门纪念馆也于 2006 年 5 月被国务院公布为全国重点文物保护单位。

三次普查：形成南京大屠杀幸存者证言资料库

在新馆展厅内，有一处被观众誉为“世界之最”的档案墙，是由 12000 多份档案盒组成的，其中有 4000 多份南京大屠杀幸存者证言档案。这是近几年来，纪念馆专门组织人员将馆藏的三个阶段的幸存者资料经过精心整理后形成的。

第一次大规模地调查幸存者是在 1984 年。为了更多地收集侵华日军南京大屠杀的罪证，对活着的幸存受害者进行了抢救性的广泛调查。在建馆、立碑、编史的同时，有组织地对南京大屠杀的幸存受害者进行了普查。从 1984 年 3 月—8 月在全市 6 个城区、4 个郊区范围内展开。各级机构层层发动，直至街道、居委会。居委会按 50 多岁以上年龄层次排队摸底，对受害的对象进行登记，逐个记录受害情况。这是继战后远东国际军事法庭和中国审判战犯南京军事法庭为审判日本战犯，在南京较大规模调查幸存受害者后，第一次有组织地对南京大屠杀幸存者进行的调查。经过六个多月的普查，发现幸存受害者有 1756 名，积累了一批珍贵的第一手口碑证言资料，为“南京大屠杀”编史、建馆和立碑做了一项重要的基础性工作。在1984年幸存受害者调查基础上，从幸存受害者的证言证词中，选择了642份，由本人主编整理出版了《侵华日军南京大屠杀幸存者证言集》。

第二次调查是在1991年夏，纪念馆和南京市教育局合作，利用暑假，动员组织了数千名中学生和部分老师，克服了汛情洪涝带来的困难，在1984年大范围普查的基础上进行了复查，发现1765名幸存受害者中，此时已经去世300多人。在寻访幸存受害者的同时，本馆和南京市教育局共同组织人员编写并摄制了电视录像教学片——《300000的控诉》，此片被中宣部定为全国爱国主义教育录像片。

第三次大范围的普查幸存者是在1997年，这次调查是江东门纪念馆和市教育局联合举行的，动员了南京市1.47万名大学生和高中生，组织“留下历史的见证”特殊的夏令营活动。日本南京大屠杀遇难者60周年全国联络会和旅日华侨日中交流促进会，也组织26名来自日本东京、大阪、神户等地的日本师生，开展了寻找调查南京大屠杀幸存受害者活动。这次万名师生寻访幸存受害者的范围，遍及南京市所属的15个区县的街道、居委会和自然村，对象为70岁以上的老人。通过此次普查，共发现2460多条幸存者线索，经过专家对比检查，最终确定1213名仍然健在的幸存受害者。我们邀请了南京市司法局公证处，对其中150名南京大屠杀幸存者的证言资料，分别进行了证据保全公证，35名幸存受害者的证言资料，进行现场摄像公证，使调查的证言、证据，更具有法律效力，为历史留下了永久的铁证。

上面三次大规模的幸存者调查工作，为形成幸存者证言资料库打下了坚实的基础。此外，近些年来本馆也相继收到了来自外省和海外的一些幸存者的口述史资料。在上述工作的基础上，本馆相继出版了《侵华日军南京大屠杀幸存者证言集》续集、《南京大屠杀幸存者名录》(1—4)。于2005年成立的幸存者援助协会，对这些幸存者给予医疗、生活上的援助和精神上的慰藉，并在赴日本、美国、丹麦等国家开展和平交流时请他们亲身讲述南京大屠杀的历史，使幸存者证言成为一个很好的教育资源。

三个诉讼案：扩大南京大屠杀在国际上的影响力

近些年来，纪念馆通过和平交流、国际上办展览逐步扩大了南京大屠杀在国际上的影响力，如赴日本的《南京大屠杀史料展》，赴丹麦的《珍爱和平与生命——南京大屠杀史实展》，赴美国的《勇于记住——南京大屠杀史实展》，赴意大利《不能遗忘的二战浩劫——侵华日军南京大屠杀史实展》，让外国人了解南京大屠杀，了解日军曾在中国犯下的暴行。除此之外，自20世纪90年代末以来的有关南京大屠杀的三个诉讼案，也使得南京大屠杀在国际上的影响力逐步扩大。

李秀英和她的名誉损害诉讼。1937年12月19日，怀有身孕的李秀英在南京安全区内的五台山小学地下室内避难，因反抗三个日本兵强暴，脸上、腿上和腹部被戳了37刀，在南京鼓楼医院虽经美国医生威尔逊奋力抢救挽回生命，但造成流产，身上留下了累累伤疤。诸多的中外证人均可为李秀英作证，马吉、威尔逊、麦卡伦、贝茨、拉贝均在自己的日记中记载了李秀英的受害经过，马吉还拍摄了李秀英在医院救治的场景。但是，1998年日本自由历史观学会成员松村俊夫出版的《南京大屠杀的大疑问》一书，打着“学术研究”“检证历史”的幌子，诬陷南京大屠杀幸存者李秀英，称现在的李秀英不是当年的李秀英，是个假证人。松村俊夫等企图以此为突破口，全盘否定南京大屠杀。1999年9月17日，李秀英愤然向日本东京地方法院提起诉讼，要求松村俊夫等公开登报道歉，并赔偿名誉损害费。经审理，先后在东京地方法院、东京高等法院赢得胜诉。2005年1月，日本最高法院对李秀英诉日本右翼分子名誉侵权案做出终审判决，判处被告支付名誉损害赔偿金150万日元。这个有关南京大屠杀的首起名誉权国际诉讼最终以幸存者的胜诉而落幕。但遗憾的是，李秀英老人没有等到胜诉的这一天，就于2004年12月溘然长逝了。

夏淑琴和她的名誉损害诉讼。1998年，日本自由历史观学会成员松村俊夫和日本亚细亚大学教授东中野修道，在日本分别发行了名为《南京大屠杀的大疑问》和《南京大屠杀的彻底检证》两本书，两位作者分别在自己的书中诬陷南京大屠杀幸存者夏淑琴是“假证人”。2004年，夏淑琴向南京玄武区人民法院提交了诉状，状告松村俊夫和东中野修道对其名誉损害，这是国内首起涉及战争问题而引起的名誉权诉讼案，引起了各界的关注。2005年底，东中野修道和出版该书的日本展转社株式会社向东京地方法院提起诉讼，称《南京大屠杀的彻底检证》一书不构成对夏淑琴的名誉损害，要求确认赔偿债务不存在。2006年6月30日，夏淑琴与南京有关方面组成“应诉团”赴日应诉，东中野修道当庭撤诉，夏淑琴当即在该院反诉，要求东中野修道等赔偿其名誉损害。同年8月23日，中国南京市玄武区法院一审判决夏淑琴起诉日本作者东中野修道和松村俊夫侵犯名誉权案胜诉。这是中国法院首次受理和判决涉及南京大屠杀事件的涉外民事案件。2007年11月2日，日本东京地方法院一审宣判夏淑琴胜诉。

东史郎与《东史郎日记》诉讼。东史郎，1912年生于日本京都，1937年8月应征入伍，曾参加过侵占华北、南京、武汉等地的战斗，特别是参与了南京大屠杀，其战时日记详细记载了日军的种种罪行。随着时间的流逝和战后和平生活的洗礼，他逐渐对日本军国主义发动的侵略战争的罪行有所认识。1987年，公开其战时日记并在日本公开出版，他的举动受到了日本右翼的攻击。1993年4月26日，他的战友桥本光治向日本东京地方法院提起名誉损害诉讼，称他的日记“纯属虚构”。1996年4月，该法院判东史郎等败诉。而他坚持上诉，在此期间，南京等地为声援东史郎正义行动而进行的手榴弹、邮政袋试验结果，均证明东史郎日记记述正确。但日本东京高等法院和日本最高法院根本无视历史事实，分别判处东史郎等二审和三审败诉。2006年1月，东史郎在日本京都病逝。在东史郎日记诉讼案中，为了支持东史郎日记诉讼案，本馆曾协助在南京进行了手榴弹实验、邮政袋实验，和寻找当年的地图、水塘等，东史郎诉讼案在中国引发了上上下下的支持与援助。

三次建设：形成国家一级博物馆

1985年8月15日，侵华日军南京大屠杀遇难同胞纪念馆正式建成并对外开放，这是中国抗战系列的第一座纪念馆。两年后，1987年7月7日，北京市在卢沟桥建成中国人民抗日战争纪念馆；1991年9月18日，沈阳市在柳条湖旧址建成“九·一八”历史博物馆；随后，哈尔滨市建成侵华日军第七三一细菌部队罪证陈列馆，上海市建成淞沪抗战纪念馆，山东省建成台儿庄战役纪念馆；等等。一批抗日战争的博物馆、纪念馆，如雨后春笋般地在中国大地上陆续出现。当时建这个馆的初衷主要是针对我们国内的观众，为悼念遇难同胞提供一个合适的场所，提醒中国人民不忘历史，以史为鉴。但出乎意料的是，在开馆的当天，日本劳动者协会的会长市川诚先生送来一座“镇魂之钟”，寓以钟声告慰和悼念南京大屠杀遇难者的亡灵之意。

在纪念馆不仅缺乏资金，而且缺乏发展思路，处于最低谷的时期，我来到纪念馆工作，1993年担任馆长。至今令人不能忘怀的是，在场馆建设事业上香港爱国实业家陈君实先生的慷慨相助。陈先生来馆参观时，不仅给我们提出建设规划方面的很好建议，而且还先后向纪念馆捐献出了600多万元人民币，用于纪念馆的二期扩建工程。1994年至1995年，纪念馆进行二期扩建，搬迁了馆旁边的叉车厂，改建成停车场，新建了悼念广场、遇难同胞名单墙、古城灾难组合雕塑、标志碑等建筑，尤其是改造了以前的陈列展览。扩建后的纪念馆占地面积33亩，建筑面积2500多平方米，展厅面积800多平方米。1996年，被中宣部命名为首批全国爱国主义教育示范基地。纪念馆对内成了全国青少年的爱国主义教育基地，成为维系中日友好的一根纽带以及国际和平友好交流的一个窗口。

近年来，本馆观众接待量直线上升，特别是2003年对社会免费开放以来，年观众量激增至114万人，2005年达220万人，在国际国内的影响力日益扩大，各种交流活动活跃。同时由于观众人数剧增，狭小的展览空间无法满足大量观众的接待需要，加上馆舍老化，设施陈旧，制约了新征集文物史料的展示。包括很多海外华人华侨在内的社会各界人士强烈呼吁扩建纪念馆。在各级领导的关心和社会各界的支持下，2005年12月13日，新馆扩建工程正式开始。经过两年的拼搏和努力，新馆终于2007年12月13日即南京大屠杀70周年纪念日如期建成，并正式对外开放。

新馆平面布局形如和平之舟，空间布局为化剑为犁。其建筑外观大气肃穆，设计布局寓意深刻，特别是顺着观展路线，战争、杀戮、和平三个序列的构思体现得十分明显。纪念馆前半部分“白骨为证、废墟为碑”，用独具特色的建筑语言固化历史，给观众极强的震撼力；后半部分体现的“人类家园、走向和平”，用寓意深刻的建筑语言来增强了人们对战争、和平、人性的想象力，突出了对人类和平的向往。整个建筑设计构思可以用4个字来概括——历史、和平。

新馆占地面积由原来的33亩扩大到111亩，展厅面积由原来的800多平方米扩大到现在的9000多平方米，照片3500余幅，文物3300余件，影视片130余部，场景复原13处。新馆开放以后，受到了社会各界的好评，全国人大常委会原副委员长许嘉璐参观完该馆后说：“我去过乌克兰、莫斯科、柏林、华盛顿等世界上许多战争类型的历史博物馆，我们这座纪念馆与之相比毫不逊色，堪称世界一流。不光是建筑、雕塑有特色，而且文物史料丰富，说服力、感染力都很强，参观后让人印象深刻，深受教育。”江苏省委原书记梁保华看完纪念馆后称赞道：“新馆的效果好的超出我的想象，我走过很多国家，参观过很多纪念馆，但从来没见过像这样让人震撼的场馆，可以称得上是世界一流、中国第一、南京地标。”加拿大世界抗日战争史实维护会会长列国远女士在参观了展览后由衷地说：“这次看了侵华日军南京大屠杀遇难同胞纪念馆，我对博物馆的概念和认识产生了一次跳跃，我的感触实在太深。我没想到会有这么好的效果。比如说在展厅内被原样、原址保护的那批遗骸，被很好地展示出来，既有它的偶然性，也有它的必然性，具有很强的说服力和表现力。那组高大的档案柜展陈效果非常好，用这种形式来反映主题是一种创新。”

20 年努力：南京大屠杀死难者国家公祭日形成

1994 年 8 月，我与南京大屠杀幸存者代表夏淑琴应邀赴日本访问，这是战后南京大屠杀幸存者首次踏上日本的国土亲身讲述自己的受害经历。其间，我在参观广岛原爆遗址时，巧遇日本国家举办广岛原爆日公祭活动，日本首相、众参两院院长、各大党派首领均出席，参加人数达到 10 万人的规模。这让我感触很深：中国是个受害国，历史上从来没有举办过类似公祭悼念活动，不仅南京没有，中国其他城市也没有。回国后我到处呼吁，终于在当年 12 月 13 日举办了历史上第一次纪念活动，取名为“江苏省暨南京市社会各界人士悼念南京大屠杀 30 万遇难者遇难 57 周年仪式”，届时全城拉响防空警报，火车、轮船鸣笛，放飞和平鸽等。六年后的 2001 年，沈阳市在 9 月 18 日当天举办了类似的仪式。后来，我先后到波兰的奥斯威辛集中营、美国的珍珠港纪念馆、俄罗斯的卫国战争纪念馆等国际上同类型场馆访问，发现这些馆无一例外地举办国家层面的公祭活动，相比之下，南京的地方性悼念活动显得层级较低，与国际上落差较大。

每年江苏省、南京市都会在 12 月 13 日举行悼念仪式，包括撞和平钟、敬献花圈等，这个活动我们连续做了 20 年，但是这些都是停留在地方层面。每年都会有南京大屠杀幸存者、南京大屠杀遇难者遗属代表参加活动，他们也多次提出请求，国家应当重视南京大屠杀死难者纪念活动，以表示对死难者生命的尊重和对历史的责任。

2005 年全国两会召开之前，时任全国政协常委、江苏省人大常委会副主任赵龙先生专程来到纪念馆与我交流。我提出，可否请赵主任提案建议将南京大屠杀的悼念活动升格为国家公祭活动。这一想法得到了他的认同和帮助。3 月 9 日，在全国政协十届三次会议上，赵龙副主任首次提交了把每年 12 月 13 日定为国家公祭日的提案。2012 年 3 月 9 日，全国政协十一届五次会议上，赵龙委员再次提出上述提案。此外，我通过市人大代表孙达华，找到全国人大代表、民革江苏省副主委、南京市政协副主席、南京艺术学院院长邹建平，希望他能够在全国人大会议上帮助再呼吁一次，得到他的支持。3月10日，在十一届全国人大五次会议上，邹建平等代表也提交了议案，建议应在南京大屠杀死难同胞祭日举行国家公祭活动。

2014年2月25日下午，十二届全国人大常委会第七次会议审议全国人大常委会关于确定中国人民抗日战争胜利纪念日的决定草案和全国人大常委会关于设立南京大屠杀死难者国家公祭日的决定草案。2月27日经表决通过，决定将9月3日确定为中国人民抗日战争胜利纪念日，将12月13日设立为南京大屠杀死难者国家公祭日。

至此，南京大屠杀死难者国家公祭日的事情算是尘埃落定。在这期间我作为专家成员部分参与了全国人大法制工作委员会关于"两日"法案的起草和修改工作，尤其是与全国人大法制工作委员会的领导工作人员对公祭日名称中用"死难者"而不用受难者或遇难者等问题进行了多次讨论，一度很激烈，最后他们采纳了我的建议，用"死难者"表述。

首先，为什么不是遇难同胞？记得在2014年正月初六的时候，全国人大常委会法制工作委员会的领导和工作人员来到纪念馆，跟我们讨论关于公祭日的名称、南京大屠杀历史等相关事宜。在讨论中，我发表了自己的看法。对我们来说，"同胞"是准确的，但南京大屠杀是一个国际上历史事件，如果我们邀请国际人士来，对日本友人、美国友人、俄罗斯友人讲"遇难同胞"，显然不对，所以讲"遇难者"比"遇难同胞"更为准确。南京大屠杀事件不仅仅事关一座城市，对人类都具有警示意义，今后设立国家公祭日，邀请国际人士在每年12月13日来参加（和平集会），对他们说祭奠"遇难同胞"，显然不对，所以此次力主把"同胞"改成"者"。

其次，为什么不用"受难者"？在名称中，法工委坚持的名称是"受难者"，经过考虑，我认为用"受难者"不准确，原因是在中国汉语中，"受难"解释为"遭受、蒙受灾难"。"受难者"对象所指比"遇难者"更加宽泛。受伤了也叫"受难"，个人损失也叫"受难"，受了自然灾害还叫

“受难”，所以不适合。

第三，为什么不用“殉难者”？也有人提出用“殉难者”，仔细推敲，在我们的语言习惯中“殉难”一般被解释为“赴难，亦指为国家的危难而献出生命”。南京历史上曾有“壬午殉难”。明朝朱棣攻破南京之后，杀大臣一百二十人，灭方孝孺十族，杀八百七十三人，史称“壬午殉难”。“‘壬午殉难’也是指血腥屠杀，但我觉得最好不用‘殉难’”。因为“壬午殉难”是特指在南京玄武门发生事变的血腥屠杀，属“内部矛盾”，南京大屠杀是属“民族矛盾”，两者不可混为一谈。后来在北京反复修改讨论方案时，我坚持用“死难者”一词，30 万这个数字，是不包括受伤的（人），仅仅是死去的（人），“死难者”最能体现对历史、对法律的准确性。

最后，曾经有人提出过，“死难者”与“南京大屠杀遇难同胞纪念馆”馆名不符？我提出，“侵华南京大屠杀遇难同胞纪念馆”馆名是约定俗成，“死难者”与馆名并不矛盾。因为纪念馆主要展陈四大内容：30 万同胞遇难、2 万多起强奸事件发生、南京城被破坏三分之一、大量公私财物毁损等。“纪念馆名字，是指纪念馆（展示）名称；公祭日中的（主体）称谓，法律上是指（受害）对象。”

2015 年是中国人民抗日战争暨世界反法西斯战争胜利 70 周年，纪念馆也建成开放 30 年了，我们有理由相信，在新的时代背景下，纪念馆这艘和平之舟一定会乘风破浪，将历史的记忆延续下去，将和平的种子撒向更广阔的世界。

（选自《活页》2014 年第 4 期，总第 75 期）

我与《理论热点面对面》

何亦农*

自 2003 年起，每年夏天，中央宣传部理论局组织编写的《理论热点面对面》都会与读者见面。2014 年 7 月，这个系列的第 12 本书《改革热点面对面》，又在新华书店上架了！我作为唯一一位从头至尾参加这套丛书起草和修改工作的外聘人员，手捧散发着油墨清香的新书，心情分外激动。因为我和《理论热点面对面》结缘已有十多年了，每一本书艰苦写作中的“压力山大”、完成任务后的如释重负，每到“档期”期待着与《理论热点面对面》的“盛夏之约”，都历历在目，仿佛就在昨天。

加入编写组 结缘十二载

《理论热点面对面》系列通俗读物，第一本是 2003 年推出的。十多年前，有高层领导提出，能否编写一本类似《大众哲学》的小册子，用党的理论创新成果深入浅出地回答干部群众关心的重大理论和现实问题。于是，第一本通俗理论读物《干部群众关心的 25 个理论问题》诞生了。之后，每年出版一本，至今已经连续出版第 12 本，恰好经历了一个轮回。13 年弹指一挥间，当年我参加《理论热点面对面》改稿的那些事，至今

---

* 何亦农，曾任中共南京市委讲师团负责人，市委宣传部《南京宣传》编辑部主任、理论处处长、部务委员、副部长，市文化局党委书记，市文广新局党委书记，南京市政协教卫文体（文史）委员会副主任。

记忆犹新。

2001 年 12 月中旬，我正在南京国际会议中心忙全市解放思想大讨论的相关工作，突然接到江苏省委宣传部理论处处长的电话，要我与他一起赴京，参加中宣部理论局《通俗理论读物》改稿会议。每年年底，往往是最脱不开身的时候。我当时任市委宣传部部务委员，在忐忑中向我的领导汇报了此事。还好，领导批准了！

12 月 23 日（星期日）中午，我与省委宣传部理论处处长飞赴北京。尽管飞机落地时还不到 6 点钟，但我们赶到京东宾馆（总参一招）时，已经是 7 点 35 分了。放下行李，饿着肚子直奔会场，中宣部理论局领导主持召开的预备会已经开始。说是预备会，可一点儿也不轻松。来不及看桌上的《会议须知》和《编写提纲》，只顾听、记局长讲话，主要是介绍为什么要编写这本书、有哪些编写要求等。尚未消化领会局长讲话精神，就进入下一个议程——领任务。与会的专家学者反应敏捷，迅速依据自己的研究强项一人领了 2 个问题。剩下的 4 个:《伟大的理论创新——解析“三个代表”的科学内涵》《稳定压倒一切——四项基本原则是立国之本》，是省委宣传部理论处处长的强项，非他莫属；而《下岗也是机遇——正确看待社会主义条件下的失业和就业》《结构与性质——深刻认识我国工人阶级的新变化》，没得挑，只能是我的菜了。

回到房间细看会议材料，发现完成这个任务要求很高。这是一本写给群众看的理论书，要深入浅出地回答干部群众普遍关心的热点问题，难度不小。尽管初稿都是由理论界比较知名的专家学者起草的，但要成为像艾思奇《大众哲学》那样堪称理论大众化的典范之作，差距蛮大的。对我来说，没有任何准备就匆忙上阵，也没带笔记本电脑，上不了网，要在五六天时间内交出手写的修改稿，心里真没谱。好在入行 20 多年，平时工作和学习中有些素材积累，熬夜写稿更是家常便饭，便按照改稿要求心无旁骛地来回斟酌，不断推敲，反复修改，终于在 12 月 29 日（星期六）上午交出了让局长基本认可的两篇稿子。当天下午便飞回南京，直奔汉府饭店接待某知名教授，并为他第二天在南京人民大会堂作《我国入世后形势及对策分析》辅导报告做好各项准备工作。

第一次参加《理论热点面对面》改稿工作，各项准备不足，感觉是仓促进京赶考，当时只想着一定要把任务完成好，千万别给自己丢脸，也别给南京人丢脸。让我万万没有想到的是，这一参加就是十几年，并从此与《理论热点面对面》结下了不解之缘。

为了“面对面” 不断求创新

万事开头难。2001 年 12 月启动的《理论热点面对面》编写工作，历经时间最长。在一年多中，中宣部理论局共组织中央有关部门和理论界近百位专家学者参与起草和修改工作。直至 2003 年 2 月，第一本书由学习出版社出版，书名为《干部群众关心的 25 个理论问题》。对照当年编写提纲列出的 38 个问题，这 25 个问题可谓精挑细选，极具针对性。每个问题的标题做得更精炼准确，也更加大众化。比如，我参与修改的那两个问题，分别为《抓好民生之本 贵在和衷共济——正确看待下岗失业现象》和《今日“老大哥”——深刻认识我国工人阶级的新变化》，主标题已与当初的《下岗也是机遇》和《结构与性质》大不相同。

从 2004 年起，《理论热点面对面》的编写工作逐步规范化。在上一年第四季度，中宣部理论局就组织力量分赴各地调研，用面对面座谈、调查问卷等方式收集干部群众最关注的热点问题，经梳理提炼后确定全书框架结构，在春节前后组织初稿起草。刚开始几年，要回答的问题较多，理论色彩较浓，大多是把初稿分派给专家学者个人起草。最近几年，涉及的都是与大众生活密切相关的民生话题，政策性较强，基本是邀请中央有关部门的同志撰写初稿。从每年 3 月起召开改稿会，参加人员一批接着一批，反复修改一轮接着一轮，直至最终定稿出版。

面对面，顾名思义就是要直面现实问题。12 年中，这套系列丛书面对不断涌现的大量现实问题，经历了几次比较大的变化。2003 年《干部群众关心的 25 个理论问题》、2004 年《理论热点 18 题》，主要是以回答重大理论问题为主。从2005年起，正式启用“面对面”这一品牌，直至2009年。这5本《理论热点面对面》，每年回答问题18—21个，开始涉及收入分配、住房、教育、医疗等实际问题。而从2010年《七个怎么看》起，选取的热点问题更为精要，与群众利益更加密切相关，直接聚焦住房、医疗、教育、收入分配、环境、反腐败等百姓密切关注的民生问题。之后2011年《从怎么看到怎么办》、2012年《辩证看 务实办》、2013年《理性看 齐心办》，每年回答问题不超过9个，都是沿着这一思路往下走。2014年聚焦改革新主题，直接把标题定为《改革热点面对面》，主要依据党的十八届三中全会精神，围绕10个改革话题展开准确权威的阐述和通俗易懂的解读。

我参加过不少书稿的编写工作，感觉中宣部理论局组织编写的这套丛书虽然叫“通俗理论读物”，但在风格上追求的却是“高大上”。高端，体现在定位准确，持重权威；大气，体现在保持百姓情怀，通俗易懂接地气；上档次，体现在观点表述准、内容阐释准、政策解读准。在编排上，也年年下功夫，本本有改进。2005年以前的3本书，均为黑白书稿，每个问题后面附有“深度阅读”和“相关链接”。2006年起改为图文并茂的彩印版，穿插了“观点”“声音”“专家评说”“网友留言”“知识点”“问与答”“晒政策”“图说”等小栏目，便于人们深入学习研究。2014年的《改革热点面对面》又加入新媒体元素，读者只要扫一扫书后面的二维码，就可进入《理论热点面对面》的微博和微信，动动指尖就能进行延伸阅读，参与互动。

在已出版的12本书中，有些问题需要年年回答、反复阐释，比如就业、教育、房价、收入分配、反腐败等。我曾经就如何避免话题重复和阅读疲劳，咨询多年具体主持这一工作的理论局领导。他的回答概括起来，就是顺势而为、因时而变，随事而制、不断创新。顺势而为、因时而变，即紧密联系经济社会发展的新形势和国家的大政方针，找准中央政策和百姓关注的契合点，把老话题讲出新道理。随事而制、不断创新，即善于结合现实问题给出合理解释和可行答案，用老百姓看得懂的家常话、明白话阐释大道理，充分考虑读者的阅读习惯，在编排上善抓人们眼球，打通入耳入脑的“最后一公里”。现在来看，这确实是这套丛书十几年来保持“面对面”“心贴心”的要诀。

上《焦点访谈》 做客人民网

在与《理论热点面对面》结缘的十几年中，有两件事情记忆深刻：一是 2007 年成为中央电视台《焦点访谈》节目的访谈嘉宾；二是 2008 年做客人民网回答网友提问。

2007 年 9 月初，我调到南京市文化局任党委书记不久，接到中宣部理论局的电话：中央电视台《焦点访谈》栏目要做一档节目，宣传《理论热点面对面·2007》一书。这次专门到南京来采访，要我结合自己参加编写工作的感受，做好访谈准备。

9 月 9 日是个炎热的星期天。上午 9 点不到，《焦点访谈》栏目两位记者就在市委宣传部同志陪同下来到我家。他俩一个架摄像机取景，一个与我聊天，内容无外乎这次写了哪个问题、怎么去阐释这个问题、平时对这个问题有调研吗？在聊天中，我原本紧张的心情逐步放松，记者也找到了访谈的切入点——“晒工资”。

那年我修改的稿子是《如何认识收入差距扩大问题》，这是个前 4 本书都涉及的老话题，如何讲出新意，一直困扰着我。那段时期，我在网上看到很多网民竞相把自己的工资条贴在网上进行比较，虽然大多数网民是出于好奇去发帖，但从比较中也看出了不同行业、不同区域的收入差距。我就从网上流行的“晒工资”现象入手引出话题：“晒工资”，“晒”出了人们对收入差距扩大的关注，反映了人们对解决收入差距扩大问题的呼声。理论局在这本书定稿时，用《“晒工资”现象的冷思考》做标题，堪称抓人眼球的点睛之笔。

那天的访谈出乎意料的顺利，结束后我随央视记者到新街口新华书店拍了外景，他们在现场还即席采访了几位读者。一周后的 9 月 15 日，中宣部理论局电话通知我：当晚这档节目播出，请注意收看。我在忐忑不安中观看了这档节目，给自己的表现打了 80 分。第二天，亲朋好友的问候纷至沓来。当时的第一感受是：不可小觑《焦点访谈》栏目的影响力！

10 月 26 日，深圳卫视《对话改革》栏目又邀请我去做访谈嘉宾，这个节目的嘉宾主持，是时任博鳌亚洲论坛秘书长的龙永图。节目录制了近 4 个小时，印象深刻的是北京大学的一位老师做了一个连线，谈他为什么在博客上晒自己的工资条。我在访谈中讲到发挥社会救助、公益慈善功能对促进社会和谐作用时，特意列举了发生在南京的事例，不失时机地宣传了南京媒体人的正能量。这档名为《"晒工资"现象的冷思考》节目，在 11 月 24 日那天播出，恰逢我 52 岁生日，真是没有想到的生日礼物！

做客人民网，是 2008 年 7 月 15 日的事。上午 9 点 30 分，由中宣部理论局主办、人民网承办的《理论热点面对面・2008》网上座谈会在强国论坛举行。我与中宣部理论局领导以及来自中国社科院、北京市社科联、山东省社科联、华中师范大学的 6 位嘉宾，围绕《理论热点面对面・2008》的特点、编写情况以及对高举中国特色社会主义伟大旗帜、深入贯彻落实科学发展观、纪念改革开放 30 周年、弘扬抗震救灾精神、办好北京奥运会，以及群众关心的物价、股市、生态、劳动合同法、医疗卫生服务等问题，与网友进行在线交流。

2008 年初我起草的《理论热点面对面》两个稿子，都与文化相关：一个是《软实力也是硬道理——为什么要推进文化创新和深化文化体制改革》，一个是《透视湖北省博物馆"爆棚"现象——为什么要保障人民群众的基本文化权益》。到人民网做在线交流，理论局工作人员事先在强国论坛征集了一些网民提问，把有关文化方面的问题给了我。围绕"怎样维护国家文化安全、抵御'洋文化'侵蚀""书价太贵、怎么解决看书难问题""道德模范令人敬佩、但现在孩子们还记得雷锋吗？"以及"听说《理论热点面对面》是考研和考公务员的必备书、有这么神吗？"等问题，我一一作答。

有个叫"千重山"的网民，可能长期生活在海外，现场向我提问：

“我在外面经常有人问我什么叫中国特色社会主义，我说就是搞市场经济，教育、医疗、住房要大力产业化，你说这样回答对吗?”我告诉他:“我们既然要发展社会主义市场经济，教育、医疗、住房等都要改革，但绝不是简单地搞什么产业化。教育改革的最终目的是要让人民享受更多的优质教育资源；医疗改革的最终目的是要让人民享受公共卫生服务的阳光；住房改革的最终目的是让人们都有房子住。在这个过程中，不能因为出现了一些有悖于改革最终目标的情况，就曲解和怀疑中国特色社会主义的正确性。”

做人民网访谈嘉宾，感觉就是参加一场来不及准备的考试。事后在网上看自己当时是如何回答这些问题的，遗憾还真不少！尤其是今天再去网上搜索当年的访谈内容，觉得有些认识过于肤浅，有些表述比较枯燥，只能留下抹不掉的遗憾了。

小小一本书　成就大品牌

《理论热点面对面》这套“小书”，拿在手里分量很轻，绝无大部头巨著沉甸甸的感觉，但它近几年的发行量却是个大数字，每年数百万册，在全国许多书店畅销书排行榜上名列前茅，成为各大书店争相引进的“香饽饽”。在年轻人青睐的网上书店,《理论热点面对面》长期雄踞于时政类图书排行榜榜首，并被推荐为考研、考“碗”的必备书目，形成了独特的“面对面”现象。

南开大学一位教授讲述的见闻，从一个侧面表明这是一本广受欢迎的好书。2011 年 8 月，这位教授去西安出差，在火车上遇到一位认真看书的中年妇女，仔细一看，书名是《从怎么看到怎么办——理论热点面对面·2011》。11 月出差去深圳，他邻座的一位小伙子坐定之后，从背包里从容地掏出一本书阅读，他定睛一看，又是《从怎么看到怎么办——理论热点面对面·2011》这本书。

前几年，我一个朋友的孩子参加全市领导干部公推公选笔试，对《申论》这部分颇为头痛，不知复习从何下手。打电话向我咨询，我推荐了几本《理论热点面对面》给他，并告知不需要背书中内容，只需重点研究其中“看”的思想方法和“办”的工作方法，考试时面对所给材料，就不难找到分析和解决问题的思路。事后，那个朋友激动地报喜：儿子考试成绩不错，你讲的办法管用！

在阅读方式多样化的时代，《理论热点面对面》作为一本理论书籍，为什么深受读者喜爱、并能成为出版界的一个品牌？从我与《理论热点面对面》结缘十几年的体验中，我认为至少有两个方面的深层原因。

一方面，这套书的诞生和成长是应运而生、应时而进的成果。2003年至今的12年，恰逢党的十六大以来的12年，困难与挑战前所未有，大事难事接连不断。抗击金融危机、抗击非典、抗击汶川特大地震……一系列自然灾害不期而至；就业难、住房难、上学难、看病难……一系列民生问题集中凸显；推动科学发展、建设小康社会、全面深化改革……一系列发展难题不断呈现。从理论到实践，从改革到发展，从国计到民生，都对思想理论战线提出一个又一个大大的问号。无论是时代发展还是实践探索，都渴求和呼唤理论发挥释疑解惑、传递信心、折射精神、指引前行的作用。正是在这样一个大的发展变迁背景下，这一套解答民众热切关心问题的理论小书应运而生，并不断应时而进，及时解读中国十几年“成长中的烦恼”，逐步成为出版界时政类图书的一个品牌。

另一方面，这套书的诞生和成长凝聚着不一般的辛劳和汗水。12本书的编写，汇集了各行各业、各个部门的智慧和力量，凝结着理论工作者集体的勇气、责任和担当。为了掌握大量的第一手材料，中宣部理论局每年组织编写前都要进行实地调研。我在市委宣传部工作期间，曾受中宣部委托在南京召开包括党校教授、社区主任等各方人士参加的座谈会，与会者按照调研提纲认真准备，理论局调研组成员认真听取发言，面对面地了解百姓的思想动态和现实关切。每年提炼概括出最需要回答的问题后，就轮到主管部门和编写人员“呕心沥血”了。从框架结构到问题阐释，从语言文字到辅助材料，看问题是“百姓视角”，讲道理是“群众语言”，举例子是“身边故事”，落脚点是“民生需求”，还必须用事实和数据说话……这些要求让组织者和编写者绞尽脑汁、茶饭不香、辗转难眠。记得2004年那次改稿，我完成任务后整理行装准备第二天返程，夜里11点多理论局领导来敲门，让我帮别人修改《弘扬和培育民族精神》一稿的第三部分。结果那一夜刚刚松弛的弦又重新绷紧，一直忙活到第二天中午上飞机前交稿。

“历尽天华成此景，看似平常却奇崛。”可以说，这套为广大干部群众关注的重大现实问题提供“怎么看”和“怎么办”思考的系列丛书，用它相当深厚的“功夫”，紧跟我们国家十几年发展变迁的步伐，在架起理论与群众、政策与百姓之间桥梁的同时，也成就了这套丛书自己的传奇。

一群耕耘者　与之共成长

与《理论热点面对面》结缘、同行十几年，让我的人生有了一种叫作成长的经历。如果说起初参加这项工作还带有一点目的性——完成中宣部理论局交给的任务，那么后来则逐步变成一件自己喜欢做的事情，更演变为一个难以推卸的责任、一种割舍不下的情结。

每一次改稿都是一次学习。《理论热点面对面》的编写要求，概括起来三个字——准、新、活。准，即讲道理、说政策观点要准确；新，即引用的事例、数据要有新意；活，即文字表达要鲜活。参加这项工作的最大体会，就是要不断学习充电。无论是你熟悉还是陌生的领域，要把那些热点问题的今世前身、来龙去脉讲清楚，必须去读大量的中央文件、理论文章和新闻报道，还要到网上看帖子、寻找生动鲜活的群众语言。有些年年都要回答的老问题，要说出令人信服、有针对性的新道理，更是逼着你另辟蹊径。可以说，十几年的改稿工作，打开我终身学习的另一个通道。

每一次改稿都是一次历练。写稿是个痛并快乐的事情。每年春节前，中宣部理论局开始组稿，我多次因走不开没法赴京参会，就从电子邮箱里接收初稿起草任务。春节长假最能静下心来，有好几个春节我是在写稿中度过的。记得2005年从年初一下午开始写稿，到了年初五梗在那儿，怎么都写不下去。第二天一早赶到新华书店，选了十多本有关就业方面的书，从中寻找灵感。还有一年为了心无旁骛地专心写稿，把家人支到外地去过春节。节后上班再抽空把稿子改一改、磨一磨，交稿之日就像好好洗了个澡，从里到外浑身透着轻松。真可谓痛快，就是没有痛苦的“痛”，怎么会有快乐的“快”!

每一次改稿都是一次提升。作为中央级读物，《理论热点面对面》编写要求高，通篇都得用百姓看得懂的“大白话”来释疑解惑。参加起草和修改工作的，有中央相关部门、部分地方宣传部门的同志和专家学者，其中不乏名人、大家。论理论功底，我不如学者；论政策水平，我不如专家；论文笔精彩，我不如评论家。但我能坚持十几年，就在于博采众长，把自己定位在“做学习宣传党的创新理论的‘政治翻译’和‘大众知音’”上。我常对自己说：你在说服别人之前，首先要能说服自己。逼着自己与时俱进，苦练内功，用更敏锐的目光去观察和分析事物，让思想逐渐变得深邃；逼着自己站在百姓角度考虑问题，多收集和运用群众话语，在改稿中不断增长经验见识。

每一次改稿都是一次成长。我在市委宣传部工作27年，一直行走于“用科学的理论武装人”这一领域，曾获省、市优秀哲学社会科学工作者称号。但随着职务变更，在理论研究上惰性见涨。参加《理论热点面对面》编写工作，倒逼我卸去浮躁和焦虑，静下心来学习、研究一些问题。第一次参加改稿，我对工人阶级地位和作用有了一些思考，便与市委党校两位老师共同探讨，论文《对当代中国工人阶级的先进性与主人翁地位的理论思考》在2002年第7期《南京社会科学》发表，并被人大复印资料转载。2008年，我的专著《民生之本在就业》作为十七大热点通俗读物，由人民出版社出版发行。在短短几个月里就能拿出书稿，得益于多年改稿对这一问题的研究积累。

《理论热点面对面》能成为通俗理论读物市场的响亮品牌，每年出版一册，中宣部理论局研究处的同志功不可没。除了2008年由理论局宣传处具体实施这一工作，其余 11 本书的组织编写工作都是研究处同志承担的。他们不但坚持自己写稿改稿，还要做大量事无巨细的组织联络工作。为使这套书成为广大基层群众熟知的“老朋友”、理论政策学习的“好帮手”，他们既默默无闻地埋头耕耘，又年复一年地追求创新。与这群笔杆子相遇相识，受益颇多。每隔几年，就能听到其中一些人的好消息。十几年来，他们有的从科员成为处长，有的从处长成为局长，有的从局长走上省部级领导岗位，也有的已退休卸任仍笔耕不辍。

在这十几年中，也听到一些有趣的事情。有位参加改稿的博士，改了数稿都达不到交稿要求，在房间里偷偷地哭，被局长撞见了。据说除了减压安慰，还挨了批评。我则比较幸运，中宣部理论局数次给我所在单位发来表扬函。最早的一封，是 2004 年 6 月 3 日参加第二本书集中修改工作后发给南京市委宣传部的。更为幸运的是，在《理论热点面对面》系列第一本书的后记中，参加起草和修改的作者有 79 人，我排名 71 位，之后排位不断前移，直至近年来连续 4 年位列第一。我想，无论排位前与后、受表扬还是挨批评，这都将是我们伴随《理论热点面对面》一路成长中不可磨灭的印迹。

（选自《活页》2014 年第 8 期，总第 79 期）

援疆纪事

俞　明[*]

从 20 世纪 90 年代起，江苏省先后接受了按中央部署重点援助西藏（简称“援藏”）和新疆（简称“援疆”）等地的任务。江苏省对口支援的新疆伊犁州，土地面积有 35 万平方公里，下辖塔城、阿勒泰、伊犁三个地区，人口有 400 多万。到 2002 年，已先后选派三批援疆干部到伊犁州任职。

2002 年 7 月，我奉调作为江苏省第四批援疆干部总领队，和 56 名援疆干部一道来到伊犁，我任职伊犁州党委副书记。从这一批干部入疆开始，援疆工作有了一些重大变化：一是对口支援范围收缩到州直属（即原伊犁地区）10 个市县，塔城、阿勒泰两个地区改为由中央直属机关对口支援；二是从单纯派干部、医生援疆扩大到经济领域，资金援疆、项目援疆成为新的重要任务；三是中组部选定了伊犁州霍城县、哈密地区哈密市作为两个试点县市，分别由江苏省、广东省选派干部担任县（市）委书记等一些正职职务。这些调整引起了各有关方面的高度重视。

按照中央新的要求，以发展经济为重要抓手，深入开展援疆工作，是一个全新的题目。到新疆后，为了解伊犁州经济和社会发展情况，我和来自省委办公厅的刘劲松（时任州党委副秘书长）、省政府办公厅的周庆祝（时任州政府副秘书长）一行，用一个多月时间开展了调查研究。

---

* 俞明，曾任南京市政府副秘书长，南京市下关区委副书记、区长，下关区委书记，2002 年援疆任伊犁哈萨克自治州党委副书记，2006 年任南京市政协副主席。

我们调研所到的10个县（市），土地总面积比江苏省全省还要大，但经济发展水平不高。我们写出了一组调研报告，分别呈报伊犁州和江苏省委、省政府有关方面，得到了他们的充分肯定。我们确定了工作方针，一是抓项目和资金的引进，抓实体经济；二是抓霍尔果斯口岸的全面开放；三是抓交通和旅游的发展。按照这一思路，经过三年的努力，取得了一定的成效。

发展经济　建设大美伊犁

伊犁州牧区的农牧民，主要还是依靠土地等自然资源生存，一般牧民家中普遍饲养一群羊、几头牛、几匹马，商品化养殖的水平不高。农作物主要以小麦、土豆、西红柿为主，棉花等经济作物数量不多，就连远近闻名的苹果、葡萄等产品也因销路不畅、成本较高、收入有限而趋于衰退。农牧民的人均年收入平均不到5000元。地方工业的基础薄弱，只有一些初级农副产品加工企业。

我们坚持了江苏农村发展“无工不富”的理念，努力牵线搭桥，引进内地和海外投资项目，先后邀请了香港、台湾、哈萨克斯坦、印度尼西亚和江苏省万邦公司、长城公司等一批有实力的客商到伊犁考察、洽谈，促成了7个项目落地。来自省发改委的张党良同志促成了引资1.5亿元的60万吨煤矿建设和6000万元的锰矿建设，还有南京的客商投资5000万元进行皮草加工等一批项目，涉及投资数亿元。

此外，我们还先后引进了高活性干酵母项目，在伊宁市建起了苏洋食品工业园，在奎屯市引进了天基钢铁工业项目、地毯工厂、锦程箱包等项目，在伊宁县引进了木业制品和蓝天中纤厂等较大企业。三年间，共引进投资项目300多个，协议资金26亿元，为伊犁经济的发展注入了强劲活力。

2003年12月1日，伊犁昭苏县突然发生强烈地震。灾情牵动着全体援疆干部的心，我和柯赛江州长在第一时间赶往300公里外的灾区。汽车在雪野上行驶，我在颠簸的车上用手机不停地向江苏省委、省政府多位领导汇报反映地震灾情，请求给予援助。省委、省政府主要领导高度关注，立即协调救灾。当天下午，我和柯赛江州长到达灾区时，江苏省援助的300万元救灾款已经汇到，为处在严寒中的灾区人民送来了温暖。我们深入受灾的学校教室和居民区房屋，开展救灾指挥工作，调拨了一批帐篷给当晚没有住房的灾民过夜。第二天，救灾工作就井然有序地全面开展了。

伊犁是新疆的旅游热点地区，人们常说："不到新疆不知祖国之大，不到伊犁不知新疆之美。"但当时内地每年来的人还不够多，主要是交通不便捷，从南京到伊犁要坐7小时飞机，中间还得换乘、经停两次。景点与景点之间往往相距100—300公里，真是"坐车几个小时，下车几十分钟"，旅游成了"长途奔袭"式的颠簸之旅。为改善这一局面，我们全体援疆干部做出了很大努力。

首先是努力推动铁路建设。伊犁河谷绿洲面积相当于一个江苏省，但一直没有铁路，2003年铁路建设被提交到铁道部调查研究。部长傅志寰在20世纪90年代曾到南京检查卫生城市创建工作，那时我们就很熟悉了。我们找到他时，他说："伊犁铁路建成之日，就是这一区段经营亏损之时。"我反复向他汇报，并提道："您说过，铁路建设不但要算经济账，还得算政治账，尤其是这一铁路直通霍尔果斯，是古丝绸之路的复兴之路，意义更不一般。"经过反复磋商，铁道部终于批准兴建全长286.212公里的精河伊宁霍尔果斯铁路（简称"精伊霍铁路"）。2004年，我陪同铁道部副部长陆东福参加了开工仪式。历经几年的艰苦努力，铁路终于建成，如今精伊霍铁路已成为新疆客运的一条热线，亦完全契合习近平总书记提出的"一带一路"建设的要求，为伊犁河谷的旅游事业带来了发展机遇。

其次是打造那拉提草原旅游精品景点。那拉提草原是伊犁旅游的明珠，距伊宁市300多公里，是全国范围内罕见的大面积原生态草原。那拉提的名字来自成吉思汗西征。那一年，他的一支军队顶着狂风大雪翻越天山，因为天山山脉在此处南北宽100多公里，所以必须翻越三四个大坂（即巨型山体）。军士们一路上忍受严寒、疲劳、伤痛，到达那里时已是筋疲力尽。由于那里地处伊犁河谷的最东端，是天山“丫”形分岔交汇处，气候四季分明，此时正值日出时分，一轮红日冉冉升起，给山间的草原带来了温暖，这支濒临绝境的军队顿时士气大振，齐声欢呼“那拉提”！意思就是太阳出来了，光明和温暖来到了。这一大片“空中草原”由此得名。

我见过内蒙古呼伦贝尔、新疆巴音布鲁克等著名的草原风光，比较之下，这里的草原未经雕琢，浑然天成。两山间的“空中草原”更是一块长60—70公里，宽1—2公里的宝地，牧草的种类繁多，初夏时节山花烂漫，真的是“风吹草低见牛羊”。为了打造这一旅游精品景点，在国家民航局的支持下，于2005年建成了那拉提机场，乘飞机可以直飞草原了。

短短数年间，伊犁建起了两个旅游机场（另一个是邻近喀纳斯湖的机场），建起了近千公里高速公路，加上精伊霍铁路的开通，为伊犁的旅游发展打下了坚实的基础，这里面也有援疆干部作出的贡献。无锡等市发起组织的“万人游伊犁”旅游活动也收到了明显的成效。

发展文化　巩固民族团结

自20世纪以来，新疆的“三股势力”就没有中止过他们分裂祖国、制造民族矛盾的罪恶活动。我到伊犁那几年，应该说是遇上了相对稳定的一段时期（1998—2008），但我们依然保持高度警惕，并在干部中开展了汉族和各少数民族同属中华民族大家庭、汉族离不开各少数民族、各少数民族也离不开汉族的宣传教育工作。

我到伊犁后，围绕历史上内地与新疆的政治、军事关系开展了调查研究，其中西汉时期从江苏一带来到伊犁（当时属乌孙国）的两位公主——刘细君和刘解忧的经历，引起了我的特别关注。

公元前115年，汉武帝刘彻派张骞第二次出使西域，到达中亚诸国（包括乌孙国）。张骞回到长安后，向汉武帝提出建议：派公主和亲，联合乌孙，“断匈奴右臂”，共同打击匈奴。汉武帝接受了这一建议，于公元前105年派江都（今江苏江都一带）王刘建之女刘细君远嫁乌孙国王昆莫。两年后昆莫年老去世，细君改嫁新国王岑陬，并生有一女名为“少夫”。细君公主因病去世后，汉武帝又派楚（今江苏徐州）公主刘解忧和亲。刘解忧在乌孙国生活了50多年，生有三子二女。其子分别成为乌孙等国的国王，女儿则嫁给了周边国家（当时西域有36国）的国王或大将。所以，新疆地区当时有不少少数民族后裔与汉族人通婚，从汉代起，就有当时汉朝王室刘氏家族的遗传基因。在乌孙生活了30多年以后，因匈奴又一度猖獗起来，解忧公主就两次上书当时的皇帝汉昭帝和后来继位的汉宣帝，终于得到朝廷的批准。汉宣帝派大将常惠率兵15万西进，会合乌孙国精骑5万余人，一举击溃了匈奴军队。从此以后，匈奴一蹶不振，远迁西亚、欧洲。公元前60年，汉朝在西域建立了“西域都护府”，丝绸之路因此而日益兴旺起来。两位公主不仅促成了民族的融合，也推动了西汉与中亚、西亚、欧洲大陆的交流。

2005年，围绕两位公主对历史上民族融合所作贡献的史实，我在国内核心期刊上发表了《细君、解忧公主和亲述论》《文史遗产古为今用的创新》等三篇文章，并将我的文章和有关资料带回南京向省领导作了汇报，还带了由著名文物保护专家罗哲文先生题字的“汉公主刘细君之墓”的墓碑照。省委书记听了我的汇报，十分高兴地说：“两位公主可算是江苏省最早的援疆干部了。”大家一听都笑了，说：“是啊，公主是吃皇粮的，谁说公主不是干部啊！”省长亲自召开会议，批准追加3000万元援助资金在伊宁市中心建一条“江苏路”，路口修建了一座“汉家公主纪念馆”。

“汉家”两个字，是我提出并得到自治区、自治州政府批准的，主要体现了这一个“汉”字既是“汉朝”的“汉”，又是“汉族”的“汉”，一字双关，很有意义。经过一年多的努力，这两个项目以及在霍城县援建的7个项目陆续竣工，省委、省政府主要领导率江苏省党政代表团飞赴伊犁参加了江苏路通车仪式。矗立在路口的“汉家公主纪念馆”由著名书法家、时任中国书法家协会主席沈鹏所题，大门上的楹联系中国韵文学会会长钟振振所撰，内容是：

北戍边烽休赤子

西通远域护乌孙

后世对和亲有贡献的王昭君生于公元前52年，比两位公主要晚70—80年，而两位汉武帝时期的公主不愧是民族融合的先行者、丝绸之路的开拓者。

我也为两位公主写了《公主塑像赞》：

细君公主

琵琶相伴车绝尘，江都公主嫁乌孙。

民汉融合万里路，八百年后有文成。

解忧公主

红颜骏马续春秋，百年战乱此时休。

万民爱戴汉家女，公主慈容可解忧。

此诗现刻于公主塑像一侧，落款是“唐阿提汗”，这是我在伊犁时用过的笔名，是伊犁州州长柯赛江同志亲自为我选定的一个名字。江苏省领导同志到纪念馆时，少数民族姑娘小伙子们亲切地称他们为“公主娘家来的舅舅”。汉家公主纪念馆如今已成为伊犁重要的爱国主义教育基地，是中宣部、国家民委和新疆维吾尔自治区领导机关高度重视给予资助的重点项目，对于维护民族团结发挥着重要作用：当地少数民族老百姓都知道——两千年前我们和汉族就是一家人，搞“疆独”、闹分裂是不得人心的。

建设霍尔果斯口岸

霍尔果斯是蒙语音译而来，意为“水草丰美的地方”。那里原是霍城县的一个镇，312 国道从上海穿越南京（即今南京玄武大道一段），一直到霍尔果斯才是终点，全长 4967 公里。离口岸不远的地方名叫柯克达拉，就是现居南京北固山干休所的田歌先生（作曲）和张加毅先生（作词），在 50 多年前共同创作著名歌曲《草原之夜》的地方。我于 2004 年专程邀请田老重返当年的军营，并在那里建起了刻有《草原之夜》词、曲的一座巨碑。

历史上，霍尔果斯也曾是一个军事要塞，位于伊犁最西端的突出处，和哈萨克斯坦接壤，地理位置十分重要。公元 1218 年，成吉思汗率 20 多万军士沿天山北坡西进，行至赛里木湖一带，被群山所阻，他派次子察合台率队探路横穿天山山脉（约 40 公里宽度）。为了使军马、辎重顺利越过天山，他们沿着从雪山上融化流下的溪水一侧，修桥 40 余座，建路 60 多里，直到第二年春天，20 多万大军就从这条被称为“果子沟”的通道穿越而过，经过天山南坡重要关隘霍尔果斯远征亚欧大陆，一去数年。成吉思汗的儿子在 10 公里远的阿力麻里古城建都，成为史存 100 多年（1227—1369）的察合台汗国，造就了中亚地区的一座名城。霍尔果斯附近的这一古都传承共有七世，后该都城毁于泥石流，现已几乎无存，遗有成吉思汗七世孙的陵墓。

察合台所建的庞然大国，在历史上有很多记载。霍尔果斯就成为联系这些欧亚大国的重要通道与贸易重地。

新中国成立后，霍尔果斯一直是我国与苏联的贸易口岸，苏联在离口岸 90 多公里远的伊宁市还设有领事馆（即现伊犁州宾馆所在地）。苏联解体后，霍尔果斯成为我国与哈萨克斯坦的重要贸易口岸。20 世纪 90 年代初，这里一度人满为患，每天来往数百名哈国客商，中国制造的大小商品成了抢手货，但都是现金交易或以货易货。胡锦涛同志到该口岸视察后，与哈国达成重要协议，要将这里建成中哈之间的自由贸易港。

我到任第二年，州党委经研究正式发文，分工我抓霍尔果斯口岸建设。我带领援疆干部与霍尔果斯口岸管委会的有关领导专程到国家海关总署和商务部，拜访了在这两个机构任职的盛光祖和于广洲（时任商务部常务副部长）两位领导，得到了他们的大力支持。一个加快霍尔果斯口岸建设的计划和蓝图逐步形成。江苏、浙江的客商了解到这一发展前景，纷纷携资金前来投资建设项目。仅 2003 年到 2005 年，就有 18 家企业来到霍尔果斯立足，投入资金 5.4 亿元。经过近 10 年的建设与发展，如今霍尔果斯已成为我国西部最大口岸，2014 年 6 月，国务院正式批准设立了霍尔果斯县级市建制，目前年贸易额已超过 40 亿美元。2005 年，我通过口岸协调，使南京依维柯汽车由这里出口哈萨克斯坦 200 多辆整车，实现了南京出口汽车“零的突破”。

中组部的试点县——霍城县

霍城县位于伊犁州的最西端，紧邻哈萨克斯坦，全县面积 5460 平方公里，人口 35 万，是边疆特有的人口大县、民族大县、农牧业大县。全县农牧民由 29 个民族组成，人口最多的是维吾尔族和哈萨克族。经济发展也相对较为滞后，农牧业人均年收入只有 4000 多元。

2002 年，中组部确定了以霍城县作为试点县，由江苏省安排一位援疆干部担任县委书记。项雪龙同志被选拔出来，带领 6 名无锡市的援疆干部来到了霍城县，其中周中平担任县委副书记，袁秋中担任常务副县长，其他几位分别任计委主任、财政局局长、经贸委主任、开发区管委会主任等重要职务。

项雪龙同志经过调查研究，确定了工业强县的目标，将招商引资作为全县的“一号工程”，实行目标考核制、定期评比制。短短两年时间，就引来资金 7 亿多元。2004 年，全县 GDP 总量 17.6 亿元，增长 13.5%，比 2002 年净增 4.4 亿元。其中第一产业 8.3 亿元，增长 7%；第二产业 4.5 亿元，增长23.8%；第三产业4.9亿元，增长14.9%。农牧民人均增收438元，在全州直属10个县市中名列前茅，得到广大农牧民的一致赞扬。

他们还积极争取上级的支持，两年中争取到国债及中央预算内资金1.2亿元，江苏省投资7500万元，在霍城建起了一所高标准的江苏中学，还建有医院、110报警指挥中心、老干部活动中心等一批基础项目。在民生方面，解决了1998—2000年238名教师、38名人武干部、189名原国营农牧场干部进编统发工资等遗留的老大难问题，为当地群众办了很多实事。

为了改变农业大县一产GDP超过二、三产业的局面，援疆干部在312国道和218国道的交汇点清水河镇办起了江苏产业园，并大力引进和培育了一批带动能力强的龙头企业，如投资5300万元的懋盛棉业轧花厂，投资4600万元的中密度纤维板厂，投资1200万元的杰宇番茄酱厂，投资2000万元的食品加工厂，投资5000万元的PVC、PDR工程塑料厂等等，均在短时间内即已投产。清水河开发区已成为初具规模的经济增长热点。

这7位同志在霍城县做了大量工作，得到了中组部的高度肯定。项雪龙同志在这一期援疆结束时被评为优秀援疆干部，他和我都荣立了自治区二等功。

南京医生在伊犁

来自南京妇幼医院的陈良玉医生家有两个孩子，小女儿才12岁，她把女儿托给妹妹照看，来到伊犁州友谊医院妇产科，成为该科的技术骨干。她经常一天给几位病人动手术，一次远赴特克斯县给一位病人手术，摘除了体内1.6公斤重的肿瘤，使这位每天靠打杜冷丁止痛的重症患者三天后就能下床行走，逢人就说是江苏来的陈医生救了自己一条命。三年中，陈良玉完成大小手术600多台，从未发生一次医疗差错，一次次拒收红包、礼品和请吃等，得到广大群众的一致好评。她还撰写了多篇医术论文，获得州政府颁发的科技进步奖，被评为州直属机关优秀共产党员。经她手把手地培养，为友谊医院带出了两名宫腔镜专业技术骨干，妇产科也成了医院的重点科室。

来自南京鼓楼医院的内分泌科副主任医师周鹏同志也在友谊医院建起了这里第一个糖尿病专科，成功地抢救了数十名糖尿病危重患者，完成院内外会诊150多人次，撰写了几十万字的糖尿病讲座专题讲稿，在院内外举办20多次讲座获得好评。他主持的《控制高甘油三酯血症对胰岛素D细胞分泌功能和糖代谢影响的临床研究》，被确定为新疆维吾尔自治区科技攻关和重点科研项目。他连续三年被评为“优秀”和州直“优秀共产党员”，成为江苏和伊犁人民友谊的使者。

来自南京的医生还有省中医院的梁建宁（女）、冯松杰主任医师，来自南京市第一医院的高岩，来自南医大二附院的崔进，来自中西医结合医院的孙加洪等几位主任医师，他们都在各自岗位上努力工作，广受好评，并带动当地医院在肾科、心胸外科、呼吸内科、中医外科等领域取得了长足的进步，为当地培养了一批医疗人才。

立足长远　培养人才

为了实现新疆的社会持续稳定和经济持续发展，有一项立足长远的工作，就是必须为当地培养一批又一批的干部和人才。为此，我们多次向党委、政府和组织人事部门作出汇报，得到了江苏省有关方面的大力支持。

2005年，省委组织部和省人事厅在南京大学和苏州农干院为伊犁州建立了两处培训基地，又在江苏的五个省辖市为伊犁州的干部提供了挂职学习的机会，每年无偿为伊犁州挂职培训100多名干部。为了确保这项工作见到实效，我和省委组织部的刘中同志（在伊犁任州党委组织部副部长）制定具体日程、落实名单、排出学习内容、搞好生活安排，使每一期培训任务都能顺利完成。

南通、无锡、常州、连云港、徐州5个市也做了大量工作，作出无私奉献，三年中挂职、培训、进修的各类干部和技术人才超过1500人次，带来明显实效。在支援伊犁州的教育事业方面，江苏发挥高校多、师资多、招生多的特有优势，推进伊犁的教育事业发展。从 2002 年下半年开始，伊犁州教育局先后选派了三批 40 多名教育管理干部到江苏省教育系统挂职锻炼。选派了 15 名骨干教师到南通、苏州这两处新课程改革试验基地培训。伊犁州的高校先后派出 40 多名教师和教育管理干部到南京师范大学、扬州大学进修，州直市县的中、小学、幼儿园也和江苏同行建立了 70 多对对口支援的合作交流友好学校组合。南京的四所大学每年都选派教师和研究生到伊犁支教，三年中共有 200 多人次来到伊犁完成了支教任务。

在南京高校对伊犁州的定向招生方面，我和来自江苏省教育厅蒲开达同志也做了一些尝试。2003 年、2004 年，江苏省先后面向伊犁州定向招生 105 名，2005 年再次扩招 100 名。伊犁州教育系统的教学设施相对较为陈旧，蒲开达同志动员江苏省的学校和教育主管部门捐赠资金数百万元、电脑 100 多台。金陵科技职业学院与伊犁州职业技术学院开展了全方位的合作，为伊犁州培养职教人才。南京职业技术学院老院长翟惟昌同志刚从领导岗位上退下来，就得到了伊犁州的真诚聘请，安排他担任伊犁州职业技术学院院长这一把手实职。翟院长不负众望，走马上任，一干就是两年多时间，得到了伊犁全校师生的高度评价。

新的起点　新的任务

在 2010 年之前，南京市对外支援的任务主要是援藏（西藏拉萨）、援陕（陕西商洛）、援川（四川绵竹）、援淮（江苏淮安）等，在援疆方面未确定具体县市。自 2010 年起，国家有关方面进一步明确了有关省市对口援疆的地域划分，江苏省除了对口支援伊犁州和新疆生产建设兵团农四师等地外，还增加了对口支援克孜勒苏柯尔克孜自治州的阿图什市、阿合奇县、乌恰县一市两县的新任务。对口支援的资金量参照地方财政一般预算收入（扣除部分有专门用途的收入项目）的 0.3%—0.6% 测算，并且逐年按一定比例增长。所以，这新的一轮援疆办法，在资金上有了切实的保障，与过去相比有了根本的不同。

南京市过去援疆没有安排具体对口市县，这次也明确了伊宁市和特克斯县两个市县作为对口援建市县。

伊宁市是伊犁哈萨克自治州的首府，是一座历史悠久，文化底蕴厚重、自然风景优美、人文内涵丰富的古城，是近代新疆最早出现的三个重要城市——迪化（乌鲁木齐）、伊宁、喀什——中的一个。伊宁市地处伊犁河中游（伊犁河是我国唯一一条从东向西流的国际河流，20 世纪 50 年代曾一度在河上与苏联通航）。全市总面积约 700 平方公里，平均海拔 620 米，年均降雨量 267 毫米（这已经是新疆雨量相当大的城市了）。伊宁市总人口 40 多万，居住着维吾尔、汉、哈萨克、回、锡伯、蒙古等 32 个民族的人民，其中世居此地的民族有 13 个。伊宁市虽然离边境有 90 多公里，但交通较为便利，是每天有飞机往返的重要航空港（夏季每天起降多达三四十个班次），并有航班可直达南京机场。伊宁也是铁路客货运的枢纽之一，是 218 国道的重要节点。从这里经果子沟高速、奎屯—乌鲁木齐高速公路，700 多公里即可达乌鲁木齐市，312 国道的终点就是中哈边境口岸霍尔果斯市。

在历史上自汉唐以来，伊宁一带长期处于我国中央政权在军事、政治上的管理之中（如西汉时期属西域都护府范围）；1840 年鸦片战争之后，海外列强蚕食鲸吞我国领土，英、俄势力乘机侵入我国西北地区。1878 年，清廷派左宗棠率军收复天山南北失地，1881 年收复伊犁，1884 年新疆建省，取名“新疆”意为“故土新归的疆域”。此后一个多世纪以来，由于国际上各种力量的博弈影响，伊宁也发生过一些乱象，如 20 世纪 40 年代中期、60 年代初期、90 年代中期等时段发生过一些事情，大部分时期伊宁还是相对较为稳定的。

南京市对口支援伊宁市，任务艰巨而且重要。因为伊宁曾是丝绸之路的门户之一，是当今时代对外开放的窗口。尤其是在“一带一路”建设中，伊宁市的地位更为重要。伊宁的稳定和发展，必然会关系到整个伊犁州乃至我国西北边境的稳定和发展，带动古丝绸之路经济走廊的振兴和发展，其影响远达中亚诸国乃至欧洲、非洲一带。近年来精伊霍铁路接通哈萨克斯坦，公路、铁路货运物流通达中亚、西亚和欧洲，足以彰显伊宁在这一政治、经济、文化大格局中的突出地位，彰显南京市对口支援伊宁市的重要意义。

南京除了由市一级全面对口支援伊宁市以外，在伊犁州直属的两市八县中，还对口支援特克斯县，具体由江宁区承担这一任务。

特克斯县位于伊宁市东南部，与伊宁隔有巩留、察布察尔两个县。县域面积 8350 平方公里，境内北有乌孙山（主峰海拔 3500 米），南临天山山脉西段（中脊海拔 4900 米）北麓，县城南面有奔腾不息的特克斯河东流而过，再向北与伊犁河汇合后，流入邻国哈萨克斯坦。特克斯县人口仅 17.4 万，是多民族混合居住的牧业大县，山区大县。这里 93% 的面积是丘陵地带，年平均降水量 300 多毫米，这在新疆已是雨量丰沛的“湿地”气候了。特克斯县的工业发展较为滞后，全县没有污染，也几乎没有蚊子，空气洁净，负离子含量很高，是新疆境内不可多见的一块绿洲。尤有特色的是县城的街道建于 1937 年，完全是按照八卦图形规划建设的，道路四通八达，布局匀称舒展。全城不设红绿灯，而行人车辆秩序井然。这里的周易文化要素和城市规划特点，每年吸引二三十万游客远道而来旅游观光，带来上亿元的旅游收入。

南京市江宁区高度重视对特克斯县的对口支援，除了按规划建设一批援建项目外，江宁区各个有关部门也开展了对口支援。区教育系统与特克斯县三所中小学开展了支教活动，提升县里双语教育的水平。区广播电视系统也派出人才、捐赠设备，为边疆办实事。在援疆项目中，突出安排民生项目，高起点地建成了一批安居富民、安居兴牧、保障性住房、学校、医院等项目，为特克斯县引进了一批企业，增强了发展经济的“造血”功能。

（选自《活页》2015 年第 1 期，总第 83 期）

考古二三事

顾苏宁 *

扬州，一座有着近 2500 年历史的文化名城，也是我念小学、中学的地方。东关街头、瘦西湖畔的优美景色和深厚历史文化积淀，令我陶醉。我小时候特别爱听扣人心弦的扬州评话，放学后经常是把书包一扔，赶紧打开收音机，听起王少堂老先生的《武松》。扬州评话让我对中国传统艺术有了初步了解。1976 年，南京博物院考古专家来扬州扫垢山进行考古发掘，12 岁的我有机会目睹了这一过程，从此迷上了考古。1981 年，填报高考志愿时，我选择了两个专业——考古和历史，结果如愿以偿，我以当年扬州市文科高考第三名的成绩被南京大学历史系考古专业录取。1985 年 7 月毕业，我被分配到南京市博物馆工作，梦想之舟从此扬帆起航。

南京有 50 万年的人类活动史、近 2500 年的建城史和 450 多年的建都史，这一切串起了南京文化的浩瀚辉煌，形成了南京文化的独特基因。我能在南京从事数十年的考古与文博工作，也是非常幸运的。在多年的考古工作中，有汗水，有惊喜，有遗憾，也有收获。下面我列举其中三件影响比较大的事件来谈谈我的考古体会。

---

* 顾苏宁，南京海上丝绸之路研究中心主任，曾任南京市博物总馆综合业务部主任。

初识秦桧家族墓

秦桧是中国历史上众所周知的十大奸臣之一，因以“莫须有”的罪名处死岳飞而遗臭万年。而秦桧乃江宁府人，也就是咱们南京人氏，这一点长期以来鲜为南京人所提及。据文献记载，宋徽宗政和五年（1115 年）时秦桧登第，补密州（今山东诸城）教授，曾任太学学正。北宋末年任御史中丞，与宋徽宗、钦宗一起被金人俘获。南归后，任礼部尚书，两任宰相，前后执政十九年。卒后即葬于今南京江宁的牧龙村，其家族之人也多葬于此。这与南京地方文献中记载的“金陵牧牛亭（牧龙村），秦氏之丘垄在焉”是相符合的。宋代的《景定建康志》也记载：“太师秦桧墓在牛首山，去城十八里。”正是今天牧龙村所在之处。

1986 年 1 月 13 日下午，时任南京市博物馆副馆长的易家胜先生（也是南京市第十一、十二届政协委员）急急忙忙找到我，说江宁县铜井牧龙村发现了一座古墓，当地已有人下去盗掘，具体情况尚不明了。由于事发突然，甚为紧急，希望文物部门能尽快派员到现场处理。易馆长同时还带来了一张纸条，纸条上写着当地文化部门联系人的地址与电话，并且交代我说，牧龙村一带是当年南宋权奸秦桧的家族墓地所在，希望我们去后谨慎行事，认真发掘清理，争取有所收获。于是，我便与考古部张九文先生、征集部范守荣先生商量好，当天下午准备好考古用具，第二天上午一早出发。

14 日上午 8 点，我们三人赶到中华门五贵里车站，乘上去江宁铜井的长途客车，临近中午时分才赶到牧龙村，江宁县文化局文物股、铜井乡文化站的同志已等候在村部。我们受到乡长与大队领导的热情接待。在简陋的村部里，大队张主任向我们详细地通报了有关情况。1 月 9 日下午，村民徐力宝在平整自家田地时发现了古墓一座，当晚就汇报给大队，队里立即指派徐本人对古墓进行看守，并准备在次日上报县文化局。不料，徐力宝利欲熏心，当天夜里即伙同胡大江、徐和生二人入墓盗掘，盗得文物一批。此事很快就被队里得知，县公安局已将徐力宝等三人拘捕，所盗文物业已追回，现保管于大队部。我们当时听了情况以后，都觉得这不是一般的考古任务，里面还涉及了盗掘文物的刑事案件，需要我们认真对待。随后当地干部带我们去了现场，一到那里，我就被眼前的景象给镇住了。这是一片面朝南面的开阔坡地，土坡不高，只有三四十米，但向南无遮无挡，视野十分开阔。古墓就位于面南的坡顶处，从地面看去，一字排开的五块大青石板，给人以庄重肃穆之感。青石板下即为砖砌古墓，砖为青砖，尺寸不大，不同于明代的墓砖。从直觉上我就觉得这应当是一座明代以前的古墓，但究竟是哪个时代，墓主人又会是谁，还不能轻易下结论。由于当地村民都知道这里发现了古墓，口口相传，引得四乡八里的老百姓都赶来看热闹，最远的有从安徽马鞍山赶过来的，一时满山坡都站满了人，公安派出所来了十多个民警，仍然很难维持住秩序。见此情景，张九文、范守荣与乡村干部商量后，当即决定白天不进行考古发掘，等天黑后再进行清理，并对外保密，不透露一点考古的风声，以免人多手杂，影响考古发掘。利用下午的一点空余时间，大队张主任将其收缴的全部被盗文物给我们过目，共有 15 件，绝大多数为银器，其中有银盘、银碗、银钗、银勺、银罐等，还有一件白瓷罐。从时代上看，均为宋代的文物，这使我们不由自主地将此墓与秦桧家族联系起来，因此我们都感到很兴奋，对即将到来的夜间发掘十分期待。

冬天的夜晚来得格外的早，时令已进入三九，凛冽的寒风从山坡上呼啸而过，让人感到彻骨的寒意，在吃了一顿热气腾腾的农家晚餐后，我们在现场架起了 200 瓦的白炽灯，由村里安排了六位身强力壮的村民，带着工具，跟随我们上了山坡。在山下另外安排了一户人家作为我们的过夜住宿点，房东还给我们准备了热饭，我们准备干一个通宵了。

工作开始，首先清理的是已暴露在外的青石板，青石板共有五块，盖在古墓的顶部，在搬移青石板的过程中发现其西侧还有一排青石板，清除积土后发现共有六块。依照古墓的构造特点，这无疑是并排砌筑的两座古墓，应当为夫妻合葬墓。根据这两座古墓东西并列的特点，我们将东侧的古墓命名为 1 号墓（M1），西侧的命名为 2 号墓（M2）。被徐力宝等人盗掘的只是 1 号墓，2 号墓应该还未受盗扰，这使我们的工作情绪一下子又高涨了很多，很像刑侦人员发现了新的犯罪线索一样，整个案件就要水落石出，真相大白了。

随后，我们对西侧的 2 号墓进行了清理。墓为长方形砖室墓，高 1.7 米，长 3.3 米，宽 1.85 米。东西两壁以条石垒砌，南北两壁以青砖平砌，四壁的内侧还设有石灰加糯米汁的浇浆，墓内积土深约 0.4 米，墓葬底部未发现铺地砖，以夯土铺地。从这些特点看，是很典型的宋代墓葬，很可惜该墓早年被盗一空，仅发现了陶制残破建筑构件一件及粗瓷片数块。至 15 日凌晨两点，该墓清理完毕，在留下值班人员看守工地后，我们全体收工回到坡下的住宿点。吃下一碗热腾腾的面条之后，我们三人连夜整理了发掘日志，记录了当天的工作要点，在迷迷糊糊之中，进入了梦乡。

第二天白天天气晴冷，考虑到围观群众较多，依旧没有发掘。直到太阳下山以后我们才又开始了工作，这次发掘的是东侧的 1 号墓。其结构和 2 号墓相同，墓顶也平铺 5 块青石板，高 1.6 米，长 3.15 米，宽 1.6 米，以夯土作底，没有发现铺地砖，上面洒了一些水银防潮。而此次清理又发现了一批珍贵的文物，如黑釉碗、黑釉兔毫碗、褐釉碗、影青小罐、银渣斗、银蝴蝶、银簪、钱形玉佩、小水晶杖、铜钱等。从考古发掘的工作原则来看，铜钱是断代的重要依据，根据铜钱钱文，有“开元通宝”“太平通宝”“淳化元宝”“咸平元宝”“景德元宝”“明道元宝”“皇宋通宝”“熙宁元宝”“元丰通宝”“元祐通宝”“绍圣通宝”“政和通宝”“宣和通宝”共 13 种，其中除“开元通宝”外，皆为北宋铸币。这样这两座墓的时代下限不早于北宋已是确定无疑的事情了，现在所欠缺的就是诸如墓志或有确切纪年铭文的文物了。这到底是不是秦桧家族的墓葬呢？这个悬念时时缠绕在我们的心头，连一阵紧过一阵的北风，我们也似乎忘了它的存在。工作进行到凌晨 3 点多钟，大家都已经感到非常疲惫了，这时一件白色的瓷碗悄然出现在我们的视线里，张九文用手铲轻轻掘土将碗取了出来，在灯光下，我们用布擦去碗身上的泥土，发现这件瓷器釉色纯净、纹饰精美，包银口，碗内印有四朵缠枝石榴花纹，底部刻印菊花纹，胎色白而较薄，釉色莹润。范守荣先生是瓷器专家，他一眼看出这是一件宋代定窑所烧制的瓷碗。太难得了！在如此小规模的墓中竟然出土了一件宋代五大名窑之一定窑生产的瓷器精品。就在大家都激动地争相观摩之时，我突然发现碗的银质包边上隐约刻有几个小字，急忙找来电筒，仔细看来，原来是“秦待制位”四字，这为我们判断墓主人的身份提供了一个直接证据，我们几乎高兴得要跳了起来，但此时还无法查证墓主人究竟是谁，仅能根据“秦”字判断这是秦氏的家族成员。由此也几乎可以肯定这就是秦桧的家族墓葬了。

这件文物的出土极大鼓舞了我们的士气，大家工作热情都极其高涨，后续工作也进行得非常顺利，在天空破晓，鸡鸣三声之时，墓葬内部的清理工作就已全部完成。此后我们又一鼓作气，在墓室的前方开了一条探沟，希望能找到墓志，但很遗憾最后一无所获。虽然墓志没有找到，但根据墓葬的地望、结构、铜钱铭文、定窑碗的铭文、出土文物的精美程度等几方面综合来看，这两座墓葬应该属于秦桧家族墓。从我们后来查找文献的结果来看，可知待制之名首见于唐代，是轮番值日以备皇帝顾问之意。初非官名，宋代方定为官称，在各殿阁均设待制之官，以典守文物。考秦桧一生，未曾得此衔，但其孙秦埙、秦堪二人均获过待制衔——秦埙为敷文阁待制、秦堪为待制建康郡侯。此二人是否就是我们发现的墓葬的主人呢？我想这不是没有可能的。

16 号下午，易馆长带着市文管会的郭光德同志开着一辆崭新的面包车来接我们。在飞驰回城的车里，我们一行人还饶有兴致地和易馆长聊着这次发掘的前后经过，但此时还没有意识到我们已开启了南京考古史上的一个记录——秦桧家族墓首次的正规考古发掘。直到 18 年后的 2004 年 1 月，第二座秦桧家族墓——江宁建中宋墓才又一次进入考古工作者的视野。虽然牧龙宋墓从规模与出土器物数量上不及建中宋墓，但它毕竟是有史以来第一个经正式考古发掘的秦桧家族墓，使我们对秦桧家族墓的情况有了第一次形象直观的了解，在南京地区考古史与地方史研究中的地位与作用是不言而喻的。

与南唐李后主皇宫护城河零距离

“春花秋月何时了，往事知多少。小楼昨夜又东风，故国不堪回首月明中……”人们每每吟诵起这首传世词篇时，都会联想起南唐，联想起李后主，联想起那偏安一隅、辞赋风流的江南国度。多少年来，南唐就像一个梦一样萦绕在无数文人雅士的思绪之间，李后主的首首断肠诗词又像“润物细无声”的春雨一般滋润了无数人的心田。

南唐（937—975），属于五代十国的十国之一，定都金陵，历时 39 年。

南唐一朝，最盛时幅员 35 州，地跨今江西全省及安徽、江苏、福建和湖北、湖南等省的一部分，人口约 500 万。南唐历先主李昪、中主李璟和后主李煜三世，经济发达，文化繁荣，使得江淮地区在五代乱世中“比年丰稔，兵食有余”，为中国南方的经济开发作出了重大贡献。南唐也因此成为中国历史上重要的政权之一。

有人说，如果可以穿越时光隧道，回到古代的某个时段生活，那么最应该选择的就是宋代。因为当时物质富足、艺术繁荣、社会生活丰富多彩。事实上，宋代的这些为后世人们向往的风貌在南唐已经颇现雏形。南唐和宋朝相仿，一方面是国势日危，不断地丧失土地，另一方面却是歌舞升平。因此我常常想，如果不必担忧那日益逼近的中原军队的脚步，那么南唐会是一个很适宜生活的时代。

然而自公元 975 年北宋曹彬大军南下后，李后主穷途末路，仓皇辞庙，奉表投降。南唐的辉煌也随之烟消云散，逐步湮没在历史的长河中。

新中国成立后，南京陆续发现了南唐二陵、舍利塔等南唐遗迹，但人们对南唐国都的核心区域情况却不甚了了，曾经如梦似幻的南唐王朝难道真的就这样消失了吗？

1985 年 7 月的一天，我的同事陈兆善先生兴冲冲地回到宿舍告诉我，在南京张府园住宅小区改造工地发现了一处奇特的建筑遗址。当时我大学毕业刚到单位报到，还没资格独立进行考古发掘，但强烈的好奇心驱使我抽空来到张府园住宅小区考古现场观看。只见在距地表 0.5 米的地下，出现一段长 15 米的条石堆砌的建筑物，呈东北—西南走向，两端没入泥土中，不见尽头，高度达 2.46 米，截面呈梯状，上窄下宽。条石多为平铺顺砌，每个条石尺寸多为长 1.6 米、宽 0.67 米、厚 0.27 米。在其对面 5.8 米处，也出现相同一列条石建筑，两者之间，有大量的淤泥，其中含有宋、明、清各代陶瓷器的残片。再向东北，还发现大量圆形木桩竖插于地面，应该是用于加固基础用的。这一考古信息指向的到底是什么，为了弄清这一点，陈兆善先生和同仁们查阅了大量资料，并请时任南京市文化局副局长、考古专家魏正瑾先生（南京市第十一届政协委员）现场勘查，最终基本确定是和南唐皇宫护城河有关。据清《同治上江两县志》记载，南唐是以后梁徐知诰金陵府邸为宫，“今内桥北庐妃巷、羊市桥一带，皆是宫址”。该书还引《客座赘语》载：“西虹在庐妃巷，又西穿人家屋，而北达园地，有石嵌河迹，正指此。”清代甘熙著《白下琐言》卷一记载：“今羊市桥畔，上踞屋舍，下穿沟渠，后为张府园裕民坊，皆为菜圃。其地有河身一段，长十余丈，宽二三丈。清水一泓，资以灌溉。两旁石岸犹存，乃西护龙旧址也。”据此，我们一致认定，这就是南唐宫城西护龙河的一段河道遗存，是新中国成立后南京城内第一次发现的南唐遗迹。由于地面发现面积有限，此处南唐遗迹很快便被掩埋。陈兆善先生将此次发现写了一篇简报刊发在《东南文化》上。当时我们都隐隐觉得将来可能难以再次见到这一遗迹了，都觉得挺可惜的。

然而造化弄人，10 年后，这一珍贵的遗迹又再露真容，地点仍然是张府园小区。

事情经过是这样的，1995 年初，房地产开发公司在建邺路北侧开发建设张府园小区。到了 5 月的一天，原本紧张有序的工地上突然热闹了起来，原来是在施工过程中，工人们有了一些他们自认为是古迹的考古发现。

该处古迹位于建邺区张府园路南侧、建邺路之北，与1985年发现的南唐宫城护城河地段相连，只不过长度更长。从叠砌的条石驳岸、排列整齐密集的木桩、石条局部开有梯形散水等情况判断，这处古迹无疑是南唐宫城西护城河的一段。

房地产开发公司不敢怠慢，当即上报。南京市博物馆在得知这一消息后，立刻派考古部主任周裕兴带领工作组进驻现场进行调查。那时候陈兆善先生已调至福建省博物馆工作，我便跟随周裕兴主任全程参与了此次考古工作。由于这已经是第二次对该河道的考古，我们都觉得要好好把握住机会，努力弄清楚一些相关的问题。因此我们做了周密的准备，不仅查阅了相关的文献资料，还专程去南京大学请教了蒋赞初先生和邹劲风老师，得到了两位老师的悉心指点。考古队在6月中旬正式进场，至7月底，对这一古代遗址进行了考古发掘。我们共布设6米×6米探方3个，由上至下仔细剖析地层。坦率地说，这一遗址的文化堆积层还是相当清楚的，即自上而下分为现代扰乱层、民国、明清、宋元文化层。此时正值盛夏酷暑，烈日当空，在工地上待上五分钟，豆大的汗珠就会一滴滴的流淌下来，但我们全体考古人员咬紧牙关，没有一人叫苦叫累，大家只想着科学地做好发掘工作，把好田野考古质量关。每当遇到地层解剖出来，我就在现场绘图记录，一做就是一小时，什么高温烈日、酷暑暴晒通通抛之脑后，没有什么比亲眼见证灿烂的古代文明在自己身边一一展现更令我兴奋的了。在发掘期间，时任南京市文物局局长的魏正瑾先生，南京市博物馆馆长王兴平先生、分管副馆长白宁女士，也多次到工地检查指导工作并慰问我们，使我们倍受鼓舞。

在发掘过程中，我们就一直在思考对这段南唐护龙河遗址应该怎样保护的问题。

首先，我们考虑的是南唐城在南京城市历史中的地位，据史料记载，公元914至928年，杨吴徐知诰对南京城进行了大规模的建设。南唐建国后也一直沿用，其宫城位于都城的中央，比照现在城市，其范围大致为南抵内桥、北至淮海路、西界张府园、东达白下路第三中学一带，李昪、李璟、李煜三代君主及其家族均生活于此。特别是李煜，集国君、词人、降臣身份于一身，以最真实的自己抒写了一段感人至深、也令人惆怅的南唐往事，在中国历史上具有很大的影响，社会关注度很高。南唐城也一直为后世所沿用，朱元璋就是以南唐城为基础向北向东扩建而建成当时世界第一大都城。

另外一个我们考虑的因素是，南京现存南唐遗迹太少，除了南唐二陵，全南京市的南唐文物屈指可数。南京被尊称为“六朝古都、十朝都会”，南唐是其中不可或缺的一部分。此次发现的护龙河遗址可以确定为南唐宫城的一部分，实在是一件可遇不可求的事。因此，我们当时的想法是力争把这块遗址保护下来，在此基础上建一个南唐护龙河遗址公园，方便的话还可以立一尊李煜的塑像。让走到这里的人都能感觉到，李煜和他的家族曾经在这里生活过。如此既能彰显南京瑰丽夺目的文化底蕴，也能为南京增添一处货真价实的南唐遗迹。如果真能做到如此处理，对于南京这座城市而言，失去的不过是几栋现代小区楼房，得到的将是一处无比珍贵且不可再生的文化遗产。我们的这一想法也向魏正瑾局长、蒋赞初教授作了汇报，得到了两位先生的首肯与支持。

然而后来事情的发展并非我们想象的那样，在那个经济建设大于一切、GDP 增长压倒文物保护的年代，这处遗址终究没有保护下来。南唐护龙河遗址里的那些条石被挖了出来，运到了朝天宫的万仞宫墙下（几年后又被移往别处），张府园小区继续建设。这么好的一处古代遗迹，就这样被埋没掉了，承载着无数国人柔肠百转“一江春水向东流”千古绝唱的珍贵遗址，终究没能保留下来。

1999 年，在张府园小区的南北两端，又在基建中发现了明代大市桥遗址与南唐西护龙河石砌驳岸，这次是由我和同事马涛负责现场发掘。我们请蒋赞初先生和东南大学潘谷西先生到现场指导工作，对大市桥遗址进行了详细解剖与记录，考虑到这处桥址与驳岸很可能还是不保，因此我们做的格外认真仔细。发掘结束后，我和马涛将本次考古的收获整理撰写成《南京明大市桥的发现及相关问题研究》一文，后收入蒋赞初先生主编

《南京大学历史系考古专业成立三十周年纪念文集》一书出版（天津人民出版社 2002 年 5 月版）。

多年后，蒋赞初先生在回忆文章中这样写道：“原建邺区张府园建造住宅楼时，曾经发现过长 20 余米、宽 3 至 4 米且保存有石砌河岸的南唐宫城西护龙河遗迹，我们也曾两次到现场勘察，并向有关领导与施工单位建议保留为小区绿地，且积极为之申报省级文物保护单位。孰料，却被该区建筑公司指使民工连夜拆除石砌河岸，以致丧失了该遗址的文物价值，此事件令我们备尝保护文物遗产失败的教训。后来该处虽又续有发现，但均未能得到有效的保护。”①

现在回想起来，南唐西护龙河发掘是成功的考古，却不是成功的文物保护。如果当时有关领导与部门将眼光放长远一点，把南唐护龙河遗址保留下来，考虑到李煜的名声及遗址所处市中心的位置，其所带来的文化效应与社会影响力将是巨大的。但历史又终究不能假设。直到现在，每当我路过建邺路与张府园小区，总会向那片楼宇投去无奈的目光，每与朋友或外地同行提及此事，大家无不为此扼腕叹息。考古是为城市文化脉络寻根溯源，进而提升城市的文化品位。而文化遗产不仅是先人留给今人的礼物，还应该是今人留给后人的宝贵财富，我们只有今天保护利用好传统文化资源，明天才能为我们的城市留住精彩。

宋长干寺地宫阿育王塔盛世重光全见证

2008 年 11 月 22 日，尘封 997 年的北宋长干寺七宝阿育王塔从铁函中缓缓升起，出现在 21 世纪人们的面前。这是中国考古史上值得大书一笔的日子。

说起这次考古，可以用四个字来形容：机缘巧合。当时我已经被调到南京市博物馆保管部工作，有幸全程参与了此次考古发掘，至今想来，仍

① 《江苏社科名家文库·蒋赞初卷》，江苏人民出版社 2015 年 6 月第 1 版，第 12 页。

有不少的感慨。

这次考古是从2007年底开始的，起初南京市博物馆考古部并不知道这是宋代长干寺的地宫，只是把它当作明代大报恩寺地宫来发掘的。到了2008年上半年，这项考古有了新进展，考古队基本确定了报恩寺地宫的位置，7月份开始正式清理。

为了能顺利完成野外考古任务并最大限度地保护文物，市博物馆成立了两个工作组，一个是前方的考古组，由华国荣副馆长负责，祁海宁现场指挥。还有一个是后方文物保护组，由我负责具体工作的安排与执行。两个组在白宁馆长、葛维成书记直接领导下工作。南京市文化局陈光亚局长、何亦农书记（南京市第十二、十三届政协委员）、市文物局吴秀亮局长等领导与相关处室干部，特别是时任市文管会办公室主任的曹志君同志也多次现场指导工作，给予我们很大支持。

2008年7月17日，考古队准备开启地宫，根据工作预案，考虑到现场工作量很大，要利用白天加夜晚的时间来开启地宫。当天晚上，我没有回家，在单位留守，准备随时接收出土的文物。可是一直等到9点多，前方仍没有文物出土的消息。我不禁有些纳闷，正在这时，接到了白宁馆长的电话，说现场土方工作量太大，可能一时半会不能完成，让我不要在单位等了，立即赶到现场来。

我立即出馆，在王府大街上拦了一辆出租赶到现场，只见工地上灯火通明，工作人员正在紧张忙碌。时值盛夏，天气异常炎热，蚊虫叮咬不断，但现场的工作人员都没有抱怨，大家都期盼着能早点让文物出土，也期盼着能出土一些不同寻常的文物。这时，我看到地宫的开口处出现了一排长条形灰砖，凭着以往的考古经验，我感觉这不像是明代的砖，倒更像是宋元时期的。我立即将这一想法向白馆长作了汇报，并委婉提醒她注意地宫的时代有可能比我们原先预想的明代要早，白馆长也认同我的看法。在经历了一个不眠之夜后，7月18日清晨，地宫中埋藏的石函在武警部队的护卫下，由南京长海大件公司用吊车整体启运至朝天宫南京市博物馆库房。

此后的考古进程印证了之前我的判断，此次发掘的地宫为宋代长干寺的地宫而非明大报恩寺地宫，地宫中出土了以七宝阿育王塔、金棺、银椁为代表的一大批北宋时期珍贵文物，特别是佛顶真骨舍利的发现，更是将此次考古发掘推向了万众瞩目的地位。其考古过程也颇具戏剧性，先是考古队从地宫中发现了一个石函，石函北壁为一块镌满铭文的石碑。石碑铭文明确记载，宋真宗大中祥符四年（1011 年），一个叫可政的法师在这个石函中瘗埋了佛顶真骨等圣物，圣物安放在金棺银椁里，藏于七宝镶嵌的阿育王塔中。更为重要的是，佛顶真骨舍利、阿育王塔在佛史典籍中也有明确记载。接下来的考古程序抽丝剥茧，石函上的铭文一一得到证实，工作人员打开石函发现了铁函，打开铁函，看到了七宝镶嵌的阿育王塔。2008 年 11 月 22 日，凤凰卫视和南京电视台在市博库房现场直播了七宝阿育王塔自铁函中取出的全过程，一时成为国际文博界与新闻界的热点。打开阿育王塔，出来金棺银椁，金棺银椁中又取出了佛顶真骨舍利。典籍有记载，历史有传承，出土的铭文、碑文与记载相吻合，天衣无缝。“佛顶真骨舍利”在完整而确凿的证据链中被确认。

释迦牟尼佛顶真骨舍利是佛教界高山仰止般崇拜的至高圣物，佛顶真骨舍利的盛世重光，更为六朝古都南京增光添彩。正因为南京有 1700 多年的佛教兴盛史，佛顶真骨舍利和玄奘大师顶骨舍利才会安奉于此。同时，这些珍贵的文物又让我们这座城市能够骄傲地在世界文化发展史上尽情挥洒属于自己的篇章。

随后南京市博物馆邀请中国文化遗产研究院、敦煌研究院和上海博物馆的专家组成课题组对地宫出土文物开展研究。

这批地宫文物自 2008 年 7 月 18 日进入南京市博物馆后，即由我全权负责保管。我深知责任重大，丝毫不敢大意。平时带领部门同志尽心尽力做好文物保管工作，确保珍贵文物在我们手中万无一失，并积极配合考古部同事进行深入的考古研究。在这一时期参加具体工作的有市博考古部祁海宁、龚巨平、周保华，保管部邱晓勇、王军、汪桔生，办公室张金喜，保卫科周晓彬等同志。

就这样，直到2010年6月12日，佛顶真骨舍利在我手中保管了23个月后，被以隆重的盛典仪式请到了栖霞寺供奉。这一天时逢我国第五个文化遗产日，一次隆重仪式——佛顶真骨舍利盛世重光在南京栖霞寺举行。这是跨越千年的重逢，南京栖霞寺云集了数百位两岸三地的高僧大德，在僧众们的朗朗经声中，栖霞寺大和尚隆相法师双手捧着千年前可政大师瘗埋于地下的佛家圣物，在武警与特警的护送下，请圣物至栖霞寺。但这次安奉也只是临时性的，给佛顶真骨舍利重找到一个长久的安居之所一直是南京社会各界的重大议题。

2015年10月27日，是南京历史与中国佛教史的重要日子，佛顶真骨舍利又再次被迎请到牛首山佛顶宫供奉。这一天，碧空如洗，一次旷世罕见的佛教盛典在南京举行，包括星云、班禅等大师在内的世界各地的高僧大德云集南京，参加佛顶真骨舍利安奉牛首山佛顶宫大典。为做好这次盛典的筹备工作，时任南京市博物总馆综合业务部主任的我在市文广新局刁仁昌局长（南京市第十三届政协委员）、颜一平副局长的领导下，在南京市博物总馆曹志君馆长、市文广新局博物馆处吴涓处长、王为副处长的直接指导下，提前半年介入，在省文物局、市民宗局、市佛协、牛首山佛顶宫（金陵佛教文化博物馆）、市博物馆、市文保所等单位与部门间奔走，做了大量的协调工作，确保了佛顶真骨舍利安奉大典工作的圆满成功。

在我看来，考古是一件非常有趣的事，也是一件需要付出艰苦劳动的事。说实话，考古有时候也是一件碰运气的工作，有人工作一辈子也未必能碰到真正有价值的文物。我作为一名普通的文博工作者，能全程见证佛顶真骨舍利盛世重光这一伟大的考古发现，并亲手保管佛顶真骨舍利、阿育王塔、金棺银椁等国家珍贵文物，真是三生有幸。现在回想起这一过程，犹如昨天般历历在目，内心里涌起的是满满的自豪感和荣誉感。

从东吴孙权建都开始，文化基因代代传承，历史赋予了南京特立独行的魏晋风度、柔肠百转的唐宋忧愁、大气磅礴的大明雄风和仪态万方的民国雅韵。千百年来，这里的一草一木都记录着江左名士的风流既往，一砖一瓦都铭刻着十朝都会的历史沧桑，一词一赋都流转着华夏正统的炫丽华章。在此唯愿南京的文博工作能紧跟时代发展步伐，以我们的智慧与努力，更好地发掘南京文化底蕴，更好地保护南京文化遗产，把城市的历史、文化和美学特性继承下来，让她代代相传，生生不息！

（本文写作过程中得到民进南京市委会调宣处孙敏敏同志大力协助，在此表示诚挚的谢意！）

（选自《活页》2016 年第 10 期，总第 104 期）

在乌蒙山中点燃烛光

孙宁生*

上篇：云南曲靖

我第一次知道乌蒙山是在1964年，那年读了毛泽东的《七律·长征》诗，知道了乌蒙山是红军长征时经过的著名山脉，但为什么说它磅礴，当时并不理解。没想到47年后，我竟然来到乌蒙山的中学和小学进行义务支教，常年与乌蒙山区的山山水水为伴，与乌蒙山中的村民和孩子们为友，逐渐融入了这座地跨云贵两省、南北长度250多千米的大山之中。也许，我人生的最后一段时光，就要在乌蒙山区里度过了。

2011年1月我满60周岁，到了退休的时候了。退休后干什么呢，我一直想到经济相对落后的农村地区找一所希望学校，为农民的孩子们做些力所能及的事情。和老伴商量后，我们决定到云南东部的乌蒙山区支教。

2011年1月13日下午，我挤上了K155次列车。15日晨8时许，列车抵达云南曲靖站。我将行李放在招待所，买了份曲靖地图，并用电话联系相关的希望学校。实地考察后发现，原先想去的曲靖希望学校是所民

* 孙宁生，1951年1月生，南京师范大学附属中学高级教师，中国民主同盟盟员。2011年1月退休后，到云南省曲靖市麒麟区茨营乡茨营中学义务支教，担任中学地理、中学“三生教育”及小学“科学探究”等教学任务；2013年1月到2014年1月，受“田字格助学”机构委派，到贵州省毕节市威宁县田字格小学担任校长，带领7位支教志愿者，创办了一所有6个年级、140名回族学生的希望小学。

办高中，建在曲靖城里，这与我原先设想的有些差距。记起2007年曾有人公布过全国需要资助的希望学校名单，云南省曲靖地区除曲靖希望学校外，曲靖县（后来才知道其实是麒麟区）内还有两所办学条件较差、需要帮助的学校，一所是曲靖茨营乡中学，另一所是曲靖茨营乡红土墙小学。我想通过电话先联系一下，但是曲靖114查询台的回答都是“没有您需要的资料”。既然两所学校都有茨营这个地名，我决定干脆去茨营打听。问了位出租车司机，他说茨营乡离曲靖城有50多里，可以到城南农村客运汽车站乘坐农村客运车，来回需要三个小时左右。我乘车到曲靖南城门外的得胜家具城农村客运车站，登上那种能坐8人的面包车，等了半个小时，车内挤满了人和装物件的背篓，汽车出发了。

一路上，我仔细观察车窗外的风景。所经虽然是山路，但坡度并不太陡，路况比我想象的好，沿途的植被长得也不错。问了司机，他说我们经过的山叫“朗目山”，是乌蒙山最南端。车行1小时20分钟后到达茨营乡。茨营中学在乡政府东南方向的山坡上，大约有3里路。我按照人们的指引，沿着刚修好的柏油路，到了校门口。学校的校门也是刚刚才建好的，很漂亮，我刚从侧门进入，就被门卫拦下询问。

50来岁的门卫非常负责，要求我登记，还要说明进校的事由。我拿出工作证和身份证让他审查，他有些怀疑：“谁派你来的？有教育局的证明吗？”我说没有人派，也没有教育局的证明。他说：“没有证明，我知道你来干什么呢？”我细说了自己的打算，还递上了民盟南京市委开的证明，他才同意我进去。

学校正在考试，我找到政教处，向主任说明来意：我想来支教，想捐赠一些图书。一会儿，校长到了，他说原则上支教要由教育局统一安排才行。我又拿出民盟南京市委的证明给他看，这位王德寿校长说：“我知道民盟是民主党派，欢迎你。我们学校条件很差，孙老师年纪大，恐怕身体吃不消吧？”

王德寿校长对我说，这所学校是由茨营一中、茨营二中和茨营农中三所学校合并而成，学校目前的困难主要是三方面，第一是资金的巨大缺口，第二是师资的缺乏，第三是学校设施的不完善。我提出我的想法：我个人的能力确实很有限，学校几百万的资金缺口我也的确没有办法解决。但是，我可以做一些力所能及的事，如在一定时间内募集图书，为学校建一个图书室；我可以为学生们上地理课、历史课、政治课；我还可以想法筹集旧电脑，让山里的孩子们也知道如何使用电脑……王德寿校长再一次表示欢迎，但也透露出对我能否实现愿望的担心。我说道："我觉得实现我的愿望虽有困难，但经过努力是有可能实现的。我准备在2月24日前筹集200—500本可供初中生阅读的图书，并运到茨营中学，争取在三年内使图书的总数达到2000本，并且由我本人负责图书管理，不会增加学校的人手和工资负担；同时，我还能想法筹集一些旧电脑，但我没有把握列出数量和时间表来……"

我在校园里察看一番，感觉这所农村学校条件真差：教室里没有任何电教设备；教室玻璃损坏三分之一；课桌椅大多破烂不堪；学生宿舍漏雨，双层床歪歪斜斜；水龙头里时常放不出水。

从茨营回到招待所后，我虽然很疲劳，但无法入睡。一个1800名学生的学校，图书室最低限度需要有多少本图书呢？我想至少要有2500本吧，每个学生手中一本，还要有一些做机动。我现在能筹集到多少呢？我在笔记本上列出一个粗略的清单：我自己能拿出120本，南师附中图书馆准备撤架的200本旧书，全校教职工志愿者有34人，如果每人捐赠5本则有170本，发动三个年级学生也许会筹集到1000本……一算账吓我一跳，这才1490本，还差600本！想到这里，我连忙拨通教工志愿者刘少青的手机，请他代为在南师附中布告栏里发一条倡议："希望师生们尽己所能，选择一些适合初中生阅读的书籍捐给茨营中学，一本不嫌少，百本不嫌多。图书最好是三类：科普读物，能增加农村学生的知识；励志书籍，使农村学生建立自信；中外名著，拓展学生的阅读面。"

1月23日，我回到南京，立即到了南师附中。学校教工志愿者是我可靠的后援团队，他们已经帮我收集到600多本图书，堆放在办公室里。1月24日，我到南京西站货运处打听了一下，书籍可以从南京托运到曲靖，每公斤运费约 3 元，另外每件还要收 3 元的搬运手续费。那位办托运的杨大姐说，最好把书装在大一些的纸箱里，这样既避免书被弄脏，总件数也可少些，搬运手续费也可以省些。

为了能将书运到火车站，我去金桥市场买了个可折叠的小推车。回到家后，就把我书橱里可供初中生看的书挑了出来，加上《读者》《中国国家地理》杂志，大约有 120 本。

2011 年 2 月 5 日年初三下午，我和夫人一起登上了南京至昆明的 K155 次列车。在 2524 千米的旅途中，看看窗外的景色，与同车的乘客谈谈天，看看书，我并没有觉得太漫长。2 月 7 日晨到曲靖后，托运的几箱图书也到了。

我按 1 月 17 日王德寿校长留下的茨营中学电话号码打了个电话，等了一会儿，终于有人接了，我向他说明我是来自南京的支教志愿者，姓孙，想问问王德寿校长运来的图书放在什么地方。他说他是茨营中学行政处的王书帮老师，他让我把书先运到茨营，他会帮我把书运到学校。

几只大纸箱先得从火车站运到城南的农村公交站，问了几位的哥，开口要价都太高。我找了位年纪大些的，说了几句好话，听说我是来支教的，他说:“行，给 20 块，我送老先生一趟。”大箱子放进后备厢里，汽车后盖无法盖上，我担心不安全，交警要处罚。这位大胡子的哥得意地笑了起来，说他从部队复员后干过交通警察，认识大多数交警，我才放下心来。到了农村公交站，又一次乘坐了农村小客运车，只不过春节期间票价涨了 40%，而且大纸箱占了不少地方，因此司机兼售票员向我收取双倍车费时，我毫不犹豫地掏了钱。

接近下午 4 点，翻过朗目山后看见了茨营的成片农村建筑，我迅速与王书帮老师电话联系，他说马上到。我和司机刚把 6 只箱子从车上搬下，一位长得十分健壮结实的中年人开着一辆车到了，原来王老师有辆车！要不，这 1200 多米的上坡路，150 多公斤的书，真不知我怎么才能弄到学校呢。我们把装书的纸箱搬上轿车，两三分钟就开到了学校。

王老师说实在没法找到空闲房间，这些书只能暂时放在他的办公室。

他的办公室在学生餐厅的二楼，我们两人齐动手，搬了三趟，我感到汗水在顺着棉毛衫往下滴，再看看王老师，他居然只穿一件汗衫，汗衫已全被汗水浸透了。王老师连连说："想不到孙老师挺能干活的。"我回答说："43 年前我就到农村插队了，那时干的活不知比这重多少呢。"在办公室略坐了一会儿，我请王老师帮忙问问校长，书橱放在哪里，王老师问："书橱也要你解决？"我点点头。我又打听了一下，学校的教工宿舍十分紧张，无法解决我的住宿问题。

我急着要回曲靖，王老师又用车把我送到茨营车站。坐在车上，才感觉到两臂在微微颤抖，双腿发酸，毕竟 60 多岁了，岁月不饶人啊！回到曲靖已经是晚上 6 点多，还好，夫人已经用电磁炉烧好饭。饭后，烧了两壶开水，用热水擦擦身就躺下，头刚沾枕头就睡着了。

完成了运书这一件事，我还需要做的事有：

1. 购置书橱，并且运到茨营中学。

2. 有些朋友提出愿意一对一地资助农村贫困学生的上学费用，我要确定名单。王校长说过全校约有 450 名学生属于经济困难家庭，但没给我确切的名单。需要尽快了解哪些学生是确实需要帮助的。

3. 旧电脑几乎一台都没落实，还能想些什么办法？

夫人提出，书橱可以就在茨营当地买或请当地木匠打，这样就可省些运费，我觉得这主意不错。我提出我们一起去茨营，看看有没有卖书橱的店，这样既可以让夫人认认路，还可打听茨营有没有旅店解决我在茨营的住宿。

2 月 9 日我们夫妻俩到达茨营后，一路仔细观察。我们看到，街上的住房较集中，房屋的样式也基本相似，但内外装修都较差，也许是经济条件的限制吧。我还发现，农民们的卫生意识太差：牛、羊、猪就拴在各家门前，拉屎撒尿，气味难闻不说，也容易传染疾病；再就是小河沟里满是垃圾，而妇女们就在小河里洗菜、洗衣，一旦下雨，牲畜粪便也会流进河里。我们发现，茨营没有卖书橱的店。

2 月 18 日下午开始，我的手机就不停地响起，半天时间我接到几十个电话和上百条短信，都是询问我支教情况的，而且大部分是我不认识的人。我很奇怪，他们怎么知道我的电话号码的。经询问才知道，是南师附中86届校友黄健翔（他是我教过的学生）在新浪网上转发了一条消息，谈到我去云南曲靖支教的事情，他希望大家支持我这项善举。这种情况持续了十多天。这些打电话的人说要帮我筹集图书、杂志，有的还说可以资助贫困学生，有的问我接不接收捐赠的衣服，我一一作了回答。

从南京、北京等地邮寄的书陆续到达曲靖，我经常要去火车站拖书、去快递站和邮局取包裹，忙得不亦乐乎。这时我想起，能不能与曲靖的民盟组织联系一下，也许他们能帮我一些忙呢。电话联系之后，我到了民盟曲靖市委，与办公室的王瑞宏老师见了面。我递上民盟南京市委的证明，向王老师说明自己支教的想法，并说明目前遇到的一些困难，他欣然同意帮忙。他告诉我，民盟有辆公务车，需要的时候可以用车帮我把书运到茨营。

2月19日上午，有四箱书共97公斤运到曲靖火车站，我立刻告诉王瑞宏老师这个情况，他当即表示，曲靖市民盟的几位干部可以帮我搬运。下午2点，他们开车到火车站取货后，又用车把我和书一直送到了茨营中学。

2月中旬，茨营中学九年级学生已经到校上课，每天上10节课，上午4节，下午3节，晚上3节。除继续图书室的筹建外，我开始了对贫困生的调查工作。我请教务处的代主任和九位班主任帮忙，列出各班家境贫困的学生名单，我设法联系南京的爱心人士给予资助。有的老师问我什么样的标准才能定为贫困生，我和几位班主任讨论一下，觉得下面几种情况可以考虑：孤儿，单亲家庭，父母一方患重病，留守儿童。当我说到愿意出资的爱心人士有20位时，有的班主任说，僧多粥少，要帮助就要帮那些品学兼优的学生吧，我也有同感。

最后，九个班共列出137人的贫困生名单。我决定先解决孤儿，再将其他报来的名单逐个调查后排个顺序，优先帮助那些品学兼优、家庭经济差的学生。代主任说到学生家走访困难多，学生住得太分散，路程也太远，像红土墙、格浪、哈玛寨和杨家坟等村子，要走两到三个小时的山路。我想先试试，列出了走访日程，每天调查一两个行政村。

原想住在学校男生宿舍里，我已经找好地点——0802班男生宿舍。这间30平方米的宿舍有7张双层床，可以住14个人。开学时，有几个人辍学不来了，空出了一些铺位。床上有些铁条、铁片脱落了，只要找块纤维板放在上面，睡人应该没有问题。我与几个男孩商量一下，他们表示欢迎。

当我向王德寿校长提出和学生同住时，他连连摇头，他说那排平房属于D级危房，很快就要拆了，我睡在里面万一出了事他没法交代。我想，还是不给校长添麻烦吧。于是，在茨营街上租了一间8平方米的屋子住下来。

2011年2月25日，《扬子晚报》来了两位记者，他们先在校园里参观了一番，采访了校长、教务主任和一些师生。他们提出要和我一起到学生家走访。原本列入我走访对象的初三（9）班关向东同学，一直报不出自家门牌号码，我告诉他记者们想去他家看看，他答应领着我们去。

我们一行四人沿着田埂走到了关旗营村，一路上记者问了小关一些问题。关向东是个性格开朗的孩子，只是身体显得瘦弱。关旗营离学校并不远，也就十几分钟的路程。“我家到了。”顺着关同学指的方向远看去，他家是一座山坡上老式带阁楼的房屋。一楼是猪圈，小关和哥哥住在阁楼上，楼板下就是猪圈，一阵阵猪粪的臭味透过楼板间的缝隙蹿了上来。

两位记者的心情也许就像我第一次到茨营学生家家访一样，愣了好一会后，他们开始同小关交谈。他们与关同学约好，中午一起到学生食堂吃饭。12点多，两位记者找到我，心疼地说：“学生们吃得太差了，孩子们还是在长身体的时候呀。”

这时，我向他们谈到了我判断学生家庭经济好坏的另一种方法：中午在学生食堂门口看一看，凡是只买饭不买菜的学生，记下他（她）的名字，往他（她）的就餐卡上打20元。尽管20元也许只够他（她）一星期的伙食费，或是让他（她）中餐能吃上一份包菜炒肉片。由于大多数学生经济情况欠佳，学生们很少吃肉。

中午，记者们与我和王校长谈起学校的发展和对贫困生的资助。当着记者的面，我提到已经运到学校的图书超过3000本，这些书不能长期堆放在行政办公室、教务处和政教处，请王校长考虑图书室准备放在哪里。我还提出，在学校没有空余房间的情况下，我可以私人出资建活动板房图书室。王校长告诉我们，他和几位主任商量过，同意由我在校园内挑选建图书室地点。听到这话，我喜出望外，立即拉着王校长去实地落实。前段时间我看过的地方面积都太小，也就18到22平方米，而且一处太靠近水龙头，水会把书淋湿；另一处正在初一教室的斜坡下，靠近篮球架，太吵。王校长说，不如建在学生食堂的二楼。我登上二楼一看，平整的楼面，开阔的视野，东邻校长室，西靠总务处，真是块宝地。

“真的能让我在这里建活动房?”我还是不放心。

王德寿校长回答:“我不开玩笑。”

当晚，我和昆明的有关活动房建筑公司联系，有的公司觉得业务量太小，有的公司觉得路程太远，都不愿意接这活。到晚上9点半，终于一家名为“方亮建筑公司”愿意接这项工程，我担心夜长梦多，请他们第二天（2月26日）就来勘察。

2月26日，我将原先的家访计划从上午挪到下午放学，与“方亮建筑公司”保持着不间断的电话联系。方亮公司来了两人，一位是公司经理徐方亮，另一位是工程师徐风祥。我和两位师傅一直驱车进入茨营中学。经过一番讨论、丈量后，徐工程师告诉我，建成的活动板房能有52平方米多。太好了！这差不多有间教室那么大，别说四个书橱，再加四个也放得下。

徐风祥工程师是湖北人，快50岁了，他问我这个江苏人为啥到云南来，听我说完我的支教事情后，他对我说:“2008年我到过汶川地震灾区建活动板房，看到过救援的志愿者，我佩服你们，中国需要你们这样的人。”当我们商量板房的造价时，我老老实实告诉他们，我还要到曲靖市内购买书橱，安装各地运来的旧电脑时还需从外面请人进行维修，而现在手头能机动的资金总共只有34000元。徐工深思了一会，说："这样，你只需要付给我板房材料费、汽车运费和小工们的工资就行了，34000元中你留下6000元买书橱和修电脑，行不行？"我连连说："行！行！"我俩用皮尺又一次仔细丈量了尺寸，讨论了在何处开门、何处开窗，徐工在笔记本上绘制了板房示意图。为了不影响学生们的正常上课，我希望他们能利用星期六和星期天搭建，他也答应了。

我将对房屋的具体要求归结为：防雨、防风、防鼠，采光要好，接缝处铁皮不能有毛刺，室内能安电灯。徐工一一答应，并说好按我的要求3月5日周六和3月6日周日这两天运材料安装，绝不影响学校正常教学。我郑重地在合同和设计图上签了名。

支教也需要资金，在退休前我就考虑过这个问题。几天前，南师附中财务科的许宁（也是教工志愿者）帮我将我的住房公积金34000元打入了我的退休工资卡上，只要我能在曲靖找到一家工商银行，就能异地取款。住房公积金用来建活动房，专款专用，是天经地义的事。

2011年3月5日，是我工作时间最长，但也是最开心的一天。因为这一天，我盼望许久的活动板房图书室终于开工啦，而且当天竣工！这肯定是世界上工期最短的图书馆！

3月5日早晨7点，一辆超长载货卡车开进校园里，建活动板房的材料运到。方亮公司的徐工带来10位工人，个个年轻能干，工人们分工明确，配合协调，进度神速。由于原先设计时数据十分精确，预制件只要稍加修整就可用，房梁、墙壁安装了4小时，房顶只用一个半小时就盖妥。然后，工人们分成两拨，一拨安装水槽、水管，一拨内部油漆。

晚7时50分，活动板房全部竣工。送走方亮公司的工人，我到了茨营街路口小吃店。女老板问我今天怎么这样晚。我说："盖了间房子！"善良的老板又多挖了一个饭团，满满一大碗鸡蛋炒饭竟然不知不觉全下了肚。

3月5日活动房搭建完工后，我就开始将分散在学校行政办公室、教务处、政教处及我住处的约5000本图书和杂志一箱箱搬入。3月7日，我在曲靖采购的8个玻璃门书橱运到学校，图书登记、上架工作就开始了。

南京一中老三届校友会、南师大附中师生、民盟南京市委、南京大学某学生社团、“爱心飞扬”基金会等帮我筹集的大量图书，源源不断地运到。光是3月14日这一天，茨营邮政代办所的营业员小蔡说就有66箱书运到了。我的繁忙工作季开始了。

我首先对图书进行清理和分类。一是要把图书与杂志分开，图书需要登记录入电脑。二是要把低幼类的图书与适宜中学生看的图书分开，低幼类图书我准备送给小学和幼儿园。三是将图书中的破损书拣出，能补的修补一下，我事先已从曲靖城买好胶水、透明胶带、乳胶、订书机和剪刀。还有一件事先没有估计到但必须做的事，就是把部分并不适合初中生阅读的书拣出来。

为了发挥图书的最大效益，在每个班借书之前，我都有个简短的讲话。1001班学生整体学习态度端正、纪律严明，我给他们上过一节语文课，我很喜欢这个班。我对这个班的孩子们说：

“同学们，欢迎大家来希望书屋借书。现在已经上架的几千本图书，是全国许多地方的热心人捐赠的，孙老师也花了大量时间进行整理。希望大家要爱护图书。

作为初中学生，大家都应该算个读书人了。读书人有读书人的规矩。最起码，你挑选图书时，不能把书中的登记卡掉了，书是从哪个橱、哪一层拿出来的，如果不想借，还应按原样放回。否则，孙老师就会取消你一次借书的机会。

书是人类进步的阶梯，书中凝聚了全人类千万年来的知识、技能及做人的道理，是我们的精神食粮。读完一本书后，我们应该想一想，我从这本书中学到了什么，我又悟出了什么道理，这样你就能在思想上成长一点。时间长了，你就能逐渐成熟起来。

4月22日是世界读书日。可能我们绝大多数同学从来没有听说，也从来没有参加过这种活动。我觉得茨营中学的同学应该参加这样的活动，我们不比任何一个国家、任何一个城市中学的学生差。因此，我要求大家读完一本书后，把自己的感受、想法，把自己悟出的道理，用笔写下来，二三百字、七八百字都行。孙老师将给所有写读书心得的同学发奖，奖品是一本练习本。我觉得茨营中学学生的文章，应该会受到人们的关注，因为同学们的感悟、心得，是发自我们内心的，是真实的，是具有极大震撼力的。我相信，通过大家的努力，我们中的许多人，会以实际行动，去一步步实现我们人生的理想，去完成我们人生的追求，给自己带来希望，给家庭带来希望，给家乡带来希望，给社会带来希望，这既是我们这间图书室叫希望书屋的原因，也是孙老师为什么要跑上五千里到茨营来支教的主要目的。我坚信，同学们绝不会让孙老师的愿望落空的!”

图书室紧靠校长室、行政办公室，因此学生中有什么异常情况，我常常能第一时间知道。

一天上午，行政办公室的王书帮老师来找我，说原1007班学生王雪瑞要请半个月假，理由是要回家栽秧、养蚕，据班主任说，这个女学生学习成绩稳居班级前三。我担心，半个月不上课，她能跟上吗？已经有好几个学生因为缺了课跟不上而辍学了。王老师也找这个学生了解过，这学生哥哥在曲靖麒麟区一中读高三，妈妈遭遇车祸住院刚回来，家中农活无人干，这学生也是实在无法可想，才提出请假干活。我们共同商量，觉得还是劝说王雪瑞不要停课干农活，有什么困难大家帮着解决。我们决定下午抽时间到该学生家，同时做母女俩的思想工作。

下午第二节下课，我带上1000元现金，又带上几斤苹果、一本《新华字典》和一本《英汉词典》，和王德寿校长、王书帮老师、政教处蔡老师、王雪瑞，一同乘车到王家营村。到王雪瑞家，王雪瑞妈妈让我们看她的伤。确实伤得很重，头部缝针处伤口刚愈合，胸部和左小腿骨折处仍贴着膏药。据王雪瑞的妈妈说，车祸发生在4月8日晚，她赶着牛车回家，一辆小轿车从后面撞上牛车，她从牛车上栽了下来，人当时就昏迷了，因此肇事车的车号没有记下。估计肇事者将人抬放路边后就逃逸了，等有人发现倒在血泊中的受害者时，小轿车早已不知去向。当夜，王雪瑞的妈妈被送往曲靖医院，诊断为3、4肋骨骨折，小腿粉碎性骨折，头皮撕裂，全身多处软组织挫伤，当晚治疗费用7500多元。因为属于车祸，农村合作医疗不予报销。靠亲戚们帮助，王雪瑞妈妈做了手术，并住院治疗，医药费逾万。

王雪瑞上初一，哥哥在曲靖上高三，家中因盖房欠债5万元，再加上医药费开支，经济拮据；经医院治疗后，母亲小腿目前不能着地，生活不能自理又无人照顾，家中农活也无法处理，这才想让王雪瑞休学。几位校领导再三劝说，我也向母女俩表示：当前孩子的前途最重要，王雪瑞和她哥哥都是能读得进书的孩子，耽误就可惜了；家庭遇到的飞来横祸令人同情，最困难的时候是在医院治疗期间，已经熬过这一关了，再咬咬牙，等伤口完全恢复，日子就会逐渐好起来的；王雪瑞的哥哥即将高考，如果能考上大学，肯定能申请到助学贷款；盖房借的钱可以缓一缓再还，乡亲们都是通情达理的，不会逼你现在就还钱的。王德寿校长也是这个村子的人，按辈分王德寿校长还是王雪瑞的长辈，他说去找找王雪瑞的叔叔、伯伯、姑妈等，让大家帮忙把秧栽下去，这季蚕就不养了。

我递上了1000元现金，表示一个星期后还有钱汇来，当前是赶快治病。我再三强调千万不能让王雪瑞停课。王雪瑞的妈妈是个明事理的人，她答应让王雪瑞继续到校上课。

第二天，王雪瑞照常到校。她告诉我，已经请邻居帮助照顾妈妈，秧也请人栽了。

1001班的教室在学生食堂楼上，过去是学校的会议室，因危房拆建，教室不够，临时改作教室，初二时王雪瑞编入这个班。这间能坐100人的大教室和我的图书室紧挨着，我和王雪瑞经常见面。有时课间她会到图书室来问我一些问题，在谈到阅读课外书时，她说班上有些同学喜欢读长篇的名著，也有的喜欢看《读者》《青年文摘》这类杂志。我说，我觉得这两类课外阅读都需要，但作用不尽相同，长篇名著好比是主食，杂志好比是水果。

通过一段时间交往，我觉得王雪瑞是个性格很开朗的孩子，她待人诚恳，与同学、老师的关系很好。对当下的许多人和事，她能客观地予以分析评判，能顾全大局。

2013年6月底，王雪瑞参加中考。不久我得到消息，王雪瑞被曲靖二中录取了，我很高兴。上高中后，她时常到茨营中学来看我，告诉我她的学习、生活情况，暑假和国庆长假时，她还会叫上哥哥一起来。

2016年5月，王雪瑞又到了我的家，谈到她近来的学习情况。高三上学期她妈妈生病住院，她在医院里陪护一个月，耽误了学习，想上云南师范大学的愿望可能要落空。我安慰她，人生的道路多得很，不一定非要当老师。她还说，想在高三同学中发起一项捐书和杂志的活动，让同学们把看过的杂志书籍捐给茨营中学。我很赞赏她的这个想法。

2016年6月，王雪瑞参加高考。6月8日高考刚结束，她就打电话告诉我，她已经在曲靖二中发起捐杂志的活动。6月13日晚，王雪瑞和哥哥王周飞开着拖拉机把一车共1000多本杂志、近百本图书运到了茨营中学。

2016年8月，王雪瑞带着武汉轻工大学的录取通知书到了茨营中学我的家中。

在云南曲靖的几年里，有不少国内外的公益组织和我联系，有些还到茨营来和我一起支教。最早来的是美国纽约州立大学的“行动中国（SAIC）”社团。

2011年7月中旬，美国“行动中国（SAIC）”社团的门千理、陈柳明等一行5人到达曲靖茨营。他们都是在城市长大的孩子，有些是高中时到美国的，在大学里有学管理的、学医的、学生物的，其中有一位在读硕士。“行动中国（SAIC）”社团3月中旬就曾经提出一个回国了解中国社会的活动方案，我对此方案进行了部分修改。对我添加的“到农村留守儿童家生活一天”的提议，这次来的5个人都非常赞成。

“行动中国”社团的五位留学生7月20日全天都在茨营中学，有的帮我安装调试电脑，并通知学生21日下午电脑学习班开课；有的帮我统计学生借阅图书的类别；有的帮我登记图书、填写图书登记卡。

21 日上午，我租了一辆面包车，五位留学生和我们夫妻俩一起到 18 公里外的哈马寨李志成家，我想让留学生们看看茨营农村的贫困户是什么情况。

车行 40 分钟到了李志成家。李志成的父亲原先在煤矿挖煤，前年得病去世，李志成的姐姐辍学回家与妈妈一起种田。与 3 月我第一次来时相比，这里几乎没有什么变化，窗户上依旧蒙着破烂的塑料布，床上依旧是用化肥袋做的蚊帐，内、外墙依旧是裸露的石块和红砖。只是因为交了电费家里有电了，可以用电磁炉（听说我们来，特地向邻居借的）烧饭，李志成打开电视，和留学生讨论起什么电视剧好看。在询问房屋建筑情况时，李志成的妈妈向留学生们介绍了相关情况。听说房子盖起来四年都没安门窗，留学生们都难以相信。我问李志成的姐姐李蓉今年的庄稼情况，她说栽种了 5000 棵烟叶，如果天气正常不遭灾，就能有 5000 元收入，养了头猪能有近 1000 元收入，还种了些玉米。按茨营乡党委书记所言，茨营全乡农民 2010 年人均年纯收入 3700 元，李志成家显然远低于这个水平。

回茨营的路上，我和几位留学生谈起了“烛光行动”。我告诉他们，2007 年，民盟中央在全盟开展了“烛光行动”，数万盟员到交通不便的农村、山区、边疆支教，通过各种方式帮助农村贫困学生完成学业。他们问起为什么要叫“烛光行动”。我说“烛光行动”这个名字提得实在。因为贫困，支教的地方可能没有电，所以需要烛光；与阳光、灯光相比，烛光的亮度有限，但是烛光能在最黑暗的地方为人照亮前进的路；烛光也是代价最小的光源，至少是代价最小的光源之一。我还和他们谈到，希望有更多的人加入支教行列中，为农村贫困学生提供更大的帮助。

到 2016 年底，茨营中学毕业生中，受资助的贫困生已有 17 人考入高等学校，实现了他们的梦想。

序号	学生姓名	原班级	考入高校	备　注
1	王　瑞	0809 班	西南政法大学	
2	施　慧	0809 班	云南民族大学	
3	关向东	0809 班	云南林业大学	
4	贾雪瑞	0801 班	云南滇池学院	
5	李朝禄	0901 班	第三军医大学	
6	者志强	0901 班	云南警官学院	
7	翁　婷	0901 班	华东师范大学	免费师范生
8	贾佛仙	0901 班	云南师范大学	
9	恭朴丽	0901 班	云南师范大学	
10	王　丽	1001 班	电子科技大学	
11	许文斌	1001 班	华北电力大学	
12	许明月	1001 班	昆明理工大学	
13	王雪瑞	1001 班	武汉轻工大学	
14	朱慧敏	1001 班	重庆交通大学	
15	丁小保	1001 班	天津城建大学	
16	江朴瑞	1001 班	云南文山学院	
17	刘　镕	1006 班	云南丽江学院	

下篇：贵州威宁

2012 年，总部设在上海的“田字格助学”组织找到我，让我协助他们在云南开展助学工作。那年暑假，我还专门到上海为“田字格助学”培训到贵州山区支教的教师。肖诗坚女士是田字格助学基金会的发起人和负责人。她到过茨营中学，当面和我交换有关义务支教的看法，在许多问题上我们意见都很一致。一天，她打电话告诉我，她已到了贵州威宁县，正着手与贵州威宁县商谈创办希望小学的事情。

云、贵、川是我国教育落后地区，迫切需要有更多的人参与该地区的支教，我觉得这是件利国利民的善举。不久，肖诗坚告诉我，田字格基金会已经与贵州威宁县县政府及县教育局商定，在该县哈喇河乡河边村建一所回族小学，名称初步定为田字格小学。这个学校处于乌蒙山腹地的深山里，海拔 2600 多米，山高坡陡，交通十分不便，离村子最近的公办小学也要走 2 个多小时。2012 年下半年，田字格助学基金会集资 20 万，在哈喇河乡河边村拉多组修建学校。肖还告诉我，贵州遵义的支教志愿者周小雨已经负责在拉多村组织村民开始修建学校地基，另外几位志愿者和一位代课教师已经借用村民的房屋和清真寺开始上课。我向肖提出，校舍一定要建在地质基础牢固的地方，以减少自然灾害的影响。她通知负责建校的志愿者周小雨替我收集相关资料，从网上传给我，让我判断一下校舍地基情况。从地基照片看，学校建在一个小山头上，开挖的 70 厘米深的地基中，露出的是略有风化的砂岩，地质条件还可以。

2012 年底，田字格基金会在网上招募田字格小学长期支教志愿者，有 30 多人报名。肖诗坚将部分资料从网上发给我，让我帮她参谋参谋。在看了招聘表格后，我觉得总体上看，应聘的志愿者们是能够胜任农村小学教学工作的，只是其中有些人的生活能力欠佳，会做饭的不多。

在研究选用什么人担任这所田字格小学的校长时，肖诗坚想听听我的建议。我说这是田字格基金会独立经营的第一所学校，关系到田字格助学的声誉和今后发展，所以校长必须有教师资格证，有一定的教学管理经验和教研能力，这才能使学校教学逐步走向正规化，使贫困地区的农民子女不但有学上，而且能学好；受交通等方面条件限制，这位校长还需要能及时处理各种突发事件，如学生和教师突然生重病、受伤或是应对突然出现的灾害；艰苦的环境中，人的情绪容易波动，这位校长还要能妥善处理教师与学生之间、支教老师之间、教师与村民之间、支教老师与当地教育行政部门之间的矛盾。肖诗坚说这种人可不好找，符合条件的人都是在职教师，不可能辞职来支教。她开玩笑说："孙老师，我看你这些条件都符合，你来当这个校长吧！"我说我现在是茨营中学的编外在职人员，虽不拿工资但不能离岗，王德寿校长可能不会放我走；如果他同意，在"希望书屋”正常运转的情况下，我可以到田字格小学试试。

肖诗坚通过电话与茨营中学校长商量，准备借用我这个志愿者，她说服了茨营中学的王德寿校长。

2013 年 1 月，我应邀到上海参加“田字格助学”的年会，在会上我收到了由田字格助学机构的负责人肖诗坚签署的聘书。于是，在 2013 年 1 月到 2014 年 1 月这一年时间里，我离开云南曲靖到了贵州威宁，从乌蒙山最南端到了乌蒙山的中部，但支教的身份没变。

对于贵州威宁，我过去知之甚少，只是有个“地无三尺平，天无三日晴，人无三分银”的印象。2013 年春节期间，我为到威宁田字格小学做了一些物质上的准备。肖诗坚曾经告诉我，威宁那里海拔比曲靖高，气温也低，要多带几件厚实的衣服。我带了三床被子和电热毯。考虑到教学需要，我又准备了 50 本《新华字典》和一些书籍。这些必需的东西装了四个大背包，我想自己肯定背不动。恰好南京的志愿者小吴、小蕾到曲靖来看望我，他们说可以把我送上山。在小吴的帮助下，我先将《新华字典》和书籍从邮局寄到威宁，由于田字格小学不通邮，东西只能寄到离学校 50 里的黑石镇邮电局待领。

2013 年 2 月 16 日，我们先乘火车从曲靖到了威宁县城，然后租了辆面包车到黑石镇。到黑石镇后我立即与支教老师联系，询问从黑石镇到哈喇河乡拉多村田字格小学的路线。一家黑石镇糕点铺老板曾经开面包车到过田字格小学，但上一趟山的车费要 300 元。我觉得有车能大大节省我们的体力，而且不会迷路，于是请他 17 日早晨 8 点开车送我们上山。

威宁是个彝族回族苗族自治县，地处乌蒙山的主脉。326 国道在威宁地界的 120 多公里山路，陡坡、急弯比比皆是，汽车平均每小时只能开 30—40 公里。公路旁经常能见到裸露的山体，有的地方长有小灌木或野草，由于冬季降水偏少和低温的原因，呈现出一片黄褐色。站在路边向四周望去，裸露的石灰岩处处可见，成片的树木不多，少数田块里长着稀稀落落的豌豆。亲眼见到荒漠化和半荒漠化的土地，令我这个学地理的人感到痛心。

17日早晨，糕点店老板锁新林开车送我们去田字格小学。在去田字格小学的途中，他向我们介绍了一些哈喇河乡和拉多村情况。前几年，龙源电力公司在马摆大山建风力发电场，扩建了从黑石镇到双龙乡的公路，这条路能通汽车。公路上一个叫“马萨雨”的村子，龙源电力公司正在修一条岔道到双龙乡的董家沟村。从董家沟到拉多的路是村民们用锄头在山坡上刨出的拖拉机路，由于坡度大、路窄，再加上是碎石路，一般的车不敢开。我们经过一个叫“陈家冲”的垭口时，汽车爬坡时居然倒退回来了，夫人说她感觉有些头晕，我们就下了车步行，锁新林重新发动车子冲上坡去。GPS显示海拔为2640米，我目测了一下，北面有个山峰还要高，可能超过2800米。

随后车子又在一条河道中行驶了1000多米，幸亏河中只有20厘米左右深的流水，车轮在河床的石头上颠簸着缓缓前行，河两旁的树枝时不时从车窗扫过。我问锁新林，如果是雨季河水有多深，他说大约有1米多，那时汽车就没法通过。上午9点20分，锁新林告诉我，田字格小学就在前面。坡陡汽车爬不上去，我们又从车上下来。在山头上向西望去，学校坐落在一个山坳里。周围山坡上有一些松树，时不时还有小松鼠跳上跳下。看到绿色令我感到很欣喜，这说明山坳里的生态环境还可以。不过，我们都发现这里没有手机信号。我估计学校的海拔高度超过2500米。

最后一段路是土路，我们背起背包走到学校北面的村民家中。放下行李我就到了学校工地。

我们到达田字格小学不久，有几个建筑工人也到了。我询问了一下教室建筑进展情况，担心2月28日无法在教室上课。一位领头的工人说，今天（初八）开始开工，只要人手够，2月28日工程扫尾应该不成问题。他答应我这两天把6间教室的水泥黑板做好，然后清理建筑垃圾。

楼上楼下走了两遍，觉得除了整个工程较粗糙外，建筑材料还行，房屋梁柱用的都是2.5厘米的螺纹钢筋，水泥是425标号以上，抗地震能力不会差。但是，学校厨房条件极差，这是借用清真寺的一间土屋当食堂，墙壁脱落而且漏雨，几只老鼠在墙缝里钻进跑出。

实地观察后，我觉得必须尽快解决的问题有：

1. 通电。目前从清真寺临时拉了根电线，这不是长久之计，也不安全，需要埋电线杆、布线、安装电表，教室里要安装日光灯和插座，保证每个教室里都通电。

2. 平整场地。教室前面的建筑垃圾很多，我估计靠村民义务劳动清除的可能性不大，我准备和支教的志愿者们带领四、五年级的学生们利用下午时间干这活。如果能清理出50—60平方米的平地，升旗和上体育课就有地方了。

3. 通水。已经可用塑料管子从山上接来泉水，但需要安装水龙头，用水缸或塑料桶储水，解决教师生活及学生午餐用水。

4. 改造食堂。师生们的健康是大事，对原有土屋必须改造，有条件时要新建。

2013年3月1日，田字格小学正式上课。学生们早早到了学校，除了背着书包外，每人还捧着或扛着一根根树棍。因为学生午餐在学校吃，但学校没有买煤的经费，只能发动学生每天从家里带柴火来。我担心孩子们在路上用棍子打闹，万一伤着了怎么办，突然又想到：学生们有没有买人身意外保险？这事一定要问清楚。

第一节课我走进一年级教室听语文课。早晨我已经向教语文的志愿者周小雨打过招呼，让她按原先准备的内容上。这是一节复习课，复习汉语拼音时，有的学生读得非常流利，也有些学生不太熟悉，甚至有些孩子完全不会。

学校一楼所有窗户玻璃已经装好，二楼还有三间没装玻璃，我催促工人们加快进度。老师们没有办公室，有的就在厨房里批改作业。我在工地上找了条三条腿的长凳，从工人那里借了锯子锯下一段木棍，先给自己做了张板凳，又找了张坏的学生课桌用铁丝绑好，这样我总算在二楼办公室有个坐处。

中午12点20分上午课程结束，学生们按年级排队到食堂打饭，老师们帮助炊事员给学生们分菜。学生打完饭后，老师和炊事员才吃饭。

师生的伙食完全一样，每天一菜一汤，饭不够可以添。老师每人每月交 100 元午餐伙食费。每天全校师生的荤菜就是 2000 克牛肉，平均每人 14 克。我请炊事员尽量把肉切小些，保证每个孩子都能吃到一点。

教师们的三餐，除午餐与学生们一起吃外，其余两顿得自己做。周小雨排了个做饭值日表，7 个志愿者每人一天，值日表贴在宿舍门口。7 个人中会做饭的，只有我、涵晓、小强，小雨只会做面片汤。不过，在我感到饿的时候，周小雨总会递上些零食，我估计她每个星期天到黑石镇采购学生餐的食材时，都会到超市买一大堆饼干、面包、怪味豆、薯片，其中多为山寨产品。

学校每天 8 点半开始早读。早读时，学生们都是齐声背书。尽管声音很大，我觉得有的学生并没有真正掌握，而是在滥竽充数。3 月 4 日早晨，我抽查了二年级语文早读，我让学生一个一个地背诵白居易的《赋得古原草送别》，有三个学生怎么都背不出。我让他们一个一个读给我听，才发现他们竟然许多字不认识。一个小姑娘告诉我，她回家根本没时间看书写作业，因为要种土豆和放羊。看来，有些学生需要在学校做完作业才行。

田字格小学建校所用的地皮是几位村民及清真寺捐出的土地，周小雨说大部分土地转让手续都办清了，并在乡里备了案。我认为，学生们必须要有室外的体育活动，学校不能没有操场。教学楼向东南方向延伸出一块约 200 平方米的坡地，我想把它建成操场。

3 月 15 日星期五下午，田字格小学召开了全校学生家长会。我向家长介绍了学校办学的思路，同时也恳请家长们在操场建设上继续出力，还提出修建“田字格小学建校记事碑”的想法，凡是参加建校义务劳动的家长，我将把他们的名字刻在石碑上。

2013 年 3 月 23 日星期六，是家长会上约定好修建学校操场的日子。早晨 9 点，我将签到本及笔准备好，又将学校临时的水管移到倒土地区之外，免得被砸坏。考虑到这是块倾斜近 30 度的坡地，威宁又有较长时间的雨季，倒在坡地上的新土容易被雨水冲走，10 多天来我利用建教室剩下的砖块石头，垒了一道长 25 米、高 60 厘米的砖石堰，其外围还钉了一些木桩，我想这样就能防止新填的土被水冲走。

9 点 40 左右，开始有人来了，我让他们签上自己的姓名，同时注明是哪位学生的家长。10 点钟时，我将人分成两组，分别从东西两个方向，先把靠教室的路面整平；然后东面一组中，抽出 4 个人，用小车从教室后面将挖地基时挖出的土运到教室前面，我和年龄大一些的几个村民，削高填低，使地面平坦，呈略向南倾斜 5 度的平面，这样就可以有地方让学生站队升旗、做操。

到下午 1 点，我原定的平整计划完成了 80%，此时，村民们和我都已是饥肠辘辘，有些人拄着镐和锄摆起龙门阵来，我知道这时候再继续干活也不会有多大效果，于是就通知收工，并请求大家下星期六 9 点半到。我对乡亲们说：“我们大家多出些力，学生们就能早一天在操场上做操、游戏，拜托大家啦！”

经过 1 个多月的时间，在县政府和教育局的支持帮助下，一块有近 400 平方米的水泥操场完工。5 月 28 日上午，我和老师们将 9 米高的不锈钢旗杆高高竖起，我亲手将一面五星红旗缓缓地升到旗杆顶端，强劲的东风立刻将国旗展了开来……这场景，让我和在场的老师们心情一阵激动。

2013 年 6 月 1 日儿童节，我决定召开全校的庆祝会，筹备工作从 5 月中旬开始。每天中午和放学，都有学生在排练，校园里不断响起音乐的旋律。

舞蹈都是女教师们教的。在班主任的指挥下，一、二年级的孩子们还在操场上练习上台和下台（就是走台），这两个班要分别表演大合唱。我听了听他们的演唱排练，几乎所有的孩子都用足了劲大声“喊”歌，气势确实恢宏。对山村里的孩子们，不可能要求他们唱出动听婉约的曲调来，军旅歌曲倒是更受他们的欢迎。我不断给老师们鼓气：“山区农村孩子有的根本没有看过跳舞，能练成这样已经不错了，只要动作整齐就可以。”

6 月 1 日早晨，天没亮我就烧好了早饭。按原先分配的任务，三位女老师在三年级教室替学生们化妆，小旭负责准备趣味体育竞赛的器具，我和小强挂庆祝横幅。刘艳宁等一帮年龄稍大的学生在教室前拉起了彩花、挂上气球。

学生们到校都比平常早，他们今天都换上了最新、最漂亮的衣服，马纤、马双这对双胞胎姐妹破天荒地梳了头，也不再是大花脸了，几位小男孩穿上西装还打了领带。我指挥着学生们从教室里搬出椅子，按班坐好。在学生座位的后边，家长们靠围墙站成一圈。

我在会上对学生们讲了些鼓励的话，提出田字格小学的校训：自强、自立、自学，又表彰了一批三好学生。文艺演出是今天庆祝会的亮点和重头戏，周围的村民扶老携幼来到学校操场，观看孩子们的表演。

由于统一了演出服装，女老师又替学生们化了妆，再加上在众多同学和村民面前表演，学生们态度认真，动作比平时整齐，我觉得效果不错。

5 月天气渐热，山上中午时分气温有时可达 25℃。学校每星期到黑石镇买一回新鲜蔬菜，茄子、卷心菜、西葫芦、黄瓜等，只能放两三天，因此下半周我们只能吃些土豆、南瓜。每个星期天轮到我值日做饭，我常常是摘些自己种的苦菜、茼蒿或找些野菜烧汤。灰灰菜是最容易弄到的野菜，这种野菜可以在村民的玉米地里或是山坡上找到。灰灰菜可以烧汤，也可以炒鸡蛋。6 月 2 日这天我还用灰灰菜下面条，7 个人晚餐吃了约 4 斤灰灰菜和 2 斤多面条。在田字格小学支教时期，2013 年这一年中我前后共吃了十来次灰灰菜。

2013 年 6 月 6 日，学校遭遇了一年中最大的一场豪雨。凌晨 4 点多，我被一阵闷雷惊醒，朝窗外看去，天空黑得像烧柴灶的锅底。我担心下大雨会停电，赶紧起床烧早饭、烧开水。果然，6 点 37 分第二壶开水刚烧半热，停电了。一道耀眼的电光闪过，震耳的雷声如同巨石滚下山坡一样，连窗玻璃都被震得哗哗直响，倾盆大雨瞬间从天浇下。山坡上，黄色的泥流蛇一样奔窜直下，教学楼后面立即成了池塘。7 点半时，雨势才略有减小。一小时降水我估计超过 10 毫米。

我担心学生们因雨大来不了学校，但面对大自然，你又能有什么办法？快 8 点时，终于看见一位妇女打着伞送两个孩子到了学校，8 点 20

我吹哨上早读时，学生到了一半以上。早读下课时，许多学生拿着扫帚在扫操场上的积水，多勤劳的孩子啊！

农村的环境问题一直是困扰人们并且影响农村经济发展的难题之一。在初到威宁的时候，我就考虑如何以学校为基地和主要阵地，向学生、向村民宣传保护环境、讲究卫生的知识。

2 月 27 日我和其他 6 名支教志愿者上山后，当天傍晚我就和施工的工人商议，在学校教室的东面修建垃圾池，集中堆放学校的垃圾。学生们现在已经养成习惯，每天打扫教室和校园以后，垃圾都倒入垃圾池中；每个星期天，我将垃圾池中的废纸、纸箱等可燃物烧掉，剩余的固体垃圾半年左右清理一次，大部分是挖坑填埋。目前，田字格小学是方圆十几平方公里范围内最干净的地方。

“天无三日晴”是贵州的气候特色。我并不怕阴雨，怕的是每逢阴雨天必然而来的停电。学校虽然通了电，但由于部分输电线路用的电线杆是树棍做的，为防止出事，一下雨，乡供电所就会停电。停电时，我们的电磁炉无法使用，笔记本电脑无法使用，打印机无法工作，手机也无法充电。对于过惯了城市生活的支教志愿者来说，我们感到十分无奈、百般痛苦。最长一次停电从 6 月 27 日 9 时开始，一直停到 6 月 29 日 17 时暂时恢复供电，创下连续停电 56 个小时的纪录。这段停电时间里，我到附近村民家用树枝烧开水，要求大家省着喝。

田字格小学共有 6 个年级 6 个班，但由于一位原先答应上山的志愿者未能履约，连我只有 8 位老师，大多数老师一周要上 20 节课。我除了教四年级的数学外，还要担任四年级、六年级的思想品德和科技，以及一年级的美术。在这种时候，无法再按志愿者们原先所学专业排课，只能把现实需要放在第一位了。

2013 年 9 月 4 日星期三上午第 3 节是一年级美术课。1、2 节我刚上了四年级的数学，急匆匆做了不到 10 分钟的准备，便带着图画本、一盒围棋棋子走进一年级教室。这可是我从教 34 年来第一次给一年级小学生上课，也是我平生第一次上美术课。

我先在黑板上画了个圆，然后在中间添加两道横线，下面又添了一条向下弯曲的圆弧，问学生们："大家看看，孙老师画的是个什么？"马倩、刘世娥抢着说："是笑脸！"我指着黑板让其他小朋友仔细看看："这是眉毛，这是嘴巴，大家看他是不是在笑呢？"调皮的张邦龙离开自己的座位跑到讲台前，我批评他不守纪律，然后在黑板上画了个愤怒的表情，说："张邦龙不遵守纪律，上课时到处乱跑，孙老师很生气。"

我给每个学生发了一本图画本和一个围棋棋子，告诉他们可以用铅笔围着棋子转一圈，一个圆就可以画出来了。6 岁的孩子用起铅笔来不是太熟练，我鼓励他们，不要慌，铅笔要紧靠着棋子。画好圆后，在中间添加表示眼睛的线条、表示嘴巴的弧线。我又在黑板上画了十二个圆，让在作业本上完成的几个学生到黑板画一画。

真没想到，这些 6 岁多一点的小娃娃还挺有创意的，张邦龙这个调皮鬼把眼睛画得圆圆的，还点了眼珠，一位叫马永亚的小姑娘还在圆圈外画了两根辫子，我都表扬了他们。

10 月 21 日我召集老师们开了个校务会，我提出在课间操时增加全校跑步的项目。从 2013 年 6 月底开始，学校的课间操时间学生就开始做"旭日东升"中小学生武术操，老师们边学边练边教学生。我认为光是几节操的锻炼力度不够，觉得增加跑步项目后，既可让学生通过跑步身上暖和一些，也能弥补学生短跑爆发力不强的弱项。

跑步怎么进行？学校没有跑道，操场也只有 400 平方米，130 多人怎么跑呢？我是这样安排的：全校集合在操场上先做"旭日东升"武术操，然后一、二年级围绕操场跑 5—10 圈，三、四、五、六年级沿着学校边上的马车路向拉多山上跑，距离分别约 900 米、1000 米、1100 米和 1200 米。跑步的路线我已经看过多次，并按我的速度计算过时间，前几天我已在路旁的石头上用粉笔做了三、四、五、六年级终点的记号。我要求班主任随本班学生一起跑，这样可随时注意学生的安全，掌控跑步的速度，到终点后师生再步行回学校。从学校到拉多基本上都是较缓的上坡路，由于经常跑马车和摩托车，路面较宽，路况也稍好。返回时步行，既调节呼吸，又可避免下坡时跌倒造成的伤害。我再三向老师们强调，学校所有活动都必须本着“安全第一”的原则。

10 月 22 日上午，冬季长跑开始，我也跟着学生们一起慢跑。学生们积极性很高，连二年级的学生也要求到路上跑跑。跑步回来，学生的手脚都暖和多了。

2013 年 11 月 23 日，威宁降下初冬第一场小雪。从那天开始，时晴时阴时雪，地面在中午时分解冻，变得十分泥泞。12 月 15 日早晨，天没亮就飘起漫天的鹅毛大雪，连续半个月雪似乎没有真正停止过。

连续半个月的雨雪，没有见到一丝阳光，我们洗的衣服都是靠风吹干的。女老师向我反映，她们的被单和被子都是湿的，能不能给女老师宿舍装一台取暖器，一来取暖，二来除湿。因为女老师宿舍是向村民租借的，安装这些电器要征得房主的同意，她们遂与房主进行了联系，允诺承担房主的所有电费。小旭和潇逸帮她们装好了取暖器。

支教的年轻教师们对下雪非常感兴趣，12 月 15 和 16 日两天暴雪，正好是双休日不上课，他们都到拉多山上冒着雪打雪仗、堆雪人、拍雪景。

由于长时间手、耳暴露在低温中，打雪仗后又没有及时擦干手脸，有的老师手上生了冻疮，而且长时间不愈合。我从威宁买的冻疮膏原本是为学生们准备的，没想到老师们倒先用上了。值得庆幸的是学生们没人生冻疮。

2014 年 1 月 1 日早晨，雪过天晴，新年的第一缕阳光照在田字格小学的国旗上，我拿着相机又一次拍下了熟悉的田字格小学。望着眼前的教学楼和操场，回想 300 多天来的日日夜夜，我可以自豪地说，这一年我又没有虚度，我尽力完成了给自己规定的任务，为威宁县哈喇河乡的 100 多孩子们做成了一些事。人的一生中，如果做成一件或几件事，这事能使你自己感到满足、自豪，感到问心无愧，那么这个人就一定是快乐的。

为了庆祝 2014 年的到来，我让班主任给每个学生发了 8 块阿尔卑斯奶糖，1 月 2 日晨会上我对学生们讲：这 8 块糖是老师对大家的一片心意，是祝愿我们每位同学在 2014 年里，生活更甜蜜，身体更健壮，学习更进步。

按教育局规定，2014 年 1 月 4 日起，全县小学各年级陆续开始期末考试。1 月 3 日的早操时，我对全校学生提出做一个诚信学生的要求，要求全校所有同学在考试中不作弊，每场考试前要将书包、课本、作业本都放在教室前面的水泥台上。

由于交通不便，田字格小学无法像其他学校那样实行校际的交叉监考，乡中心校就派了一位巡视员，早晨他带着试卷从哈喇河乡骑着摩托车上山，这段路他要骑一个多小时，他到我们学校后，监考老师们立即发试卷开考。由于任课教师已经反复强调过考试的重要性和严肃性，提醒学生们考试时要沉着冷静，仔细审题，学生们大多态度认真。我和巡视员到各考场看了几次，考试秩序良好。不少学生一改平时作业草率的毛病，做完试卷后能从头再检查一遍。我走过许多学生身边时，他们大多没有发现，可见精神高度集中。

有一个名叫虎荣翠的学生，因为家中生的 6 个孩子都是女儿，所以她到现在也没有报户口。2013 年 7 月新生报名时，我问她父亲为什么不给孩子报户口。那位不识字的农民告诉我，因为超生，报户口时每个超生的孩子要交 2000 元的罚款，他没有钱交，家里除了大女儿和二女儿外，其他的孩子都没报户口。没有户口就没有身份证，也就无法取得学籍，甚至没法参加农村合作医疗。我在向乡、县两级教育主管部门上报学生人数时，是将虎荣翠和类似的孩子作为“借读生”上报的。这样的学生，田字格小学还有几个，他（她）们将来会怎么样？没有学籍他（她）们能进入初中吗？

考试刚结束，老师们就迫不及待地开始批改试卷。除二年级数学外，其他学科及格率都超过 50%，六年级的及格率达 80% 以上。由于没有参加全乡的统一阅卷，田字格小学各年级各学科成绩在全乡所处的位置不得而知，我估计在全乡能排个中游吧。

2013 年 9 月，南京民盟的朋友们上山时，盟员沈婷婷说她组织了一个助学团体，可以资助田字格小学的贫困且学习成绩优异的学生。我用了半个月的时间走访了一些学生家，最后确定了李江满、刘永江、李雪 3 名学生。

李江满是个读书的好苗子，他记忆力强，我上他们班思想品德课时，要求全班学生背诵《诚信歌》:“我中华，五千年，诚和信，世代传。说一句，钉个钉，言和信，不欺人。”读了三遍后，他就能背出来。但这孩子个性极强，有些支教老师批评他的话语尖刻了一些，他就赌气不吃饭、不做作业。当我告诉他，我已经为他联系资助对象时，小伙子嘴唇颤抖了一会。接着，我告诉他，我像他这个年纪时，也遇到过不顺心的事，也赌气，但是我始终没有忘记上大学的梦想，并且一直为这个目标而努力拼搏，最终实现了梦想。

当我把资助的 600 元钱交给李江满时，我问:“江满，知道该做些什么吗?”

“要感谢资助我的人，滴水之恩当涌泉相报。”

“还有什么?”

“要努力学习，考上高中，考上大学。”

第二天，他将一封感谢信放在我的办公桌上。

2014 年 1 月 7 日下午 4 点，最后一门考试刚结束，李江满和妹妹李江茶找到我。“孙老师，我们想和你照张相。”我爽快地答应了兄妹俩。

我将一床棉被和一双鞋送给了李江满。“老师，你是不是要走了?”我没欺骗他:“是的，我要尽快回到曲靖的茨营中学，那里有 1400 多学生等着我呢。”“你什么时候再来拉多呢?”“说不准，但我肯定会再上山的，看看学校，看看同学们。”

（选自《活页》2017 年第 4、5 期，总第 110、111 期）

人物

“中国绿化之父”

——回忆父亲傅焕光

傅　华[*]

在上海图书馆见到中国著名林学家和森林生态学家吴中伦院士的文章，称父亲傅焕光为“中国绿化之父”，我看后是又惊又喜。

傅焕光（1892—1972），字志章，江苏太仓浏河人。他 6 岁起在浏河入私塾 5 年，后由上海南洋公学（今上海交通大学）附小转中院，1914 年毕业（高中水平）。1914 年秋到 1915 年转南洋公学专科选读。1915 年毕业。同年由政府公费派送考菲律宾大学森林管理科学习，又转农科选读。1918 年学成回国后曾任东南大学农科编辑、绥远（内蒙古）实业厅农林科科长、代理厅长、江苏省立第一农业学校校长、江苏省立第一造林场场长、中山陵园主任技师、园林组主任兼设计委员、国民政府农林部中央林业实验所副所长、所长等职。

1949 年 1 月 25 日，淮海战役刚刚结束半个月，父亲被孙科调回中山陵园担任园林处处长，可谓临危受命，担负起维持陵园工作的重任。此时国共双方争夺英才之战十分激烈，蒋介石在上海召见他，当面指示他去台湾，华东野战军高层领导则致函劝其留下。面对抉择，他毅然决然留了下来。新中国成立以后，继续留任中山陵园园林处处长；1951 年，在华东农业部林业局副局长任上调至安徽从事林业科技工作 20 多年。1956 年

* 傅华，葛洲坝水利水电集团公司教授级高级工程师，国务院三峡枢纽工程质量检查专家组工作组成员，河海大学兼职教授，曾任长江三峡工程技术设计审查大坝专家组特邀专家。

加入九三学社，历任第二、三届安徽省人大代表，1960 年被邀为全国政协列席代表，1965 年当选为第三届全国人大代表。在“文化大革命”中，他受到非难和迫害，于 1972 年 11 月含冤病逝。父亲病逝后，组织上出于父亲对安徽的贡献，建议葬在黄山，而母亲则请求葬在南京，经当时九三学社和全国政协做工作，江苏省暨南京市以及中山陵园管理局鉴于他对中山陵园的特殊贡献，批准将傅焕光墓建在他一手经办修建的中山陵园风景区灵谷公园灵谷寺塔后的半坡上。1979 年初，在万里同志（时任安徽省委书记）的关怀下，父亲获平反昭雪，安徽省举行了追悼大会，马长炎副省长致悼词。

父亲一生著述甚丰，但多有散佚。中国水土保持协会和中国老教授协会林业专业委员会的一些专家学者经过历时三年的搜集、编校，由时任水利部副部长、后任国务院南水北调工程建设委员会办公室主任、党组书记张基尧和时任全国人大财政经济委员会副主任委员的原水利部部长汪恕诚亲任编写领导小组主任，终于在 2008 年由中国林业出版社出版了《傅焕光文集》。作为科学家的个人文集，篇幅近 120 万字，堪称鸿篇巨制，九届全国政协副主席钱正英院士和著名美籍华人社会活动家陈香梅女士分别题写书名。

在 80 年的生命岁月里，父亲踏遍祖国千山万水，饱尝千辛万苦，为祖国的林业事业和水土保持事业倾注了毕生情感、智慧、学识和汗水。

志存高远，锲而不舍——持之以恒的有志者

父亲“在中学时即立定志愿，对于立品则以无愧于心为旨，对于学业则以文艺科学二途并重，对于事业则以有益国计民生为归。”早年就读上海南洋公学时，父亲年年获品学兼优奖状，曾当选南洋学会副会长和纪念建校 20 周年筹备委员会委员，故由政府公费派送菲律宾大学森林技术管理科、农科深造。从此立志振兴中国林业，孜孜以求而不悔。农林学科是相当艰苦的专业，同去菲律宾大学留学的另外两位中国学生“均不耐劳苦

转学”，而父亲“则始终坚持到底”，因此获去菲律宾考察的黄炎培先生好评。人到中年之后，父亲还“常思排脱万难，以半世之余光从事森林、水利之研究，调查中国各大河流水源之状况及可以种植植物之种类，参以东西洋各国经营之方法之书授之人。”年逾花甲的父亲曾以“六十年来尘里老，驽骀奋志比骅骝”的诗句直抒胸臆，表达了老骥伏枥、壮心不已的豪情。到了古稀之年，他仍然没有在大城市颐养天年，却抛妻别子，跋涉于安徽的山山水水，为发展安徽林业殚精竭虑。人们称他傅老，他总说：傅老不老，以铭壮志终生。父亲把振兴中国林业的个人抱负与祖国的兴衰、民众的福祉紧紧联系起来，所以经常特别强调植树造林的重要性：“造林事业，大至关系国家安危，小至关系人民之贫富”；“森林为百年大业，直接关系国家资源，间接影响民生安危”；“哪个国家森林多，哪个国家就富强”。他曾经为安徽省林业厅陈蔼庭厅长挥毫题写：“林业四大任务：护林、造林、森林经理、森林利用；一条光明的大道，群众路线；一幅美丽的远景，要无山不绿、有水皆清、四时花香、万壑鸟鸣，替河山装成锦绣，把国土绘成丹青；新中国的林人，同是新中国的艺人。”诗一般的文字虽然出自傅先生的友人、已故林业部长梁希先生，却也表达了父亲矢志不渝绿化祖国、装点河山的愿景和决心。

淡泊名利，踔厉风发——成就斐然的开拓者

父亲一辈子淡泊名利，志趣高洁。由于长期在中山陵园工作的关系，与国民党高层蒋介石、宋美龄、林森、于右任、叶楚伧、孔祥熙等多有交往，但他“遵循孙中山‘要做大事，不做大官’的教导，放弃立法委员不当，去种树，有人曾提出让他当部长，他不要，只担任总理陵园主任技师。”不懈的追求成就卓越，崇高的理想铸就辉煌，在长达半个世纪林业科技和水土保持的探索中，父亲堪称一位开拓者。

首先，父亲对于中山陵园有开创之功。清朝人屈大钧在《孝陵恭谒记》中记载：“（紫金山）旧有松数十万株，苍翠荫森，皆六朝古物，今弥

望无一存矣。”到太平天国时紫金山由于成为军营屯扎之所，林木焚毁殆尽，几乎成为光秃秃的“石砾荒山”。辛亥革命之后，金陵大学农科教授、英国人裴义理创办的“义林场”和江苏省立第一造林场，在此栽种了一些树木，但整个紫金山除了明孝陵、灵谷寺及其他寺院周围数株古树外，其他树龄均不超过 50 年，已不复古时森森气象。1925 年 3 月 12 日，孙中山在北京逝世。遵照孙中山“吾死之后，可葬于紫金山麓，因南京为临时政府所在地，所以不忘辛亥革命也”的遗嘱，1926 年初动工兴建总理陵墓中山陵，划定墓区范围约 2000 亩。父亲当时恰好任江苏省立第一造林场场长，他热心倡议策动将紫金山造林场及紫金山省属全部荒山坡地划建中山陵园，以纪念孙中山先生的丰功伟绩。这一倡议得到中央、省、市各界人士的赞同。父亲本人则被聘请为总理陵园（又称中山陵园）主任技师、园林组组长兼设计委员会委员。

在总理中山陵园的 10 年（1928—1937），父亲作为陵园的主创人之一，负实际运作之责，参加了中山陵的整体规划，具体主持了多个重要项目的实施，其工作可谓筚路蓝缕，颇有开创之功。

- 与钱崇澍、秦仁昌、章君瑜等人共同创办了占地 3000 多亩的中国第一个植物园——中山植物园，并兼任第一任主任。几年间，在封山保护森林植被，开展大规模育苗造林的同时，与国外著名植物园取得联系，或采购或交换，共向美国、印度、日本、法国、德国等十多个国家引进树种 1300 余种，开创了中国大规模从国外引进树种的先例；与中央研究院等单位合作，派遣工人到各地采集野生苗木，开创了我国大规模驯化栽培野生植物的先河。

- 北伐战争胜利后国民政府决定在已毁于战火的灵谷寺旧址建国民革命军阵亡将士公墓，担任公墓筹备委员会委员、常务委员的多为国民党党政要员，大多只是挂名而已，作为公墓筹备委员会常务委员之一的父亲才是主持阵亡将士公墓规划和建设的实际负责人。

- 任国民革命军遗族学校筹备委员会委员和校董，从学校的筹备到日常运作，无不参与，倾注了很多心血，得到十分热心遗族学校校务的主席校董宋美龄的青睐，也得到学生的衷心爱戴，是遗族学校实际选址、建设、管理者。

● 创办了国民革命军遗族学校实验牧场，并进而发展成为中国第一个大型国营乳牛场——南京卫岗奶牛场。

● 参加了紫金山天文台、中央体育场、“小红山官邸”（现名美龄宫）等筹备建设工作。

● 负责规划陵园的道路工程和配套的绿化工程，总里程达 60 多公里，其中为迎接孙中山先生奉安大典建设的中山大道及陵园大道规划、采用了以“法国梧桐树”为行道树的方案。这条通向中山陵的绿色长廊为南京赢得美誉，至今福荫南京市民。父亲为此赋诗一首：“十里梧桐归我栽，如盖亭亭左右开。隔尽尘俗都不见，游人信步好徘徊。”南京的绿化闻名全国，父亲功不可没，因此也赢得了中国“绿化之父”的称誉。

● 著有《总理陵园小志》《总理陵园报告》等，为研究中山陵园的历史提供了第一手史料。

● 最早提出“中山陵园”的概念。钟山，又名紫金山。1927 年 3 月，即孙中山先生奉安大典的两年前，父亲在 1927 年 3 月所著《江苏省新农业建设计划大纲草案》中提出：“钟山为总理陵墓所在，宜全部划入，改为中山陵。建筑马路，布置风景，造成中外观瞻之名区。”

其次，父亲是中国水土保持事业的开拓者之一。早在 1921 年，当人们对于“造林以减少水灾寂然无闻”时，他就在《森林》杂志发表了《提倡造林以弭苏省水灾》一文，条分缕析江苏省水灾泛滥的几种情景和原因，透彻地指出：“此数患皆由江苏省位置地势酿成之”，“专以疏导为事，而不注意上源水流，疏导毙不见效”。因此，“治水灾，尤切于治上游”，“非根据江苏省位置地势，通盘筹划不为功”，“规划水源，择地造林”为“根本之计”，进而提出了具体治理途径：（1）防止海水倒流，营造固堤防风林，保证牢固的海堤和海塘；（2）防患太湖流域水灾，在西部水源山区造林，作为“节水流的根本之计”；（3）防治苏北水灾，在各河上游造林，“使水流从容宣泄，而淮北之灾可纾矣”。1922 年他发表《推广苏省林业之商榷》一文，对森林作了分类，其中列有保安林，包括水源造林、护塘森林、护圩森林等。

1942年初，他主动放弃在重庆相对优越的生活环境，携妻子、岳母和儿女搭乘货运卡车、马车等交通工具一路颠簸，举家前往自然条件相当恶劣的甘肃天水，出任一切需要白手起家的国民政府农林部天水水土保持实验区的主任。在十分艰苦的条件下，创建了中国早期水土保持机构——甘肃天水水土保持实验区，开展“径流小区试验，梯田沟洫，沟冲控制，柳篱挂淤，河滩造林，气象观测，地形测绘以及保土植物之育种与繁殖”等一系列科研工作；参加美国水土保持专家罗德民博士的西北考察团，历时百天，行程万里，写出了多份颇有价值的考察报告，如《小陇山林区勘察报告》《吕二沟察勘报告》《兰州附近荒山荒地察勘报告》等。

1945年，国民政府农林部考选科技人员前往美国实习进修时，父亲被膺选赴美国华盛顿大学及美国农业部水土保持总局研究部考察水土保持工作，撰写了《留美学习记提纲》。留美期间，以中国专家顾问名义分别参加了在加拿大召开的联合国农业会议和在美国召开的森林会议，发表了题为《中国的森林状况及林业问题》的报告，介绍了中国造林、森林经营及林业发展的一些情况。

1946年5月，父亲结束了历时一年的留美进修考察，仍出任中央林业实验所副所长兼水七保持系主任，其间创办了全国第一个水土保持训练班，培训森林、水利、农艺方面的大专技术人员，讲习水土保持技术，提倡山地植树造林，坡地种草放牧，平地从事农耕，以减少和杜绝水土流失。次年又在南京岗子村坡地举办水土冲刷试验。同时，他还向河南、淮南派员从事土壤勘察，开展水土保持工作。

解放后在安徽工作期间仍然致力于水土保持事业，他颇有见地提出了“水土保持的基本工作即是土地的合理利用，农、林、牧配合经营”的观点，并且提出了一系列因地制宜、卓有成效的水土保持措施。对于“三年困难时期”以来各地“为了弥补粮食缺乏……不遵守各项规章制度，无坡度的规定，无面积的限止，不择手段，不做好水土保持措施，不履行批准手续，任意开荒，破坏了森林、草原和牧场，影响了农田水利”的现象，他忧心如焚，以科学家的良知和胆识积极建言献策，如：1962年，在安徽省二届人大三次会议上提交了《请研究改善“烧火地”的经营方法》的建议；1963年，在第三次全国人大会议上提出了《加强水土保持工作，以提高农林牧的生产，推进社会主义建设》的建议，呼吁停垦还林，采取综合措施加强水土保持；同年，在中共中央、国务院联合举行的全国农业科技会议上作了《南方水土保持问题》的发言（吴中伦院士称此文为“南方水土保持经典之作”）；参与主持制定了《山地利用与水土保持》科学研究十年规划。

再次，父亲是中国早期杉木林全面考察的主要组织者。杉木是我国特有的树种，生长快，材质好，易加工，材质轻韧，强度适中，经久耐用，不怕白蚁蛀蠹，广泛用于建筑、家具、造船等各方面。抗日战争时期，父亲在重庆国民政府经济部农林司造林科科长任上，兼任农产促进委员会森林勘察团团长，亲自率员进行杉木林的全面考察，历时3年，足迹几乎跑遍全国重要的杉木林区，调查内容系统、广泛，考察报告洋洋50万字，只可惜因处战时而未能出版。

复次，父亲是中国栓皮栎大规模工业利用的开拓者。据1995年出版的《安徽省志·林业志》记载：“1951年，大别山林管处工程师傅焕光等人在金寨县汤汇一带，首次发现大片栓皮栎资源，建议开发利用改变栓皮工业依赖进口栓皮的状况。……1952—1985年共生产栓皮32800余吨。”栓皮栎的大规模工业利用使国家改变栓皮工业依赖进口栓皮的状况，获得了大量工业原料并出口创汇，山区农民取得了实实在在的经济效益，故称栓皮栎为“摇钱树”。父亲还撰写了若干有关栓皮栎的文章，其中已完成《栓皮栎》的初稿，原拟由中国林业出版社出版，后因“文革”动乱未能付印。直到“文革”后，于光明等学者继续此项工作，在原稿基础上充实完善，署名傅焕光、于光明的《栓皮栎栽培与利用》一书终于正式出版。

另外，父亲还是中国最早提出在3月设立植树节的人。1915年7月，在孙中山的倡议下，北洋政府曾规定以每年清明节为植树节。民国十六年

（1927 年）3 月出版的父亲所拟的《江苏省新农业建设计划大纲草案》一书提出：“应有大规模的栽培森林工作。按照本地土性所宜，设立大规模的树苗圃，并于每年春季特定几日为植树日（三日至五日）。使全体民众一致的担任植树工作同时就地方政府所有的公地或山地划为特别造林区域，延专门技师主持栽培，以立模范。”1928 年，南京国民政府鉴于我国南方气候因素，清明节作为植树节已偏晚，同时也为了纪念孙中山先生，决定将孙中山的逝世日——3 月 12 日正式作为法定植树节。据中山陵园史研究专家范方镇先生查到的史料证实：1928 年至 1937 年的 10 年间，每年的 3 月 12 日，傅焕光均在中山陵主持植树活动日。

还有，父亲是“碧根果”的引种者。美国薄壳山核桃，俗称“碧根果”“长寿果”，原产地美国和墨西哥，栽培历史很悠久，品种很多。国内的大规模引种在 20 世纪六七十年代。然追根溯源，中国最早的引进者就是父亲。1946 年父亲去美国考察，看到这种植物，觉得特别好，想引到南京来。可是美国人婉拒了。父亲就想了一个办法，用一根空心的拐杖作掩护，把掉在地上的种子悄悄拾起来。种子带回来之后，在南京的石象路种了一些，然后在位于苜蓿园家中的院子里种了一片。后来家里种的这些薄壳山核桃全都移栽到雨花台了，形成一片郁郁葱葱的核桃林。此后，美国薄壳山核桃逐渐在各地培植开来。

远见卓识，实心实力——别开生面的实干家

父亲毕生从事的园林建设、水土保持和林业科研事业是实践性很强的学科，不仅需要真知灼见，依靠真才实学，更有赖于跑腿动手实打实的忘我工作。父亲专业学养十分深厚，总是站在学科前沿考虑问题，所以就能够既立足国情，又具国际视野；既立足当下，又着眼未来。如筹建中山陵园时，父亲的远大设想是“建设成为世界有名的伟大公园之一，并使之有过之而无不及”，而在具体实施时又主张：“陵园事业应有确定之步骤”，“纵有图案设计，亦择最重要者，分年举办”。“全部布景建筑，当不失中

国原有文化精神，并且力求雄伟静穆，减去华藻。时时顾到生产，顾到将来之维持……布景时多种果木茶竹等，既合总理民生主义，亦可点缀风景，实长远之计也。”与很多埋头书斋的学者不同，父亲不是坐而论道，而是秉持南洋公学唐文治校长“实心实力求实学，实心实力务实业”的教诲，以一个“实”字贯穿自己的所作所为，一辈子的大部分时间在深山老林跋涉，在田野河边忙碌，是跳出书斋干实事做学问的典范。他不畏严寒酷暑，吃过很多苦。如 1942 年 12 月他率人进行甘肃小陇山林区调查，历时一月，写出了《小陇山林区勘察报告及初步管理办法》《小陇山林场土地经营计划草案》。这正是一年中最冷的时期，“极端最低气温 -23.2℃”，可想而知这种野外考察的艰苦程度。1944 年盛夏，又亲自组织技术人员进行同样十分艰苦的“水土保持实验区”的梁家坪试验场大比例尺地形图测绘，每天早出晚归，选点定线，测量计算，白天顶烈日测量，晚上边与蚊虫战斗，边在煤油灯下计算，住在临时工作房，吃在职工灶，每天工作达十多小时。

他的各个时期的诸多著作、论文大多源自实践，来自调查、考察，如民国时期的《江苏省各道属造林地调查录》《总理陵园小志》《松毛虫之性状及其防除办法》《水土保持与水土保持事业》《西部森林调查报告》《汶川白龙池视察记》，解放后写有《淮河流域水土保持规划草案》《安徽省佛子岭水库上游水源林计划草案》《石质山地造林技术》《栓皮栎》《安徽省主要造林树种造林技术》等。值得注意的是，父亲尚实、务实，特别重视工作的规划与落实，亲自写过大量在某些人眼里似乎说不上论文的工作计划、规划提纲、工作意见之类文本，然其实际价值实在不可低估。

情系民生，助人为乐——古道热肠的敦厚仁者

父亲深受儒家传统文化熏陶，又是基督徒，是充满慈爱之心，满怀爱意的人，其敦厚博爱的事迹俯拾皆是。如，在为之呕心沥血的中山陵园建设过程中，自始至终充盈民生情怀，关心底层民众疾苦，同情弱势

群体。他主张在陵园建设过程中注意“农村社会之改进”，“时时顾到生产”，“在陵园之内，除陵墓纪念林及其他重要优越地位加以布置外，其他所到之处，即皆见合法经营之田畴桑麻、果木、乔林。”他还认为：改良农民的生产和生活，应先从农村教育入手，并与著名社会教育家俞庆棠、陶行知、顾树森等人“在陵园四周农户聚集之处，设中心小学六所”。在《陵园改进事宜》一文中提出十项建议，不仅多处关涉民生，更有“改良农民生活”的专项条陈。南京刚刚解放的1949年5月，父亲即向人民政府呈《孙中山先生陵园改进大纲建议书》，提出四个方面的建议，其中三个方面均关乎民生：一是加强园林布置，吸引民众游览，调剂市民生活；二是增加农林生产，以达自给自足之目的；三是配合新民主主义政策，利用土地，改进附近一带农民生活。

1924年9月，江苏军阀齐燮元和浙江军阀卢永祥为争夺地盘而发生混战，史称“江浙战争”（又称“齐卢之战”），父亲编印了《江苏兵灾调查纪实》，揭露“官兵战死，无辜人民罹难，军费消耗，物资被劫，损失之重直使人痛心疾首”的惨况。

1946年4月自美国访学回国，父亲任中央林业实验所副所长兼水土保持系主任的同时，还任“农林部保土防沙造林工作队队长”，亲自到黄河花园口决口地区去种树，不仅生活艰苦，还遇到土匪侵扰。父亲所著的《河南黄泛区复兴之曙光》一文，记载了黄泛区“到处断垣残壁，矗立于砂砾之中”的凄凉景象以及工作队在中牟县开展保土防沙造林试点工作情况，并“希望政府陆续提倡，人民陆续推行，不独使泛区沙地改良利用，举凡黄河故道沙地，均能绿化”；文中还对“公谊服务社”的十多位外国人在中牟县开展的社会救济建设工作表示赞誉：“由美国生活水准降为中国内地生活水准，创业于沙丘瓦砾中，实属难能可贵”，“吾愿中央地方政府及社会热心人士，表示同情，加以协助”，以“重建城市，恢复农村”。

父亲向来既没有官架子，也没有大知识分子的“清高”，可谓古道热肠，肝胆相照。在中山陵园，他曾多次利用自己的社会地位和声望，为几名中共地下党员、进步青年担保；他曾冒险为避免国民党抓壮丁的青年设法改名、改年龄；他曾挺身而出保护得罪了国民党要员的陵园实习生，使其仍留陵园工作；在天水水土保持实验区，他可以盛一碗糊，啃着窝窝头，蹲在地上乐呵呵地大口吃着和工人聊着，一点也不觉得有失身份；他用通俗易懂的方法给农民工讲清为什么要种草的道理：请人拿来两块木板，上面覆盖泥土，其中一块再覆盖草皮，然后用水壶在上面浇水，没草的木板流淌的是泥水，盖草的流淌的是清水，两相比较，一目了然。

父亲爱才、惜才，对年轻人的爱护可说终其一生。他在创办天水水土保持实验区时人才奇缺，愿意到西北艰苦环境下工作者更是难得，但在他的感召下，接踵而来的竟然也为数不少；他解放前担任中山陵园主任技师和担任中央林业实验所负责人时，力挺一些出身贫苦但勤奋好学的年轻人出国深造，甚至多次慷慨解囊；解放后在安徽工作期间，由于山区条件艰苦无法吸引专业技术人员，他以林业界前辈专家和全国人大代表的声望，四处苦口婆心网罗人才。

父亲对师长、同事、同学尊重有加，对母校感情深厚。如著名教育家唐文治道德文章名闻宇内，其门下弟子为祝恩师七十大寿，倡议在无锡建筑纪念性的“茹经堂”，他立即慷慨解囊，与友人一起购赠地基，并“布置花木，点缀胜景”；唐文治创办的无锡国专在太湖畔购地数十亩拟建设新校，父亲以 400 株树木相赠，半桃半李，喻示恩师桃李满天下。又如有一位叫张毅庵的南洋公学同学，在美国留学期间不幸病逝，父亲就与其他同学一起整理遗稿，请唐文治先生作序以作纪念。

满腹经纶，博学多才——率性而为的文人墨客

父亲有着良好的教育背景，既读过传统私塾，又接受过现代新式基础教育，且自小刻苦勤奋，黎明即起，就在自家天井里读书背诵，古文功底甚是扎实。而以后就读的上海南洋公学，由著名教育家、国学大师唐文治掌校，注重厚植基础，工文并重，毕业生不仅大多专业扎实，而且极具国学人文素养。公派留学菲律宾和一年的美国进修访学，使父亲更上一层

楼，更具现代意识、国际视野。

父亲除了在自己的专业领域里具有广泛的影响外，亦可谓博学多才。如果说他的专业文章条理清晰，明白晓畅，那么他的游记散文则行云流水、清新隽永，毫不逊色于专业作家。如其代表作《三峡记》以及《游张家口赐儿山记》《想中事略》《母亲事略》《游明妃墓》等。他写三峡“浩瀚崔巍”：“凡所谓名山胜地者：往往一丘一壑，一亭一阁，已足吸引游踪令人流连，未有如三峡之浩瀚崔巍，二岸连山，亘数百里，争奇炫诡，竞露峥嵘者；或悬瀑布数仞，清涧一曲，令人心旷神怡。未有如三峡二崖间之悬瀑，千岩万壑，奔放倒贯，喷射飞舞，目不暇接者；是诚山水之大观，然未足以尽也。江流万折，山亦随之，连峰夹嶂，频江阵列，舟行其中，如入深谷，前不知其所去，后不知其所来，前后左右，青螺巑岏，尽日置身山光波影中，而无登临跋涉之劳，于旅程中得无上之忭慰。且三峡之胜不仅在伟大：其山势形态，整齐而有变化，庄严而兼逸丽，秀岩正壁，配合适当，青树赭石，渲染平匀，造化神工，非人力能致。”

他古典文学修养十分深厚，谙熟七律、七绝之类的近体诗，工作之余创作甚多，但由于时局动乱和历次运动，所写诗词未能全部留存。这些诗歌题材广泛，内容多为述怀、言志、咏史、写景、抒情。他的诗作，大多留作自赏或与家人共阅，也有一些诗是赠送友人或同行的。这些诗词感情真挚，格律规整，有着较高的艺术价值和历史价值。诗以抒情言志，读他的诗犹如读他本人，从中可以窥见他丰富多彩的内心世界。

他谦逊淡泊，《自笑》诗云：“自笑才疏未树勋，埋头苦干不辞勤。难争骥足驰都市，隐入深山伴白云。”又《别屯溪林场》诗云：“不与杏梅斗艳娇，甘同松柏避尘嚣。遇樵麋鹿常伴友，流水高山品自高。”

他倾情事业，短短20字的五绝《中山陵》洋溢着不可抑制的自豪感：“大道胜康庄，浓荫射翠光。朝忝先觉者，诚敬上灵堂。”七律《林海颂》则表达了一位林学家的绿色情怀：“锦绣徽州好山河，群山叠翠松竹柯。森森大连岭间树，重重杉木绿满窝。株株挺拔凌霄汉，洋洋无涯腾碧波。临风开怀看林海，欣然命笔书赞歌。”而《别陵园》无疑是含泪泣血之作，故特别注明："1937.12 南京沦陷前 11 天"，诗云："风雨凄凄江水寒，枫林叶落百花残。名园抛却无人管，回首崇陵不忍看。"

他挚爱家人，写给爱妻包菊仙的《寄内》诗云："我学森林你学琴，远离常使我沉吟。恨非钟子知音客，聊寄小诗达寸心。"《别内》诗云："轮动不可攀，踽踽独自还。儿女问爹讯，何日到下关？"

他悲悯弱势群体，《山农》诗云："辛苦耕耘犹短粮，时挑野菜咽饥肠。残茅披屋多山雨，败絮凝寒剩断床。日斧良材充戏料，夜明松干代床光。靠山劝作养山计，足食丰衣岁月长。"

他忘我工作，《元旦大雪赴大化坪》诗云："竹杖芒鞋踏雪行，分珠卒玉数心惊。耸尖杉塔晶为饰，展翼松冠鹤欲鸣。林径迂回入幽谷，珮环隐约听溪声。此行暂息尘埃事，一路看山到大坪。"

他通晓英文，早年翻译过《改进中国农业与农业教育意见书》《西北水土考察初步报告》等，译文虽半文半白，却简洁流畅。他在联合国森林会议和代表中国林学会参加在日本举行的林学学术会议上发表演说也都是直接使用流畅英语的。

他酷爱书法、擅长书法，还能画几笔山水，搜集古书字帖不菲。几十年如一日，只要手边有笔有纸，习字不辍，日常书信亦是喜用毛笔，给子女亲朋乃至身边的有志青年，馈赠过不少励志书法条幅。南京中山陵灵谷寺塔的北门楣上那块"有志竟成"的匾额就出自父亲之手。当时的国民政府主席林森常常会抱一卷宣纸来我家，请他代笔，以至于林森有个专为写书法用的私章干脆就放在家里，故很多题款林森的墨迹实际上是父亲代笔的"赝品"。于右任和邵力子两位书法大家也时常在晚饭后来家谈论书法，离开时往往要挑上几幅父亲的作品带走。

他从事过教育，早年做过东南大学农科秘书兼编辑，担任过江苏省立第一农业学校校长，抗战时期兼任过四川教育学院教授；他重视教育，特别是重视农村教育、实业教育，一再强调改善民生要从教育入手，发展实业要培养专业人才。在 1927 年撰写的《江苏省新农业建设计划大纲草案》第四章"农村社会问题"中写道："农村问题极为复杂"，要"以教育为前驱”，而“乡村教育须负二种重大使命。（一）培养农家子弟为健全之公民。（二）改进农家生活及增加农业生产。故农业教育乃合教育、农业二者，应以农业为体，教育为用，庶不蹈空虚。”“乡村妇女亦应与男子受同等之教育，为谋解放妇女之始阶。”他还提出了农政厅、农业大学、农民银行、农民协会四位一体的江苏省新农业行政组织架构之设想，其中要以农业大学为中心，推进全省之农业教育。他关注教育，翻译过《改进中国农业与农业教育意见书》，撰写过《美国人经营菲律宾教育谈》的教育考察报告；最重要的是他懂教育，他在《菲律宾森林教育之训练》中指出：“教育之精神在训练，训练之功效在实践。”又指出：中国的教育“入校门则煌煌之校训，大书特书”，而缺乏“实践校训告诫之方法”，于是“知行两歧，而训练之功微矣”。还指出：“训练为一种精神教育，由平素修养而成”，不“仅为普通德育上之训练，人人应具此同情，而训练最大之目的，在养成某种专门人才之习性，以应付某种专门事业之用。”他之所以要介绍菲律宾森林教育许多行之有效的做法，是颇有良苦用心的，他的不少教育观点，放到当下，仍然堪称真知灼见。

在1927年《江苏省新农业建设计划大纲草案》中，父亲提出社会解放问题要减少地租，佃户子弟应受相当之教育，“农村的孩子应与城市孩子受到同等教育”，同时提出“乡村妇女亦应与男子受同等之教育，为谋解放妇女之始阶”，可知父亲胸中时刻想着农民及他们的弟子，亦关注着妇女的教育解放。

父亲的生命历程远远超出了中国传统知识分子所追求的独善其身的范畴，而是与民族的复兴、国家的安危、科技的进步、人民的福祉紧密相连，在他身上所体现的爱国情操和崇高风范，将永远激励我们奋发前行。

（此文参阅了吴中伦、范方镇、凌君洋、凌微年所著的纪念文章以及吴忠民、傅承晖的口述，特此表示感谢！）

（选自《活页》2014年第1期，总第72期）

回忆高加索[①]

冯亦同[*]

站在高高的雪松下
我像擎着一束永不熄灭的火炬——
有她灼灼光华的照引
我不会在黄昏困顿中止步
有她勃勃绿焰的升腾
我知道怎样永葆火热青春

——摘自高加索 1983 年诗作《站在高高的雪松下》

南京的市花是梅花，市树是雪松。雪松，全称“喜马拉雅雪松”，因为其种属来自冰雪覆盖的世界屋脊——喜马拉雅山麓。南京古城墙下，尤其是在与钟山相望、与台城相依的玄武湖畔，生长着一排排高及城头的雪松，南京人称之为“宝塔松”。正是这一个个如同绿色巨塔般的守城卫士，高擎着“永不熄灭的火炬”，以“灼灼光华”见证了六朝古都的历史沧桑，以“勃勃绿焰”护卫和装点着今日南京的春夏秋冬。我每天早晚出门散步时都会从这里走过，常常会想起那位曾经吟哦在高高雪松下的已故

① 高加索（1923—1998），本名吕健军，安徽宁国人。中国作家协会会员，江苏省作家协会常务理事。南京市政协学习委员会副主任，南京市政协《爱国报》主编。

* 冯亦同，中国作家协会会员，国家一级作家。曾任南京市作家协会副主席兼秘书长，江苏省作家协会理事、诗歌工作委员会副主任，江苏省和南京市台港澳暨海外华文文学研究会副会长。

歌者——他，就是金陵诗坛上一位辛勤耕耘、高风亮节的文学前辈；也是南京市宣传文化战线上一位久经考验、矢志不渝的老战士，令我崇敬和深深缅怀的师长与同道——高加索先生。

一

我同高加索结识于1979年，那时南京市文联刚刚恢复活动。文协（文学工作者协会，南京市作家协会前身）秘书长刘舒约请高加索、孙成惠和我三人，作为文协诗歌组的召集人，当时已调任文协驻会干部的俞律先生也常与我们联系。大家一起商量成立了“半月诗会”，每两周一次在鼓楼检阅台下的文联办公处举行诗歌作者座谈，交流文艺信息，讨论研究作品。到会的有不少经历了“文革”磨难的中老年诗人，如赵瑞蕻、杨苡、高风（王劭）、王德安、池澄、马绪英、陆苇、郭浩、吴野，也有后起之秀如邓海南、周晓扬、王建一、杨毅，以及更后一点的余小平、范泓、路辉、沈常月。

那是拨乱反正、冰河解冻、大地苏醒的“早春季节”，20世纪40年代初就登上中国新诗坛，50年代中后期却销声匿迹的诗人高加索，就像是一座重新喷发的“活火山”，又开始了他献给祖国和人民的歌唱:《生命吟》《泪花吟》和《白发吟》三首熔铸着他半生坎坷经历又具有鲜明时代特色的抒情诗在《诗刊》上相继发表后，均引起热烈反响。构思新颖、想象丰富，辛辣地揭露极“左”路线的组诗《风·花·雪·月》在《雨花》获奖，个人诗集《秋天里的春天》由江苏人民出版社出版，更奠定了老诗人在江苏诗坛上的地位。80年代初，我调入市文联任文协驻会干部后，负责联系诗歌作者和“文讲所”（南京市文学创作讲习所）诗歌班的教学工作，与他的联系更多、更密切了。因为他不仅是文协诗歌组“三驾马车”之首，也是“文讲所”诗歌班班主任和任课老师，在随后组建的青春文学院面授班和函授部的教学中，他也是诗歌教学辅导主力和文学院顾问。在1985年以后南京市作家协会组织的各项诗歌活动中，如历年的诗歌朗诵会，举办首届金陵诗歌节（1988年）、金陵诗会（1990年）、扬子诗会（1991年）以及由作协和青春文学院主办的《朗诵报》《创作新稿》《文艺学习》《青春文学》等写作园地上，他都以自己的诗歌作品、创作经验谈以及“润物细无声”的积极参与、言传身教和热心支持，名副其实地发挥了金陵诗坛带头人的重要作用，产生了广泛又深远的影响。难怪书法名家萧娴老人为他题词时惠赠他一个雅号“诗国忠臣”。

在那些“诗人兴会更无前”的日子里，我也常到上乘庵10号的市政协院落里去看望他。他是市政协学习委员会副主任，《爱国报》创办后当了主编。该报立足南京，面向海内外，以鲜明的爱国宗旨、深厚的历史文化底蕴和活跃的版面，团结了广大读者和作者，特别是其《梅园》副刊，与文学界联系较多，还跟作协等单位联办过《我和我的世界》等征文活动。这一阶段，恐怕是高老一生中最忙、出力最多，也能发挥其所长，且忙得心甘情愿又愉快的难得时期了。他的周围，聚合着一批志同道合的办报人，不少都是作协会员、新老文友，因此编辑部同仁戏称他们的办公室为“第二文协”或“第二作协”。

我印象最深的是高加索的手稿和经他处理过的稿件。早在“文讲所”诗歌班担任辅导老师时，他批阅和修改学员习作就非常认真。曾获《青春》文学奖、后来调省作协继而出国的女诗人余小平的处女作《小雨滴之歌》，就是带着他深夜灯下的红墨水笔迹与烟灰烫痕，再加上热情的推荐意见送到《青春》诗歌编辑马绪英手中的。此稿不仅上了《青春》诗歌版面头条并获奖，还被当时极有影响的《新华文摘》所转载。他的手书总是一笔不苟，方方正正地填满了稿纸上的每个绿格子，恰像他踏实、严谨、热忱的作风。他主编《爱国报》后，工作量更大了。我也曾注意到，凡是经过这位主编之手的稿件，无论改动多少，修改得再潦草，像高明的理发师一样，总会被他修剪齐“胡茬”，勾勒好“眉线”，让人看得顺眼才送出门。这种并非是科班出身的过硬功夫，除了早年苦学、长期实践得来外，我想更多的因素还是出于他的自律和利人。1986年离休以后，他仍然担任南京市文联委员、作家协会理事、莫愁诗社社长、杭州初阳台文学创作园顾问兼南京分园主任。直到病倒的前一年，还为一位苏北来宁的打工妹出版的新诗集写序。他生前发表的最后一首诗，是写于1997年香港回归前夕的《寄给香港的心意卡》，也是我读到的他的最后诗作，在当年年底市委宣传部牵头组织的全国性征文中一举夺魁，名列榜首。

1998年春夏之交，得知他病重的消息，我约俞律先生同去他家探望，高老已病体不支，说话也没有力气了，但消瘦的脸上仍有笑容。去之前，我就听他的学生邓莺莺告诉我，老人这回的病不同往常，他已感到自己将不久于人世，因此曾要小邓和家人用轮椅将他带到中山陵去“走”一趟，好像在了他最后的心愿。但我和俞律仍不相信这个“最后”，虚岁74今天还是“小来兮”嘛，我俩坐在他的病榻前尽说宽心话，回忆老诗人的种种趣事，比如他不认路，刚搬进锁金村时，曾闹过几小时找不着家门的笑话；再比如，严重近视的他曾错把碘酒当咳嗽药喝下肚，当时下放在淮阴农村，连夜赶到附近的门诊部，结果门诊部不收，又坐拖拉机急送县城。被他拖累半生的老妻早就习惯了这样的“幽默人生”，也同我们一起为“高老头”打气，逗得他自己也苦笑着说“我尽出洋相”。其实我们都知道：“心不在焉”是诗人的“专利”，不然那么多好诗的“灵感”从何而来呢！

那天，望着他家墙壁上挂着萧娴老人手书“诗国忠臣”四个大字，我又向他报告省作协创办《扬子江诗刊》的喜讯，希望他身体好些后再提笔写诗，他没有表态，只是在同我们握别时，轻轻说了声“尽在不言中”——粗心的我并未留意，后来还是俞律先生提起：他想说的话太多、太多了！小邓听他的女儿说：爸爸到临终也没有喊叫一声，身上都发黄了，疼得满头汗，但不叫苦、不求人，默默地忍受、默默地耕耘和奉献了一辈子。

是的，这就是一切“尽在不言中”的诗人高加索，比我年长16岁的忘年交和良师益友。

二

高加索，本名吕健军，1925 年 3 月生于安徽宁国。这位皖南山乡的农家子弟，早年当过牧童，上过小学、中学，还教过书。据同乡老友周一凡先生回忆：青年吕健军在家乡办学，“因爱憎分明、蔑视权贵，留下许多佳话。他这个代理校长的名声远比前几任校长响亮得多”。1943 年，18 岁的他就在《前线日报》副刊上发表新诗处女作《弟弟·灯》，从此开始文学追求，用过珞珈、庄村、何时旦等笔名，因为思想进步，向往苏联的十月革命，又读了不少普希金、莱蒙托夫的诗，才给自己起了“高加索”这个日后打响的笔名。

抗战胜利后，他来南京上临时大学先修班期间参加了中共地下党。1946 年初，为了与国民党当局歧视迫害学生的倒行逆施做斗争，临大学生自治会组织了罢课、罢考和游行示威，被选为自治会宣传干事的他，作为 1000 多名同学的代表，在公开场合挺身而出，与国民党教育部次长杭立武正面交锋，陈述学生的正当要求，最后迫使杭不得不让步。当时学生运动的对立面是三青团南京市支团部，三青团曾竭力拉拢他，他不理睬，又企图利用他二哥（在国民党军队任职）的关系来威胁、利诱，均遭到他断然拒绝。当年地下党的战友张一锋、秦杰在怀念高加索的文章中说：“他以实际行动站在革命的一边，站在党的一边，他早期的代表诗作《弟弟·灯》就表明了他的心迹。他向往党，向党讲清了自己的历史和家庭情况，这一切，赢得了党和人民的信任”；“这场鲜为人知的斗争，教育了一些人，为后来的南京学生运动拉开了小小的序幕。”文章中还说：“在地下斗争时期，健军同志热情奔放，坚定地在党的领导下，战斗在敌人的心脏里，经受着白色恐怖的严峻考验，无愧于共产党员的称号。”

在从事学运、新闻和情报工作的峥嵘岁月里，高加索也以笔为枪，在《大公报》、香港《文汇报》、《诗创造》、《诗与木刻》上发表诗与散文，反映农村苦难、抨击黑暗现实、呼唤黎明的到来，其诗作《观音土》《江南谣》《野火》都曾在“国统区”诗坛上产生过较大影响。为了推动新民歌运动，他还和丁力、胡牧、熊涟波联合出版民歌体诗集《花开满地又一春》。1949年4月23日南京解放后，他是南京青年文协（南京市青年文艺工作者协会，1949年5月9日成立）、南京文联（中华全国文学艺术界联合会南京分会，1949年11月20日成立）和南京市诗歌工作者联谊会（1950年5月27日成立）最早的成员，也是当年南京诗坛上最活跃的诗人之一。他的第一本个人诗集《江南谣》由正风书店出版，当时他在市委宣传部工作，为了响应“抗美援朝”的号召，他将写书的500元稿酬全部捐献出来，这在当时可是一笔“巨款”。就是这样一个公而忘私、全身心投入新社会的人民公仆和热情歌者，却在接踵而来的政治运动中，变成了“革命”对象、人民之“敌”。先是因探讨文艺理论问题与尚未谋面的胡风通过两次信，就在反胡风运动中被关进娃娃桥监狱，坐牢受审近一年。1957年又因为参与筹建南京文艺界“江南草”同仁诗社，被打成右派分子，送到南京郊区一个小煤窑里劳动了三年，直到1961年才回原单位摘掉右派帽子。没过几年又碰上了“文化大革命”，先是到五七干校边劳动边受审查，后来全家下放到苏北泗阳农村，当过基层供销社营业员、县土产公司办事员，这一“下放”便是九年。十一届三中全会之后，他的“华盖运”总算熬到了头，错划“右派”被改正，党籍得到恢复，重回南京市政协工作，迎来人生和诗歌创作的“第二个春天”。

1998年7月19日在石子岗殡仪馆送别高加索的时候，那些从青年时代起就熟悉他、了解他，同他一起参加革命、为迎接黎明而战斗，解放后又同甘共苦数十载的老同志们，谈起这位刚刚离去的故友都唏嘘不已。前《江海学刊》主编、著名杂文家姚北桦先生说：“高加索的一生真是一个‘苦’字！无论他在哪里工作，埋头苦干，任劳任怨，受领导赏识、群众欢迎的，都是他；然而一搞运动，哪一次挨整也少不了他！”人家还说，这些年落实政策，“文物出土”，他同样做出不少贡献，该享享清福了，但这位老党员、老干部、老诗人的家庭，清贫得令人难以置信：他家装电话远在一般居民之后，住房购买，几千块钱都掏不出。记得他在《诗刊》上发表过一首《羡慕》，诗中提到不羡慕珠光宝气的华屋、不羡慕灯红酒绿的生活，诗人恪守着“家徒四壁”中的精神追求和心灵富有——正是从这些抒怀明志的诗文里，我才感受到他脸上常带着笑容的深刻内涵，也找到了他不叫苦、不伸手的真实答案。

将这位一切“尽在不言中”的前行者留下的诗文精品，搜集起来传承下去，连同各个时期的同道同行对他的缅怀，出一部“爝火不熄”的纪念文集，是那天为他送行的生前友好的共同约定。经过多方筹备和酝酿，由姚北桦等16位同志联合署名、为编印《高加索诗文选》的捐款倡议书于次年4月发出，短短一个月内，就得到了来自天南地北数十位热心朋友的积极响应。与此同时，由原《爱国报》编辑董纯、市文化局老领导黄文虎和我三人担当的搜集、整理文稿和编辑出书工作也在高加索家属亲友配合下得以完成。1999年夏天，当诗人逝世一周年之际，在南京市政协的小礼堂内，一场别开生面的“诗人追思会”与“新书首发式”同时举行。布置得简朴、庄重又气氛热烈的会场上，真是“高朋”满座——高加索的老友新朋、故交同事、学生粉丝，济济一堂。大家打开印有他遗像和“诗国忠臣”题字的《高加索诗文选》，深情回忆他的生平往事，朗读和回味他的诗文作品，诗人的音容笑貌仿佛就在这簌簌书页与琅琅诗声中，伴随着他那一程程历尽艰辛、来之不易的《秋天里的春天》《春风点燃的生活》，伴随着他笔下酸甜苦辣、喜怒哀乐，贯通了古今诗史的《白发吟》《泪花吟》。

三

几年前，我在芜湖安徽师范大学参加诗歌活动，听该校文学院研究现代诗歌的专家杨四平教授说，他编撰20世纪40年代新诗史料时，十分关注高加索早期的作品，对这位安徽籍诗人的生平和后期作品也很有兴趣，我当即表示我会将老诗人身后出的一部纪念文集赠送给他。而当我正准备然诺时，却遇到了一个难题：住在江宁区的女诗人屏子多年搜寻《高加索诗文选》未获，听说我处存书也打电话来要，而我手中能拿出来的“赠送品”只有这一本了。商量的结果是此书先寄给屏子，由她阅后再直接寄给杨四平教授，可谓“两全其美”。后来屏子告诉我，她是将这部她视为“海内孤本”、两三百页厚的诗文集全部复印下来才寄出的，因为她不但喜爱这位文学前辈的诗与散文，高老师还是她诗歌创作的领路人。当年是高老来江宁担任诗歌征文赛主评委，发现和点评了还是中学生的屏子习作，给了她很多鼓励和指导，今天“百年新诗优秀作品”的排行榜上，才有了屏子这位优秀诗人的名字和她的代表作《给我那当矿工的父亲》。

我不禁想起高加索有一首为人称道的自白诗《我是一块老姜》，诗人巧妙地借用“老姜”的形象比喻自己，诗中写道：“鲜嫩的姜汁早已失脱，/只剩下一副干瘪的躯壳，/瓤子全是粗糙的经络。/而且，我是一块被切制过的老姜——/如今被糖水浸着，酱油泡着/既不能当佐料，又不能入药”，但诗人并不气馁，更无牢骚，仍自豪地声辩：“我还不是一块变质的老姜——/驱寒提暖的性能并未全部淹没，/若细细咀嚼，根根经络仍然热似火，/因此我相信，这世界还用得上我！”诚然，做一块没有变质的老姜，在人心浮躁、世事多变的今天更不容易，更需要一种操守、淡泊与坚定。难得的是，他的谦和、朴素，他的正直、真诚，他对文学事业的执着追求以及他通过作品所表现出来的那种公民诗人直面人生的清醒、植根于现实的理想与浪漫，由此而形成的鲜明个性和人格魅力。他的学生，也是他最后几年负责初阳台文学创作园南京分园所结交、提携的诗人和报告文学家、钟山文学社骨干徐良文，如此描述他心中的《高加索印象》：

第一次读到你，想象遥远的山脉，高峻、寒冷、荒芜。第一次见到你，才相信：你是地道的龙神呵，屈原的后代、杜甫的子孙。本来不高的身材，背一副沉重的枷锁。岁月之犁在你额上，犁几道深沟，解释道路的坎坷；画一幅风景，青山夕照，满目葱翠，一颗苍老的头颅依然年轻；几根刺毛，竖一面旗帜，据说钢盔也没能将它压平……我敢说：谁读懂了你，谁就读懂了诗；谁就知道诗不会老去！

同是“五七战士”并获过新时期全国诗歌大奖的著名诗人朱红，有一手“剪影”的绝技，曾为高加索留下一幅堪称“神形兼备”的剪影，尤其是那影中人后脑勺的“几根刺毛”，惟妙惟肖。高加索本人对这幅剪影也非常喜欢，专门为它写了一首《自嘲诗》，从中也能看出老诗人的睿智、机敏和风趣：“一颗半侧的苍老头颅 / 给透明世界涂了一团黑影。/ 后脑勺翘起几撮刺毛 / 钢盔压了多少年也没压平。/ 尽管借助一副眼镜 / 看人间事也还是模糊不清。/ 似在沉思，似在遐想 / 半截子灵感燃烟尚未燃尽 / 手指头仍然向前半屈半伸，/ 似在回忆，似在憧憬 / 瞳孔变焦对准正午的风景 / 老姜抽芽白发吟罢黑发生。”（引自高加索组诗《春风吹燃的生活》题记，曾收入莫愁诗社同仁诗集《正午的瞳孔》，江苏文艺出版社 1989 年版）

值得一提的还有：老诗人留下的文学作品中，除了诗与散文外，还有一篇近万字的短篇小说《红漆嫁妆》。小说以 20 世纪二三十年代皖南山乡“太平村”为背景，刻画了一个走村串户、行侠仗义的青年漆匠刘凤岐的形象。时间跨度从抗日烽火、国共斗争，一直到新中国成立后，主人公的命运曲折多舛，强烈、鲜明的个性中，融入了太多的时代印记与乡土特色。俞律先生在对高加索遗作的评论《生与死的感悟》中说，“我愿意肯定它是篇大散文。他写了一个在他生活中出现过的大能人，然而只是一颗流星，轻易就陨落了，这是一首对生命的复杂的咏叹调”。我同意俞老的评价，但更觉得《红漆嫁妆》不仅意蕴深刻、内涵丰富，而且极具情感和视觉的冲击力，如果有幸碰到张艺谋或姜文那样的电影高手，也许会演绎出一部能够与《菊豆》或《让子弹飞》相媲美的“银幕诗”。《高加索诗文选》收入了这篇作者生前从未发表过的遗稿，我希望有一天能让更多的读者看到它。

诗人终究是诗人，高加索笔下概括力最强、流传也最广的诗，当数他写在 20 世纪 80 年代《诗刊》社与洋河酒厂联合举办的“诗与酒”笔会上的即兴之作。那次笔会堪称我们这个泱泱诗国和产酒大国“诗酒风流”的当代峰会，几乎诗坛上所有名流悉数到场同台竞技，然“斗酒诗百篇”

中真正扣人心弦又让人过目难忘的，恐怕只有高诗人的短短八行诗《酒之韵》：

少年不识愁滋味
小口品，大口品
苦酒烈酒品了大半生
品得眼花头又晕
老来才知酒滋味
不想品，不敢品
敬酒罚酒一概不动心
留得醒眼看浮沉

说得多么好啊——“留得醒眼看浮沉”！至今多少年过去，无论我身在何方，面对怎样的风景，只要心头飘过老诗人这一句闪烁着真知灼见的生命绝唱，我就会像站在南京古城墙下观看湖光山色、朝云晚霞那样，神清气爽，如沐春风，眼前也浮现出那一排排高及城头、擎举着绿色火炬的喜马拉雅雪松。

（选自《活页》2014 年第 3 期，总第 74 期）

我跟蒋赞初先生 30 年

卢海鸣 *

我从 1983 年认识蒋赞初先生，迄今已逾 30 载。30 年来，我们之间的师生之情，延续不衰，历久弥新。

一

蒋先生是江苏宜兴人，1927 年 5 月出生在辽宁省安东市（今丹东市）一个职员家庭，1934 年回到家乡宜兴。他幼年丧父，少年失母，好不容易才于抗日战争胜利前夕毕业于流亡在宜兴的苏州中学。1946 年考入国立中央大学，先读地理系，后转到历史系，这一专业方向的改变，使中国少了一位地理学家，却多了一位考古学家和南京地方史专家。1950 年蒋先生大学毕业后，进入南京博物院工作。1957 年调到南京大学历史系任教，迄今长达半个世纪。蒋先生毕生致力于考古学和南京历史文化研究，以其学术上的杰出造诣，曾任全国哲学社会科学规划考古学科组成员、国家教委人文社会科学规划考古学科组成员；2009 年，荣获中华人民共和国文化部、国家文物局授予的“中国文物、博物馆事业杰出人物”称号；2013 年，荣获江苏省委、省政府授予的“江苏社科名家”称号。

1983 年秋天，我第一次在南京大学西南楼的教室里见到蒋先生，那

* 卢海鸣，南京出版传媒集团总经理、党委副书记兼南京出版社社长，南京城市文化研究会会长。

时我还是一名刚刚踏入校园的本科生。当时蒋先生是南京大学历史系考古教研室主任兼历史所六朝史研究室主任，是考古专业的学科带头人。他上课时娓娓道来，如数家珍，语速快慢适中，气度温文尔雅，让我肃然起敬，也让我第一次领略到名校名师的风采，从此在心底播下了师生结缘的种子。

1986年下半年，我们83级考古班的15位同学被安排到徐州北洞山进行考古实习。此前，我们曾经在湖北宜昌三斗坪中堡岛（今天的葛洲坝所在地）发掘过新石器时代遗址，这一次是发掘汉墓。蒋先生亲自担任领队，在考古现场的发掘工作中，蒋先生率先垂范的忘我精神，严谨求实的治学态度，注重实地考察的治学作风给我留下了难忘的印象。

北洞山位于徐州铜山县境内，京杭大运河北岸。我们到达徐州的时候，正值盛夏季节，天气炎热干燥。北洞山汉墓坐落在一个有近千户人家的大村庄中，原来是一个隆起的大山包。墓室就深埋在这个大山包下面。

我们到达北洞山的第二天，蒋先生就带我们来到现场。第一步要做的工作是摸清墓室内的情况。墓室有多大？有没有遗物？墓室中是否缺氧？有没有毒蛇和害虫？诸如此类的问题萦绕在我们的心头。

墓葬深埋在地下，要想进入墓室，只有一个盗墓贼留下的很小的盗洞可以利用。我清楚地记得，当时蒋先生问谁愿意跟他先下去探一探墓室内的情况时，同学们争先恐后，蒋先生居然挑选了我，让我兴奋不已。我后来能跟随蒋先生攻读硕士研究生，莫非这是一个预兆？

说老实话，我当时表面上故作轻松，实际上心里还是比较害怕的。因为墓室里会出现什么情况谁也无法预料。我们两人头戴橘黄色的安全帽，身着长袖衣裤，脚蹬长筒靴子，手执电筒，顺着倾斜的盗洞滑进墓内。

墓室内漆黑一片。我们借着手电筒光在迷宫般的墓室内缓缓移动着。前室、后室、侧室……电光朦胧，我紧跟在蒋先生身后，心怦怦直跳。蒋先生镇定自若的步伐感染了我，让我变得勇敢起来。也不知过了多久，我们考察完了墓室内的情况后，才从盗洞爬回到地面。我们出来后，既兴奋又紧张，满身汗湿透了，衣服和靴子上沾满了泥浆。

在墓室外面等候的同学们见到我们平安地从墓室中出来，一个个松了一口气。可以想见，在当时没有现代化通信设备的情况下，地上的同学们见我们长时间没有出来，心中有多么的担心了。

摸清了墓室内的基本情况后，蒋先生制订了详细的考古发掘计划，发掘工作有条不紊地开展起来。

当考古发掘工作进展过半的时候，终于有了意想不到的重大收获——劫后余生的金带钩、鎏金楚邸铜印、楚御府铜印、玉璧、玉佩、玉剑珌、玉衣片、大量的彩绘陶俑，以及数以万计的秦半两和西汉半两铜钱相继出土。

考古工地现场每天都有大量围观的当地百姓。珍贵文物出土的风声一旦泄露，引起不法分子的注意，将会危及这批珍贵文物乃至发掘者的人身安全。我们都知道其中的利害，所以大家严守秘密，没有透露半点风声。

当时这批文物临时存放在我们的住地——北洞山小学，白天有人看着倒还凑合，而到了晚上即使有人看着也不安全。而移交给当地文物部门则需要一些时日。

在这个时候，蒋先生指示将所有的珍贵文物全部存放在他的房间——实际上是学校的一间小阁楼上。不知是命运的安排，还是缘分——我个人更多地相信这是一种缘分，蒋先生居然又点到了我的名！他要我陪他晚上住在一起，共同看护这些文物。

在陪住期间，蒋先生看上去若无其事，而我的心里则始终有些忐忑不安。我从李晓辉师兄那里借来一杆猎枪，权作壮胆的工具。大家心里都明白，在徐州北洞山这个偏僻村子里，谁将珍贵文物放在身边，无疑是随身带了一颗定时炸弹，稍有不慎，就会惹来杀身之祸。蒋先生遇事不慌、从容自若，令我暗暗折服。我们在平安中度过了一个又一个难眠之夜，终于顺利地完成了这批文物的移交工作。

在徐州北洞山与蒋先生两次单独在一起，虽然时间不长，也没有过多地交谈，但是，竟然注定了我一生的研究发展方向。

二

1987年大学本科毕业那一年，我考取了蒋先生的硕士研究生，研究方向是六朝考古和历史研究。如果说本科阶段的学习，学生与各门授课老师之间的感情是“不亲不疏”的话，那么研究生阶段课程一对一的教学，使我有更多的机会接触蒋先生、了解蒋先生、认识蒋先生。

我个人深知，像我这类学生虽勤奋有余，但天分平平，不善辞令，并不是所有老师理想中的学生。而蒋先生有教无类，因材施教，针对我的实际情况，除了课堂授课外，还派我考察常熟等地的考古工地，增强我的田野考古工作能力；让我给低年级的学弟、学妹上课，锻炼我的口头表达能力；带我参加在常州、合肥等地召开的各类学术会议，让我有机会接触学界的前辈，增长见识，开阔视野。

通过课堂教学、实地考察、参加学术会议等手段，使我对于本专业的基本知识和学术动态立体起来、丰富起来、完善起来，研究的目标也更加明确起来。我选择了《六朝建康城若干问题研究》作为自己的硕士论文研究课题，蒋先生给我开列了长长的参考书单，经过两年多的学习，我终于写出了约5万字的论文初稿，当我将论文初稿交给蒋先生后，心里一直惴惴不安。一方面这是我第一次写硕士论文，另一方面，自己的功底太浅，论文还很不成熟和规范。经过约半个月的等待，蒋先生将批阅后的论文还给了我。拿到论文后，只见上面被改得“体无完肤”，足见蒋先生的严谨治学作风。在蒋先生的悉心指导下，我对论文进行了反复修改，最终顺利地通过了由卞孝萱先生主持的硕士论文答辩。在论文写作过程中，蒋先生言传身教，不仅教会我做学问的方法，也教给我做人的道理，让我终身受益无穷。

1990年我研究生毕业后，走上了工作岗位，每当我游刃有余地应付各类文字工作，并在六朝都城和南京民国建筑领域进行深入研究的时候，我都深深体会到蒋先生的传道、授业、解惑之功。蒋先生重视微观研究、注重实地考察的学风深深影响了我，激励我克服重重困难，完成对六朝都城遗址和民国建筑的实地调查工作，从而取得了一些为学界认可的成果。

三

离开南大校园后，有幸与蒋先生生活在同一座城市，使我与蒋先生的缘分得以延续。俗话说："近水楼台先得月。"我也不例外。在30多年里，蒋先生不仅给予我学术上的指导，而且还在我的工作上给予无微不至的帮助。

蒋先生半个世纪以来亲自主持发掘和考察的各类遗址和墓葬以百千计，发表的著作有多种，论文更是不胜枚举。代表作有《长江中下游历史考古论文集》《鄂城六朝墓考古报告》《徐州北洞山汉墓发掘报告》《宜兴紫砂》《南京大学文物珍品图录》《南京史话》等。这些作品让我受益匪浅，而其中给我影响最大的可能要数《南京史话》了。

蒋先生在南京生活了将近70年，对南京有着特殊的感情。他从20世纪60年代初开始，在前后50年的时间里，陆续发表了一系列有关南京地方史方面的研究文章，如《南京城的历史变迁》《南京地名考略》《南京东晋帝陵考》《十代故都》等，提出了许多独到的见解，解决了许多南京历史上遗留下来的问题，从而奠定了蒋先生本人在南京地方史研究领域至高无上的地位。

《南京史话》一书从严格意义上来讲，是一部深入浅出的学术专著。它是蒋先生1962年应历史学家吴晗教授的邀请而写的，1963年被吴晗先生列入"中国历史小丛书"，由中华书局出版。这部书生动真实地勾勒出南京历史的发展脉络，填补了南京史研究领域的一项空白。1980年，蒋先生又进行了大量增补修订，由江苏人民出版社出版。1995年，南京出版社又将这部书列入"可爱的南京丛书"出版。这部深入浅出、文风朴实无华的历史著作，历经50年而常销不衰，哺育了一代又一代南京人。这在同类出版物中恐怕是独一无二的，可以说在中国地方史研究领域树立了一个典范。直到目前为止，还没有任何一部有关南京的专著突破和超过《南京史话》。

受蒋先生的影响和熏陶，大学毕业后，我对南京史研究产生了浓厚的兴趣。《南京史话》成了我案头的必备参考书。这些年来，南京地方历史文化的学术研究成了我与蒋先生之间联系的一条重要的纽带。下面略举几个事例：

1997年，蒋先生将我推荐给他的老同学梁白泉先生，我在参与梁先生主编的《南京的六朝石刻》一书的过程中，受到前辈的悉心指教。

2000年12月，蒋先生为友人杨新华和我主编的《南京明清建筑》撰写序言，极力向读者推荐这部作品，给了我们莫大的鼓舞。

2002年5月，蒋先生为拙作《六朝都城》撰写序言，充分肯定了这部专著，字里行间洋溢着对弟子的关爱和厚望。

2004年春节，蒋先生为我牵头组织编写的《南京历代风华》一书撰写序言，赞美有加。

2005年，蒋先生应我的邀请，亲自撰写《魅力南京·城》一书，此书出版后，获得江苏省和南京市外宣品图书一等奖。

2009年，蒋先生应邀担任南京市重点文化项目——《金陵全书》的学术顾问，与茅家琦、梁白泉先生一起，对书名、书目、作者等方面的问题给予具体指导，从而使《金陵全书》出版后好评如潮。

我所见到的蒋先生文稿，都是一笔一画地写在方格纸上的，字迹秀美，柔中有刚。每一件文稿，不仅是严谨的学术作品，同时也是值得珍藏的艺术作品。从这些文稿中，我切身体会到蒋先生对我的提携、对南京这座城市的热爱。

提到蒋先生给予我学术上和工作上的指导帮助，不能不提到师母张彬老师。30年来，我是蒋先生家里的常客，在蒋先生家里，几乎每次都能遇到师母。师母对我的生活非常的关心。我刚在南京安家时，除了一只棕色皮箱外，一无所有。恰巧蒋先生和师母的儿子和女儿刚刚出国，就将锅碗瓢盆送给了我，解了我燃眉之急。到如今，我家中的餐具更新换代了好几茬，而师母送给我刨土豆的刨子，一直用到现在我都没舍得扔掉。每当我看到这把刨子时，我都能感受蒋先生和师母对我的关爱之情。

认识蒋先生30多年来，我从来没有看到蒋先生与师母红过脸，蒋先生与师母的相濡以沫、恩爱相伴给我留下了难忘的印象。2014年初，长期受白内障困扰的师母在我的推荐下到江苏省中医院检查眼睛，蒋先生陪同前往，顺便也做了检查，医生诊断师母的白内障需要立即做手术，蒋先生也有白内障。为了能够在医院陪伴师母，同时让师母安心，蒋先生毅然决定也做手术。他与师母同住一个病房，形影不离，两人顺利地做了白内障摘除手术。

蒋先生和师母对子女的教育也非常成功，他们的儿子和女儿都学有所成，孙辈更是青出于蓝而胜于蓝，这在无形之中，也成为我们学习的榜样。

四

进入21世纪后，在全球化经济大潮中，我国各地发生了翻天覆地的变化。许多历史文化名城在旧城改造过程中，名“城”实亡，失去了原有的风貌。南京，这座拥有将近2500年建城史和450年建都史的十朝故都，也遭受到城市化浪潮的冲击。许多古建筑、古河道、老街巷变得面目全非，丧失自我。

蒋先生身为江苏省暨南京市文物管理委员会委员、南京历史学会名誉会长，看到南京“日新月异”的变化，焦急万分。他联合东南大学建筑系潘谷西教授、南京博物院原院长梁白泉研究员，形成了“三驾马车”，以他们的学者身份和在学术界的地位担当起了南京城市保护神的角色。

蒋先生出于对南京这座城市深沉的热爱，全然忘记了自己的年龄，以年轻人都没有的干劲和热情，常常出没在南京的各个考古工地和大街小巷。就我个人而言，就曾经陪同蒋先生一起考察过六朝石刻、六朝建康城遗址，还考察过南京城内的民国建筑。蒋先生通过实地考察，获取了大量的第一手资料，撰写了一份份报告，呼吁保护南京的建筑、遗址、墓葬和街巷，引起了省市乃至中央领导的高度重视。

南京图书馆负一楼陈列展览的六朝建康城遗址——“淹没的皇宫”就

是蒋先生等专家呼吁的结果。

那是2003年，南京市博物馆考古部考古专家王志高先生在南京图书馆新馆工地配合基建，进行考古发掘，发现了六朝时期的砖砌道路、排水沟、古井、城墙，同时出土了大量的人面纹瓦当、兽面纹瓦当、瓷器等遗物。这显然是一处极为重要的六朝遗址。我到现场看后，也感到无比的震撼。然而，南京图书馆工地的隆隆机器声让人无法兴奋起来。因为不久在这片重要遗址上将建起一座现代化的图书馆，这些重要的考古发现将荡然无存。怎么办？现场主持考古发掘的王志高先生心急如焚。他立即拨通了蒋先生的电话。

平时性格温和的蒋先生听说后立即就要到现场考察。我和妻子受王志高先生的委托，立即陪着蒋先生和师母张彬老师赶到了现场。蒋先生看后，显得有点激动。经过蒋先生的鉴定，这正是消失1500年之久的六朝建康城遗址！扑朔迷离的六朝台城，终于露出了它的冰山一角。他当即表示，这样重要的遗址，如果不保留下来，将上有负古人，下愧对子孙。回家后，他立即起草了一封给江苏省委、省政府与南京市委、市政府主要领导的信，并和潘谷西、梁白泉两位先生一起，郑重地签上自己的姓名。

江苏省委、省政府与南京市委、市政府主要领导接信后，非常重视，组织了多次专家座谈会，最后确定一个折中的方案，将台城内重的东南城垣一角原址平移到今天的位置。如今这里成为人们直观感受六朝历史和文化的重要场所。

如果说六朝建康城遗址得以部分保存下来，浸透了蒋先生等几位先生的一片心血的话，那么，对于门东、门西地区的保护，蒋先生则是奔走呼号，不遗余力。

门东、门西地区是指中华门内以东、以西一带。这里是老南京人的居住区，也是南京历史上手工业者和商人聚居的地区。这里的老街巷最具有南京本土特色，房屋多为明清时期的中国传统建筑，高一至两层，砖木结构，青砖小瓦。这是南京城内仅存的一片具有民族底蕴的老街区，它与颐和路民国公馆区、总统府、梅园新村民国建筑群，共同构成了南京文脉的一个重要环节。但是，随着时间推移，这一地区也面临着被开发的危险。

2006 年，南京秦淮区首先在门西地区启动了大规模开发建设的进程，计划以高楼大厦取代现有的民居。一幢幢民族风格的建筑被涂写上了大大的“拆”字，相继倒在推土机的巨铲下。著名作家叶兆言先生闻讯后，非常着急。他希望蒋先生能够出面，阻止事态的进一步发展。我当即把蒋先生的电话告诉了他。第二天，蒋先生和梁白泉先生在叶兆言先生与《现代快报》记者们的陪同下，赶赴门西地区，眼前的景象令人震惊，南京地区一片特色区域正被拆得七零八落!

蒋先生考察后，回到家中，气愤不已。除了由《现代快报》及时以“告别老城南”为题进行报道外，有关人士还将这一消息通知了北京的侯仁之、吴良镛、宿白、罗哲文、谢辰生、陈志华和徐苹芳等 12 位专家，他们起草并先行署名“关于保留南京历史旧城区的紧急呼吁”，并由北京大学的博士生姚远带到南京，再由南京的蒋先生和梁白泉、潘谷西、叶兆言先生联署后，向江苏省、建设部和国家文物局寄发，并通知南京市政府，从而引起了建设部、国家文物局乃至国务院总理温家宝的关注。

建设部、国家文物局迅即组织专门的调查组，到南京进行调查。最后，有关部门不得不调整了原先的规划方案，提出了“整体保护，有机更新，政府主导，慎用市场”的新方针，并停止了拆除城南民居的行为。对于城南民居，则采取了“镶牙式”的保护方式，即对有价值的民居予以保护下来，对于在已经拆除的民居上新建的建筑物，保持与原有建筑风格的协调。在蒋先生等专家学者的倡议下，对于城南民居的调查研究更加深入，专业调查人员得以由室外调查进入室内调查，从而确保有价值的城南民居得以保存下来，这才有了今天的“老门东”风貌区。

在古都南京特色和风貌的保卫战中，蒋先生等为南京这座城市执着地奔走呼号给世人树立了光辉的榜样，蒋先生等以学者的力量承当了南京城市保护神的角色，不仅赢得了今人的理解，也必将赢得后人永久的尊重。

（选自《活页》2014 年第 5 期，总第 76 期）

父亲廖运昇在抗战中

廖光凤　廖光嵩 *

父亲廖运昇，字中平，1901 年 9 月出生在安徽省凤台县（现淮南市）廖湾村，黄埔军校四期生，曾参加东征和北伐。在伟大壮烈的抗日战争中，历任独立第四十旅中校参谋、安徽保安第八团团长、国民革命军第三十一集团军第五纵队少将司令、第一一七师少将师长，多次立下战功并受表彰，获颁忠勤勋章。

在纪念抗战胜利 70 周年之际，将先父的抗战经历与史绩撰写成文，以志缅怀与纪念。

——题记

清末政治腐败，帝国主义列强入侵，祖父廖润斋与族内兄弟多人加入了孙中山领导的同盟会，之后参加过 1908 年安庆马炮营反清起义、辛亥革命时的淮上军起义以及反对袁世凯的“二次革命”。讨袁失败后，北洋军阀捕杀革命党人，参加淮上军的廖氏族人抛头颅洒热血，做出了很大牺牲。父亲廖运昇受父辈影响和“五四”新文化运动启迪，萌发了民主革命和反帝反封建意识，在皖北怀远含美中学求读期间，参加爱国学生运动，遭排斥而离校。后转南京成美中学读高中，也因积极参加学潮被开除，是为早期学运参与者。

---

* 廖光凤，廖运昇次女，安徽省委党校副教授。廖光嵩，廖运昇五子，南京市黄埔亲属联谊会会长，南京抗日航空纪念馆顾问，南京市政协办公厅原副巡视员。

1925年在大革命的洪流中，父亲南下广州，考入黄埔军校第四期，与林彪、郭化若、张灵甫等都是同期同学。预备期满正式编入步兵科第二大队，开始他的军事生涯。学习结业后，正值北伐军兴，被任第六期入伍生团第三团第一连连副，随军北伐，后调北伐军总司令部宪兵三团一连任中尉排长。1927年“四一二”反革命政变后，父亲对破坏孙中山“三大”政策表现不满，被列入C.P（共产党）嫌疑名单而潜离南昌总司令部宪兵团，到了安庆国民革命军第三十三军。军长柏文蔚系皖籍寿县人、老同盟会员、老资格的国民党员，父亲被任一师二团一营营长，参加“二次北伐”，战至山东。

1928年6月，北伐打到北平，统一了全国。1929年蒋介石召开军事编遣会议，柏文蔚的第三十三军遭肢解，父亲到了北平时任第六路军总指挥方振武（安徽寿县人）辖下第四十一军任参谋。1930年，方振武与石友三、唐生智等密谋反蒋，事泄失败。父亲受牵连被迫离开部队回家乡，一度当了教书先生。

1931年九一八事变后，东北三省沦陷。父亲瞻念民族危亡，渴望重返部队，投入抗日前列，遂到安徽独立第四十旅（旅长徐中岳，安徽霍邱人，黄埔一期生）任中校参谋。1934年10月，独立第四十旅改编为第九十五师，父亲在第二八三团任团附，驻防地在河南省开封、信阳等地。

1937年“七七”卢沟桥事变爆发后，全面抗战开始。父亲守卫在黄河以南，严密监视华北的日军动向。当时，桂系李宗仁出任第五战区司令长官兼安徽省主席。1938年初，桂系廖磊的二十一集团军由江南调到安徽，廖磊接任李宗仁兼安徽省主席。廖磊对日抗战比较积极，用人不讲派系。根据当时形势发展的需要，成立了安徽省保安司令部，共组建8个保安团，以壮大抗日武装。经皖界人士推荐，父亲从河南调回安徽，任保安第八团团长。

组建保安第八团

保八团的组建，主要是收编安徽本省寿县、定远、阜阳一带部分地方抗日武装及散兵游勇和贫苦农民，辖3个营，每营3个连，另有迫击炮连、特务连，直接由团部指挥。组建伊始，全团武器装备较差，但官兵们抗日士气很高。当地民众保家卫国的激情高涨，纷纷要求参军抗日，不到几个月的时间，保八团由成立时1000多人队伍发展壮大到3000多人，很快就投入抗战第一线。

当时，日本华中派遣军攻陷南京后，与华北派遣军会攻战略要地徐州，企图从皖北和豫北两面抄袭徐州的侧背。1938年春，占领南京的日军第六师团谷寿夫部沿津浦路北犯，第五战区的部分部队和包括保八团在内的安徽部队，逐次抵抗，在庐江、无为、含山、合肥等地进行过多次战斗，力图将日军拒止于长江以北的淮河南岸。

保八团在父亲的率领指挥下，虽然装备差、人员复杂，但抗日热情高、决心大，在战斗中与其他部队相比，显示了较强的战斗力。其中巢县阻击战和霍山县落儿岭防御战是突出的两场战斗。

巢县阻击战

1938年4月，保八团驻守在安徽的巢县。巢县屏障合肥，因此，父亲肩上的责任尤重。

战始，日军谷寿夫师团的坂井支队1000多人，携带有山炮在内的轻重武器，在骑兵、空军的配合下，分乘数十辆汽车，气焰嚣张地向巢县城扑来。当时，保八团第一营驻在距县城几十里的庙集，第二营驻林头镇，第三营和团的直属队驻在县城内的车站和附近的几个据点。

日军首先攻占了巢县外围阵地，又乘黎明前天色昏暗，在强大火力掩护下，扑向各个据点。保八团在父亲指挥下奋力抵抗，与敌激战了一天一夜，官兵们个个奋勇杀敌，顾不上吃饭，在争夺车站中数次失而复得，终于击退了强敌。

天亮后，敌人增加了兵力，再次发起猛攻，飞机低空扫射，第三营伤亡过大，不得已与团直属队撤出县城，退守在县城西北方向20余里的散兵镇，县城遂被日军占领。日军攻占县城也伤亡惨重，占领后一时无力西进。

鉴于这种态势，父亲决定将全团兵力部署于散兵镇一带防守，并做好准备迎接来犯之敌。几天之后，日军于午夜从巢县出动，大批队伍向散兵镇包抄过来，时值天降大雨，室外一片漆黑，团部事先未收到准确情报，第一营营长吴敬孚发现敌人后，跑到团部报告了一声就逃跑了。虽然团直属队全部参加了战斗，但第二营火力有限，第三营兵力尚未得到补充，不足以对日军形成有效阻击。父亲在紧急关头，从机枪手手中夺过轻机枪，大喊一声：“都跟我来！”随即冲进大雨中对敌猛射，官兵们在父亲的带领下边打边撤。从午夜一直战斗到第二天中午，终于冲出包围圈。敌人虽占领了散兵镇，但已弃尸遍野，又害怕保八团再杀回马枪，未敢在镇上久留，便慌忙撤回巢县城。此役，第三营的两位连长壮烈牺牲，第一营营长临阵脱逃，受到军法处置。

撤出散兵镇的保八团，退守在巢县西北的柘皋和烔炀河镇一带补充休整。不久，日军又集结淮南方向之敌约 3000 人，分成两路，猛扑向柘皋镇。面对人数众多、装备精良而又凶猛残暴的敌人，父亲沉着指挥，命令一部分兵力迂回到敌后，主要兵力在公路两侧挖壕预伏，等待敌人进入伏击圈时，近距离以猛烈火力向敌射击。

下午，载着大量轻重武器的日军出现在公路上，骄横的日军大摇大摆，逐渐进入了伏击圈。父亲一声令下，预伏的部队枪弹齐鸣，全力射向敌人，一部分战士跃出战壕与敌人展开肉搏，迂回到敌后的部队也勇猛冲击，前后夹攻，战斗直到深夜，敌人弃尸 300 余具，死伤数十马匹，狼狈撤退。我军缴获大量的步枪、机枪等武器，经过数次战斗，保八团亦损伤不少，撤往繁昌一带休整待命。

正是由于巢县外围的阻击战，狠狠地打击了敌军的气焰，鼓舞了广大官兵们抗日的信心，延缓了日军进攻合肥的行动，保八团受到上级通令嘉奖。

霍山县落儿岭防御战

1938 年 6 月初，父亲率保八团由繁昌的荻港调往霍山，接收保二团防地，防止日军向大别山腹地侵犯。保八团到达后，便在距县城西几十里的小镇落儿岭驻防。霍山县位于安徽西部、离合肥 200 多里，落儿岭镇四面群山耸立，地势险峻，向有大别山的“门户”之称，具有极重要的军事地位。保八团的团部设在一个山坡上的民房内，父亲一方面布置部队严密做好防御准备，一面带着团军需主任梅曼芳到附近各村察看民情。

那里山地瘠薄，可耕地很少，群众多以打柴为生，连年派捐拉夫，生活非常困难。父亲严令官兵不准骚扰百姓，赊账救济，因此部队与当地群众相处很好，群众对抗日队伍多方给予支持，每当发现日伪军有什么动向时，很快向团部报告。

一天，有个打柴的老乡匆匆来报告，有日军在山下集结，炮连连长也在山头上发现了敌情。父亲接到敌情报告后，立即赶到炮连阵地指挥，命令乘敌人立脚未稳，以密集炮火向山下射击，突然而来的炮弹把敌人炸得晕头转向，哇啦哇啦乱叫。但是很快日军重新集结起来，分两路从山的两侧向上进攻，父亲指挥全团沉着应战，打退敌军数次冲锋，孤军作战长达十几个小时，仍坚守阵地，使敌军未能得逞。特务连连长蔡传金负了重伤不愿下火线，经简单包扎坚持战斗。军医主任廖运隆带着十几名伤员在后山与敌军遭遇，伤员们赤手空拳，只能迅速隐蔽在树林里，当地群众冒着风险用各种办法把伤员们都掩护了起来，无一伤亡。群众的抗日精神，让伤员们感动得热泪盈眶，部队官兵也深受教育。

一天深夜，不甘于失败的日军又出动了 1000 多人偷袭落儿岭，将保八团压缩到一个山头上，敌军枪炮齐鸣，狂轰滥炸，打得山上树枝碎石乱飞，睁不开眼睛。保八团经过数次战斗已损失过半，还未来得及补充，使用的武器还有扣一发打一枪的汉阳造，此时天已大亮，面对满山遍野的蜂拥而来的敌军，父亲下令向落儿岭西北面的石铺镇转移。

父亲率领团部特务连，掩护部队向山下猛冲，正当他边射击边转移时，敌人的一发炮弹呼啸而来，幸亏勤务兵黄传经灵活机智，及时将他扑倒在地，那颗炮弹正落在他刚才站的地方。父亲幸免于难，但两人都负了伤，父亲伤在腿部，流血不止，来不及包扎，就在卫士的半扶半背下冲出了包围圈，到山下老乡家找块门板，由几名士兵抬着，仍指挥部队向石铺镇转移。

石铺镇三面环山，只有通向落儿岭方向的一面有条小路，形如一个口袋。父亲立即命令一个营把守山口小路两侧，其余队伍占领周围的几座山头。部队刚进入阵地，尾随的日军跟踪而来，埋伏在路边两侧的队伍边打边撤，佯装溃败，以引敌深入。当敌军全部越过山口进入“口袋”时，各山头枪炮、手榴弹齐下，敌军突然遭到猛烈火力打击，先懵了一阵子，然后便疯狂反击，在炮火掩护下大批敌军向山头攻击，当敌人好容易冲到山腰时，八团官兵呐喊着跳出掩体与敌肉搏，奋不顾身英勇杀敌，呈现出白热化的厮杀场面。战斗持续了两个多小时，日军伤亡惨重，无力支撑，只得撤退到山脚下。天色渐渐黑了下来，日军锐气消失，唯恐山上下来部队攻击，于是用稻草包住马嘴，拉着炮，扛着枪，向来时的方向仓皇撤走。

保八团经过落儿岭、石铺镇连续战斗，也伤亡过重，但落儿岭失而复得，终于守住了大别山“门户”。在保八团防区内，军民团结构筑成坚固防线，日军龟缩在据点里，再不敢轻易外出“扫荡”，粉碎了日军侵占大别山我军防区的企图。

五桂峡大捷

1938 年 9 月初，日军集中装备精良的 5000 多人的教导旅团，气势汹汹地从霍山县城关倾巢而出，沿霍（山）英（山）公路向武汉方向运动前进，企图打通皖鄂通道，前往增援武汉会战正酣的日方军力。父亲接悉情报和命令后，率领部队从驻地午旗河出发，急行军赶往距霍山 30 多公里的五桂峡进行阻截。五桂峡位于大别山腹地，周围山高岭峻，地势险要。保八团到达后，在父亲指挥下抢先占据了山崖两侧的有利地形，立即挖掘战壕，准备伏击日军。当日军经柳林河、佛子岭、文家畈到达峡谷中的埋伏圈时，父亲一声令下，保八团全团枪弹齐发一阵猛打，日军队伍瞬间被打乱，死伤不少，但随即就集结起来向山上疯狂反击。保八团官兵们在父亲指挥率领下人人奋勇，阵地数次拼杀，失而复得。战斗打响后，原杨虎城所部一三二师、一三八师在师长莫德宏、赖刚率领下，从诸佛庵出发，快速赶到，兵分两路，占领黑石渡、勒马岭、炮台山的山头要道，封堵了日军退路；驻守在深步沟的国军一七二师和保六团也随即赶到五桂峡的铁炉山、马家岭一带进行增援并立即投入战斗。此役在约三华里的山谷中，保八团协同友军连续激战了三天三夜，日军被打得狼狈不堪，尸横遍野，死伤 1000 余人，无法越过五桂峡一步，只得逃回霍山县。我军也伤亡 400 余人，但俘虏了日军特务长舒正太郎等数十人，缴获大批武器装备，轻重机枪 60 多挺，以及追击炮、掷弹筒，子弹几十箱等，取得五桂峡大捷，阻截了日军向武汉的进攻支援，长了国人志气，有力地支援了在武汉激战的中国军队。

父亲廖运昇率保八团转战于皖中大别山地区，两年间大小数十仗，或伏击、或奇袭、或扰敌、或攻坚，伺机歼敌，屡有亮色，成为流亡省府六安的屏障，受到多次表彰并载入史志《安徽概览》抗战篇。

1939 年 10 月 23 日，廖磊因病逝世。李品仙调任第二十一集团军总司令兼安徽省主席。李品仙用人讲究派系，由安徽人担任团长的保安团都遭到裁并，一、二、五团交给湖南部队，保八团被编入桂系部队。父亲被调至安徽的皖南屯溪任一闲职。

在蒙城、阜阳等战斗中再立新功

1938 年 6 月，国民党在郑州的花园口炸开了黄河大堤，欲借洪水阻止日军前进，结果造成黄河改道，淹没了千万亩良田，使豫东、苏北、皖北等 44 个县形成了广大的黄泛区。

1940年前后，蒋介石提出以重建抗日防线为名，调集大批武装力量驻防黄泛区一带，并委任第三十一集团军总司令汤恩伯兼苏鲁豫皖四省边区总司令，总司令部设在河南叶县。汤为培养军事干部，成立了军事干部训练班。适值父亲因心系抗日，时时想重返前线，杀敌报国，经叔叔廖运泽（黄埔一期）、王仲廉（黄埔一期）推荐，父亲被汤恩伯委以集团军干训班上校总队副，负责军事训练。

此后，汤恩伯为了扩大武装实力，称霸中原，准备在豫南、皖北地区组建十几个挺进游击纵队。乘此机会，父亲向汤要求到前线部队带兵，得到汤恩伯的允许，任命为第五纵队司令。纵队相当师的编制，共有三四九、三五〇、三五一三个团，牛肃九、张普庆、邵亚东分别担任团长。驻防蒙城，监视日军行动，严防敌军入侵。

1942年底，驻徐州地区的日军南下，攻击蒙城、涡阳一带。父亲率第五纵队从蒙城城内到城郊层层布防，与敌激战，日军久攻不下，伤亡惨重，竟惨无人道地施放毒气，五纵官兵和群众中毒的很多，先是手脸溃烂，继而全身，得不到及时医治，军民伤亡很大，不得已退出县城，蒙城终遭沦陷。敌人进城后，烧杀奸淫，无恶不作，人人痛恨至极。

不久，父亲的第五纵队转移到金寨（时称立煌县，曾是安徽省会所在地）。所部又改为第八纵队，番号虽易，三个团的编制依旧。汤恩伯第三十一集团军总司令部移至安徽临泉，下辖的李仙洲第九十二军和何柱国的骑兵第二军也到达皖北地区。

1943年初，我父亲改调第一一七师师长，归骑二军序列。驻守在第一线的涡河南岸，与日伪军隔河对峙。日军常以小股部队到处骚扰“扫荡”，均被该部所击退。

1944年春，日军为了打通南北陆路交通线作垂死挣扎，采取了一次大规模行动，称为“一号攻势”，企图打通平汉线进军西南，控制潼关以东陇海线。为牵制汤恩伯部40万兵力对郑州等地的增援，日军发动了对皖北的牵制性进攻，企图占领阜阳。阜阳地处水陆交通枢纽，是当时皖北地区军事政治中心，中国军队为此展开阜阳保卫战，亦称阜颍战役。

1944年4月下旬，日军第六十五师团的太田米雄所部，骑四旅团滕田所部，汪伪花其望部三个团，配备有炮兵、骑兵和空军，沿淮河田家庵、寿县一带集结，并向皖北颍上进发，企图占领皖北进犯阜阳。当时守卫阜阳的主要是骑二军所属的骑三师，暂编十四师及我父亲的第一一七师。为了增强对敌军事力量，集团军骑八师调防皖北（骑八师是青海回族部队的一支劲旅，马术精湛，久经沙场，每人配一骑、一枪、一刀，原师长是马彪，1942年前后由马步康接任。马步康是马步芳堂兄，马彪堂侄。此三人称回族“三马”），临时归骑二军序列。按照战前指挥部统一布置，第一一七师撤离涡河防线，一个团进驻沙河东岸构筑工事，伺机袭击敌人水上运输补给的船只，另两团作为预备队，保障阜阳左翼安全。其他各部都把主要兵力集中在阜阳城下，誓与敌寇决战。

4月24日，日军数千人在飞机的掩护下，由寿县、正阳关出发向颍上县猛攻，我前沿部队军特务团按计划边打边退，日军以为国军战败逃跑，长驱直入，在四十里铺，遭我军骑八师重创，毙敌200余人，敌军撤退。数天之后，敌军增加了兵力，在空军掩护下发起进攻，在六十里铺的地方战斗最为激烈。父亲的第一一七师的两个团紧急驰援投入战斗，军特务团火速回师，骑八师全体出动，加上地方上的抗日武装，与敌激战了五天五夜。敌人欺我无空军，也没有对空射击武器，肆无忌惮地对我阵地低空扫射，狂轰滥炸，骑八师指挥部被炸弹击中，副师长兼参谋长以及6名官兵以身殉国。愤怒的战士们端起步枪、轻机枪对空还击，一架低空飞行的日机被击中。起火坠毁在中岗村附近，6名机组人员跳伞降落后，被当地军民全部击毙。日军十三团参谋长也被国军击毙。

当时，日军补给船只，有民船也有小火轮，经过沙河时，遭到防守在两岸的我一一七师官兵的袭击，枪、炮、手榴弹齐发，打伤打沉十余只，有力地摧毁了敌人的补给线。由于官兵们浴血奋战，消耗了敌人的大量兵力，打退敌军的数次进攻。但阜阳地方的三个自卫队贪生怕死，临阵脱逃，致使日军突破右翼防线，进入阜阳十八里铺地方。

这时，这一地区的国民党部队集中优势兵力，对日军进行阻截，激战数日打退敌军的多次进攻。日军遇此强硬对手，又无兵力、物资补充，没有取胜希望，加之平汉线豫中会战已近结束，没有必要再牵制汤恩伯部兵力，于是在 5 月 7 日下令进入阜阳十八里铺的日军，在炮火掩护下向后撤退。

一一七师与其他部队乘胜追击，不分昼夜攻袭敌占各据点，先后收复颍上、蒙城、寿县、凤台等地，迫使日军不得不龟缩在津浦线一带据点里，再也没有力量采取大规模行动。

我皖北军队从此变被动为主动，伺机打击敌人。在平汉线上国民党军队节节败退、战局一片阴霾的情况下，阜阳保卫战的告捷，打破了日军不败的神话，鼓舞与增强了广大军民抗战必胜的信心与决心。当时很多报纸都在头版头条报道了这一消息，父亲廖运昇因“厥功甚伟”，获颁忠勤勋章。

“抗日的都是亲兄弟”

父亲抗战积极、深明大义、是非分明，尤其是对共产党倡导的抗日统一战线衷心拥护，他在队列前训话以及平时交谈时常说：“不管是国民党还是共产党，只要是打鬼子抗日的都是我们的亲兄弟，要团结起来，为抗日救国的共同目标，齐心协力。”他还经常告诫下属避免与新四军及共产党领导的游击队发生冲突。

抗战初期，在巢县战斗之前，父亲曾命令自己的勤务兵，将得到的日军活动情报，通报给新四军。在驻防霍山落儿岭时，新四军高敬亭部驻近邻，互相经常往来，并与高敬亭部实行连防，打仗时互相支援。他叮嘱下属，共产党游击队出山采购物资时不要刁难他们。因此，当落儿岭战斗结束后，当地共产党领导的游击队派人并带了很多慰问品到保八团慰问官兵，一起联欢。

部队移防金寨时，安徽省民众抗日动员委员会曾派了由共产党人张劲夫、周新民及爱国民主人士组织的十几个人的宣传小分队（工作团）来到保八团驻地，进行抗日宣传。父亲非常欢迎他们到来，小分队成员都是热血青年（新中国成立后50年代担任中共南京市委统战部部长的王昭铨、南京市总工会主席王敏等多人，都是当时小分队的成员），在部队内教士兵唱抗日歌曲，教文化、办小报，搞得热火朝天。有些队员将根据地出版的报纸和毛泽东著作，带到团里来传阅。我父亲知道后也不阻止，大力支持他们工作。

李品仙接任安徽省主席后，执行蒋介石的反共指示，改组动委会，解散工作团，逮捕积极宣传抗日的进步青年。一天夜晚，工作团团长李新告诉我父亲，说他是共产党员，已经暴露，必须转移，希望有支手枪。我父亲毫不犹豫地赠送他一支驳壳枪和三块银圆，并派自己的警卫将他送往安全地方（1962年国庆节，在北京人民大会堂宴会厅，时任四川省计委主任的李新和父亲重逢时还提及此事），对工作团的其他成员也做了妥善安排，使他们免遭危难。

由于寿县、凤台等地被日军占领后，不甘心做亡国奴的青年纷纷到部队报名参军，我父亲都热情接待，对有经济困难的则慷慨解囊。在保八团时，他将来部队参军的部分年轻人组织成一个铁肩队（即运输队），随部队行动，既减轻了战士们的负担也增强了部队战斗力。青年人外出参军抗日，留在农村的大多是老弱妇孺，当农忙季节又无战斗的情况下，我父亲则允许当地的年轻人回乡收麦种庄稼，有时还发给路费。并对回乡青年都一一交代任务，要他们宣传抗日，利用一切机会抵抗日本鬼子，不做被人唾骂的汉奸软骨头等。

这些小青年收了庄稼后，都能回到部队，这不仅消除了官兵们的后顾之忧，对稳定部队、坚定抗日信心都起到积极作用。不仅如此，我父亲平时很注重对官兵的管理教育。一次部队驻防阚疃集时，侍卫副官和几名警卫排人员去到该集镇的私商处吸食鸦片，后被父亲得知，虽其中有自己的亲信、亲戚，也毫不手软地按纪律进行了制裁，在部队里影响很大。

父亲平时经常对下属进行抗敌报国的教育，在保八团时还亲自写了一首歌词，配以地方小调，教官兵演唱，用以鼓舞士气，官兵们人人会唱。

据在当时部队中任军医的连祝三老人回忆，歌词很长，时隔久远，只记得其中有这几句：

粒米根线，老百姓的血汗，我们不能强占；
我们国家穷，东西难补充，件件要保重；
枪支弹药，杀敌保家不能丢落；
国破家亡哪里躲藏？
我们要奋勇上战场，杀敌立功保家乡。

1942年，当日军进攻蒙城时，我父亲还暗地里派了位亲信，过河给新四军送信，新四军和游击队不断向日军发动攻击，牵制了日军向蒙城、涡阳一带的进攻。平时，有些中共地下党员或游击队员或爱国民主人士被国民党通缉或逮捕，只要找到我父亲，他从不推却，甘冒风险，尽力营救。他数次营救中共寿县高皇寺区区长陈汉臣及爱国民主人士常持青的故事，在皖北民间广为流传。

1944年秋，新四军四师彭雪枫师长率部自津浦路东西进，收复大片土地。消极抗日积极反共的李品仙命令所部进行阻拦与封锁。我父亲对李品仙的命令，采取敷衍搪塞的态度。第一一七师驻守涡河南岸时，对涡河以北的新四军和游击队则给予直接或间接的支持。一次，部属中有人向他报告，有新四军过河采购物品，是不是采取行动？我父亲告诫下属说："都是中国人，都要穿衣吃饭，只要不过来打我们，我们少管这些事。"

由于父亲一贯坚持"枪口一致对外""不与共产党作战"的态度，曾遭到汤恩伯的严厉斥责与非难。

1945年8月，日本无条件投降，第一一七师全师官兵和全国人民一样，沉浸在无比欢庆之中，还没来得及召开庆祝胜利大会，即奉第十战区命令，去徐州接受日军投降。

我父亲率部日夜兼程赶赴徐州，部队驻城郊九里营。日军投降仪式是在城内一个大操场进行的。操场中间放置两张桌子，我父亲和其他高级军官站在桌后。日本军官手捧驻徐州的日军人员、武器清册，低着头、弓着腰将清册呈上。所有武器则分门别类地捆扎好，放在操场上，我方派人逐一清点接收。兹后，与一一七师同时到徐州的骑二军直属部队去了济南受降，骑八师返回青海。一一七师作为徐州卫戍部队，驻守郭家壁飞机场，父亲兼任徐州警备司令。

次年秋，国民党发动内战。1948 年 9 月，父亲同中共建立秘密联系，在解放军二野政治部派员联络引导下，于 1949 年 5 月 4 日毅然率领国民党军一一〇师在义乌起义，加入革命阵营，翻开了人生新篇章。

新中国成立后，父亲历任南京市市政建设委员会副秘书长、市工务局副局长、市城建局副局长、市房地产局局长；政协南京市委员会第三、四、五届副主席，民革中央委员、民革江苏省委员会副主委、民革南京市委员会主委，1980 年当选南京市第八届人大常委会副主任。1981 年 8 月逝世。

（选自《活页》2015 年第 8 期，总第 90 期）

父亲戴安澜光辉的一生

戴澄东*

我的父亲戴安澜，1904年11月25日出生于安徽省无为县仁泉乡一个贫苦农民的家中。由于他在诸多孩子中比较聪慧，故能去上私塾，而家中困难，其他孩子不能去读书，让他从小就感到世道的艰难。1923年他到南京安徽公学读书，在陶行知先生知易行难的治学思想下，接受了新的文化科学知识，思想上有了很大的进步。1924年到广州进入黄埔军校，接受孙中山先生的教导，并直接得到周恩来、叶剑英等老一辈革命家的教诲，使得他的思想得到又一次的飞跃。“打倒列强、除军阀、救中国”成为他终生奋斗的目标。

父亲原名衍功，学名炳阳，入黄埔军校后自行改名安澜，并号海鸥，取此号是因为当时国内军阀割据，国外列强入侵，国家民族处在危难之中，他决心要平定这个恶浪狂澜，决心要像高尔基诗中所描绘的暴风雨中的海燕一样，不畏惧狂风暴雨的侵袭，勇敢地翱翔，去迎接新时代的到来。他对家人说：“当此国难家仇，自是百感交集。不过我们生此时会，时代现赋予我们以艰巨的任务，我们只有不畏艰难，要养成活泼的胸襟，热烈的志气，对于过去的一切不必悲伤怀忧。”他在年轻时就写下“为政不在多言，要能幼有所教，壮有所归，老有所养”的自劝联，期望人民能安居乐业，期望国家康泰，也就是能够国泰民安，男女老幼都能过上好日

---

* 戴澄东，戴安澜将军三子。曾任江苏省水利厅副厅长、江苏省委统战部副部长、江苏省政协港澳台侨委员会副主任等职。

子，并以此为目的来激励自己的行动。

抗日战争初期，日军凭借其武力优势迫使中国军队节节败退，侵占了华北大地。在这样的形势下，父亲看到大好河山被日军蹂躏，心中愤怒，决心留在黄河以北打游击，改名戈挥日（即将戴字留戈，挥日是他素志所在），并镌刻了一枚“铁汉”的图章以示他的决心。他在日记中写道：“除衣食外不要一分薪饷，要纵横在黄河以北打击和消灭日寇。”并约同几位志同道合者共谋此事。后因部队转移未能实现，但这一打算已映照他坚定的抗日救国之志。

1938 年 7 月武汉保卫战正酣，父亲在前线接待了著名战地记者陆诒先生，并对他说：“这次国共两党联合抗日是极得人心的事，抗战胜利了两党也还要合作，建立一个繁荣富强的新中国。”这远见卓识的谈话说明在父亲的心中只有国家的统一富强、只有人民的幸福生活才是他最高的期望。

1942 年 3 月父亲奉命率二〇〇师作为中国远征军的先锋部队入缅，到达同古后协助英军防守，而英军看到中国军队到了，不给任何信息即行撤离。父亲感到“在缅对日作战，非由中国军队负起全责不可”。为了坚决有效地阻挡日军多个师团的进攻，父亲要求全军将士坚守同古，并立下遗书，决心与同古城共存亡。他在给母亲王荷馨的遗书中写道：“现在孤军奋斗，决以全部牺牲以报国家养育！为国战死，事极光荣。”父亲把服从国家民族的需要作为他的最高使命，为此他可以献出自己的一切，乃至生命！

非凡卓越的军事才能

父亲短暂的一生参加了抗日战争的不少重要战役，在古北口之战、华北平原之战、太行山之战、台儿庄之战、武汉保卫战、昆仑关之战等诸多战役中，以少战多，以弱战强，激励和鼓舞官兵，巧用计谋和智慧，取得了许许多多的胜利，给日军以沉重打击，最后在远征缅甸时，解救英军，打击日军，英勇无悔地为中华民族独立解放，为世界反法西斯战争的胜利献出了自己年轻而宝贵的生命。

父亲原报考黄埔一期，考试时文化课较好，但身体瘦弱，体能考试长跑一项不合格未能录取，他不愿自己的亲戚帮他疏通关系入学，他说："入黄埔军校，毕业后出来是军官，身体不好不行，不了解士兵不行，我就先当兵，既可了解士兵，又可锻炼身体。"于是父亲去参加了国民革命军，当二等兵。入伍后，由于每天饭菜有保证，不到两三个月身体即健壮起来，以后参加黄埔入伍生队。在这时段内，他参加了由总队长张治中领导的第一次东征，在讨伐广东军阀陈炯明，平定滇系军阀杨希闵和桂系军阀刘震寰叛乱的过程中，他那勇猛顽强的身影，令黄埔二期生覃异之将军赞叹不已。1925 年考入黄埔三期。大半年的士兵生活让他知道了士兵的需求和愿望，这对于他以后能带好兵，练好兵，用好兵是极大的帮助。

在历次战斗中，父亲都荣立战功，获得勋章和记功，这在抗日战争史上也是一件少有的事情。在长城抗战古北口战役中，父亲任二十五师一四五团团长，指挥得当，英勇顽强，光荣负伤，荣膺五等云麾勋章；在台儿庄大战，任二十五师七十三旅旅长，用智用计，为完成部队集结起了关键作用，荣获华胄荣誉勋章；在武汉保卫战中，与兄弟部队一起阻击日军西进，痛击从九江进犯的日军第九师团，使敌人损失惨重，荣立大功一次。由于有这些作战经历，因此他被任命为第三十一集团军的总部干部训练班教育长，负责军官的训练。这些经历，加上他长于思考总结，使得他在带兵、练兵、用兵上有独到的一面。后来在担任二〇〇师师长期间，与日军激战并夺回昆仑关，身负重伤，荣获青天白日勋章。

为了带好兵，父亲从思想教育入手，以达到精神饱满、同仇敌忾的目的。他按照孙子兵法"治军欲使知战，必须道之以德，齐之以礼，明知以刑"的要求教育士兵，向士兵说明：

1. 军人的责任就是保国卫民。全中国有四万万五千万人的生命财产安全，就靠军人来维护，每个军人的肩头上有人民、国土、领空、领海等等，每个士兵肩头的负担是沉重的，责任是重大的。

2. 军人的事业为救世救国救人之事业，绝非糊口猎官之事业，时时应有牺牲一己以救世救国救人之决心。要养成军人忠、勇、勤、廉的特性，要求各级官长多负责任，多做事，要看破生死，以勇往直前的精神，从事自己的职务。

3. 日本长期以来资源贫乏，而把侵占中国作为其基本国策以解决国内众多矛盾。所以，战争是长期的，对日的敌忾志气要保持到战争结束。而先事战斗准备，是军人的责任。

4. 我中华民族立国已五千年，中间虽经过不断外患，而能巍然自存，屹立于世界者，此无他，由于我民族历史之悠久，文化之高深，民族意识之强烈，故能转败为胜，焕发民族精神。今日之事虽危险万分，而吾民族之觉醒，亦异于曩日。语云：“人心不死，中国不亡”，揆之现在中国，万无可亡之理。目前之现象，是民族求生存，国家求独立之过程中不可避免之阶段，亦正如黎明之前，而天色特别晦暗之表象，但不久即进于光明，吾人要有忍耐暂时晦暗而待光明之决心勇气，以与敌人周旋。伟大中华民族之怒火，即此光明之因素，是又在我各个民族分子之自信也。

由于有了统一的、正确的思想，从他执掌一四五团、七十三旅到二〇〇师的主官，他率领的部队在历次战斗中士气高昂，战绩卓著，特别是远征缅甸，固守同古 12 天，歼敌 5000 名，长途奔袭，攻克棠吉。但最后，由于英军急欲逃走，不肯作战，破坏了共同对敌的布置，中国军队不得不兵退回国。部队虽历经艰辛，但仍是建制不乱。一个部队能在艰苦的战斗中拖不垮、打不烂，这是一个指挥员带好兵的重要标志。

为了练好兵，父亲把自己在战斗中的经历及上级长官的战斗指导，对射击法则的运用，阵地的布置编成及特种兵器之战斗等编写出训练教材，并以“痛苦的回忆”为此教材的名称。在担任集团军教育长后，又编写《磨砺集》《磨砺集续集》等训练教材。

为了要练好兵，除了指出过去的一些错误认识和做法，他强调战略战术的学问要与单兵基层连队、基础训练学问相结合，这样的战略战术的学问才能得以实施，否则只能成为空谈。为了提高军队指挥官的指挥作战能力，他对各位官长说："吾人今日在军言军，所求学问，应以军事科学为主旨，求学鹄的，应以按级与敌人军官比美为准绳。"这是孙子兵法"知己知彼、百战百胜"的充分体现。如不是这样，就会落入"知己不知彼，胜负各一"或"不知己不知彼，每战必殆"的境地。

在训练演习时，父亲非常认真，严格要求。有一次在湖南平江南江桥一带演习攻击敌人据点，时值严冬，稻田都灌满了水，在冲锋时多数军官都能奋勇前进，不顾一切从水田里冲过，可是也有少数军官害怕水和泥浆污染鞋袜，而绕着田埂前进。在讲评中，父亲严厉地批评了这种现象，他说："平时演习，就是为了实战应用。冲锋拼搏，生命都顾不上，怎能顾及鞋袜呢?"批评以后，又要求那些不湿脚的军官将冲锋动作重新演习了一次。

大哥覆东回忆说，有一阶段他住到父亲的部队，天不亮，父亲和两个卫士就带着他一起到基层的部队去，等起床号一响，父亲就看这些基层的长官起来没有，如没起来，就进房将他叫醒，然后看部队操练，直到操练结束后再返回司令部吃早饭，天天如此。

父亲在实战中根据不同情况，运用智谋巧施兵力，英勇善战，狠狠地打击和消灭敌人。例如在台儿庄大战中，火攻陶墩，计取朱庄，激战郭里集，坚守中艾山，狠狠打击日军，为此建立了大功勋，荣膺了勋章。

昆仑关战役中，日军 1939 年 11 月 24 日攻陷南宁，为阻敌北上，第五军受命前去迎击北进日军，二〇〇师六〇〇团乘汽车先到，至南宁以北之头塘、二塘间与日军遭遇，双方展开激烈地战斗。父亲乘车亦赶到战场。由于日军准备充分，且装备优良，父亲亲自指挥后续部队掩护六〇〇团撤退，并在七塘、八塘之间与敌展开血战。后因右翼高峰坳方面友军失利，日军占领昆仑关，以该处为据点，构筑工段，阻止中国军队南下攻击。第五军据此重作战略布置，决定各部队配合，全歼入侵日军。1939 年 12 月 18 日猛攻昆仑关，并收复昆仑关。日军 19 日由北部湾航空母舰飞来重型轰炸机 27 架，轮番轰炸，并集中兵力，拼命反扑，又将昆仑关夺去。以后时间，双方在昆仑关形成拉锯形势。由于敌人利用坚固堡垒群互相侧防，至死不退，我军每攻一个堡垒需要付出很大的代价。为此父亲向杜聿明军长建议，改变攻击方式，白天仅用少数部队监视敌人，让大部队尽量休息，夜间则集中兵力与火力猛烈攻击敌人。12 月 26 日夜间，父亲亲率五九八、五九九团主力一举攻下敌人界首阵地 18 个堡垒，歼敌数百人，至此敌人之后廊阵地尽被我军夺下。虽然如此，昆仑关核心阵地的敌人，仍坚守以待增援部队。第五军此时另派一支部队绕到昆仑关后面，两面攻击日军部队。在双方激战中，为歼敌人炮兵阵地，父亲亲自到我军炮兵阵地用剪形镜瞄准敌炮兵阵地，指挥攻击。在这过程中，敌一炮弹在父亲背后爆炸，一弹片穿入左肩，父亲因流血过多而退下火线。经过激烈战斗，昆仑关又被我军夺回，敌人向南仓皇溃逃。昆仑关战役全歼日军第五师团十二旅团全部，无一漏网，其中自旅团长中村正雄以下军官 85% 被击毙，士兵死亡三四千人，俘获敌人官兵百余人，缴获战利品计有马匹百余，野山炮及战防炮 30 余门，轻重机枪 200 余挺，步枪 3000 余支及大量弹药。昆仑关战役的胜利大长了中国人民和中国军队的志气，第五军各部队及参战部队的指挥官都受到了表彰。媒体称父亲是狄青将军的再现，蒋介石称父亲是“当代标准青年将领”。父亲因此荣获青天白日勋章一枚。

远征缅甸，父亲率二〇〇师防守同古。他根据同古的地形构筑好防御工事，设置好交叉火力。防守十余日，击退日军五十五师团的进攻，消灭日军 5000 余人。在攻棠吉时，由于棠吉是山地，易守难攻，日军在山上的制高点设置碉堡，用火力阻止中国军队的进攻。父亲这时调炮兵连一门炮到第一线，连长感到很奇怪，因为炮兵是在步兵之后支持步兵的。现在为什么要调炮兵到步兵之前？原来父亲要用炮兵在前沿直接炮击摧毁敌人的碉堡。连长听命，立即将炮运到第一线并瞄准碉堡猛击。碉堡被击中，里面敌人的躯体与衣服碎片满天飞，敌火力被摧毁了，步兵一拥而上占领了棠吉。对于中国远征军在缅甸的战斗行动，美国总统罗斯福颁发勋章给父亲。贺词上说，中华民国陆军第二〇〇师师长戴安澜将军于 1942 年同盟国缅甸战场协同援英抗日战争，作战英勇，指挥卓越，圆满完成所负任务，实为我同盟国军人之优秀楷模，本总统依据美国国会授权追赠懋绩勋章（又名军团功勋勋章）一枚，以示表彰并崇敬中华民国军人之优秀传统。在罗斯福总统去世后，美国总统杜鲁门和史汀生陆军部长又为已故的父亲授予“荣誉军功嘉奖令”。嘉奖令上说，1942 年 7 月 20 日，经国会授权批准，美利坚合众国总统特颁军团功勋勋章（武军级），授予在卓越的军事行动中功勋彪炳的中国陆军戴安澜少将。

父亲作为中国陆军第二〇〇师师长，在 1942 年缅甸战役中著有丰功伟绩，声誉卓著。他出色地继承和发挥了军事行动之最佳传统，为他自己和中国陆军树立了卓越的声誉。

积极进取的学习精神

父亲虽戎马一生，但学习从未停止。他对官兵们说：“一个人要养成求学的嗜好。”他说：“人生食粮有二，肉体之食粮为米面蔬菜，精神之食粮为知识学问，不吃饭则肉体死亡，不读书则精神沦亡，人之所以贵为人，在精神智慧。人生时间有限，而宇宙学问无穷，不能坐废时日，以贻误终身。”父亲是这样说的，也是这样实践的。大哥八九岁时曾随父亲在军旅中生活过一段时间，晚上他们二人共一盏油灯，每人有一灯芯，各自在灯下学习。稍晚，大哥累了倦了，在板铺上睡觉，有时醒来，看见父亲仍在读书做习题。

父亲总是在战斗训练繁忙的间隙中挤出时间来学习。他在日记中写道：“极愿在炮火熏天的时间里求得知识的丰富也。”当他的英文基础知识完成之后，也在日记中写道：“余之英文已在枪炮声中完成，数学一项，亦愿在枪炮声中完成之！将来学果有成，当名之枪炮声交响曲，今记于此，以待他年。”学习的激情在这些言词中得以充分展现。

父亲的日记中大量地记载他学习的情况，有了学习的体会和心得就十分高兴，遇到不解就努力去钻研，遇到一些困难和挫折就努力去克服，他的这些情绪就像正在读书求学的学生一样。

在学习的方法上，父亲以自学为主，同时他又十分重视老师的作用。

他在 1937 年 11 月 15 日的日记中写道:“晚饭后，开始学习代数，经讲解倍觉明晰，较之往日自行摸索者其苦乐难易，实不可同日而语，学不可无师，而师之可贵者在此。”因此别人懂而他不懂的，他就向别人学习。抗战初期，按照上面的规定，二〇〇师排以上军官都要熟悉重机枪和迫击炮的使用，为此，他要本师一名技能精湛的重机枪连长给全师各位军官讲课。这位连长有点紧张，在这么多官阶高于他的长官面前怕教不好，父亲就对他说:“知识是没有阶级性的，我会，我就是你的老师，你会，你就是我的老师。你大胆去上课好了，这是给你的任务，不要推辞。”这位连长克服了紧张，成了二〇〇师重机枪的教官，他认真教学，效果很好。

父亲在学习中认真总结学习的方法，如他在 1942 年 1 月 28 日的日记中写道:“近来读书速度过求迅速，所以读书虽多，能用较少，记忆更差，必重新规模不可，即：一事不知，不更二事，一书不解，不读二书，或能补上缺憾。”像这样总结学习的事在日记中多处可见。

严于律己的处世态度

父亲一生对自己严格要求，工作生活上以身作则，最为经典的是，他在任二〇〇师师长时写了一篇游仙体的文章，名为《自讼》，就是他对自己进行“起诉”。“为什么要自讼呢”，他说，“这理由很简单，一方面是为检讨过去的缺失，一方面是确定今后生活的正确途径。”在这篇文章中，他以历史上的正反面的知名人物为角色，从他们对各自朝代兴衰的影响思想和对国家民族的感情态度，联系自我、认真剖析自我，同时对抗日战争时期那些贪生怕死、纸醉金迷的现象进行强有力地鞭挞，对自己思想上的一闪之念进行严格地批判。他的鞭挞和批判的标准是什么？那就是在当时抗日战争最艰苦的时期，在国难当头，人民处于水深火热之中时，一个炎黄子孙是挺身而出为国家民族的安危作出自己的最大贡献，甚至不惜牺牲自己的一切呢，还是为了自身的安全和享乐，置国家民族的利益于不顾，甚至卖国求荣、与敌为友、认贼作父呢？这就是他提出自讼并进行批判的标准。一位位高权重的师长，能对自己进行无私的自讼，这就是对自己严格要求的表现。这篇文章写出来之后，不只是他个人看看而已，而是发给各级官长去看，他希望大家都能够对生活有一个正确的态度。

父亲说：“人我之际要看得平，平则不忮；功名之际要看得淡，淡则不求；生死之际要看得破，破则不惧。人能不忮不求不惧，则无往而非乐境而生气盎然矣。”在这样的思想观念下，他提出“做人做事的风度四条：一毁誉不闻，二宠辱不惊，三安危不动，四得失不患。”

在谈到军人特性的“廉”的时候，他说：“所谓廉就是廉洁自爱，自重重人，再换句话说，就是不揽非义之财，不揽非分之权，也不拿非义之财和非分之权去引诱人。人能廉洁则无欲则刚，处处神明泰然，无牵无挂。”他认真郑重地对各位官长说：“要知道物质生活是最没有法子可以满足的，如专求物质生活的满足，其结果一定是趋于下流而不能自拔。”

父亲教育自己的官兵说：“国家每耗费大量的金钱来供养军人，养他一身，还养他一家，目前虽在国难关头，薪饷折扣，然而已高出人民十倍。老百姓抱着手坐在家里，谁给他一分钱？那么国家为什么对军人这样优厚呢，就因为他们在危难的时候贡献能力与生命来保护人民、捍卫国家。”父亲清楚地知道自己的责任，所以在1937年11月11日时他领取前五个月薪水，得洋1500元后，“回思国家当此危急存亡之时，而身为军人，不能保土卫民，拿此巨薪，于心何忍？特提出一千元捐助国家，此作经费报效。”他的这一举动得全师各官长的感动，纷纷表示愿意捐款。他说：“一师如此，各师如仿而行之，则政府立刻可省几百万支出也。”这种克己奉公的思想在他的行动中时时可见。

1942年初，二〇〇师陈师中缅边境，父亲到中缅边境的畹町视察部队时，见到当时由于太平洋战争爆发，许多不法商人走私猖獗。作为当时边境野战军的最高指挥官，他想到的不是利用手中的职权和便利去捞取什么好处，而是这些不法商人的行为将使国内市场受到波动，将会给国家经济带来负面影响。故而他以二〇〇师师长的名义发电报给当时的国民政府商业部翁部长，提出在畹町市场设置边贸局，控制物资进出口及价格，以免居奇紊乱市场。

在战斗中，父亲总是身先士卒，亲临第一线指挥作战。他认为亲上第一线可以了解战况，以利指挥战斗并总结经验。

1933 年长城抗战时父亲曾偕一营长计四人侦察地形，在城墙上被敌人发现，敌人利用轻机关枪一挺，步枪十余支追随射击。父亲几人所站地方离下城去路口还有 60 米，整整费去一个钟点时间，用忽前忽后诸种规则运动均未脱离敌人火力控制，最后四人分散行动才脱离，可见敌人射击法运用很熟。为此他得出轻机枪与步枪配合射击的运用法，他对各官长说，“我们要迎头赶上去”以对抗敌人的火力。

为了把二〇〇师从缅甸带回国，每经过一道封锁线父亲都要做好安排，如发生战斗总是亲上第一线。在经过最后一道封锁线时，遇日军埋伏，他被日军重机枪子弹击中胸腹，但仍然指挥突围。由于缺医无药，又逢雨季，他在经过八天的痛苦煎熬之后牺牲。牺牲前他还在地图上指明回国路线，二〇〇师得以安全返回。在生命的最后时刻，他想的不是如何设法派人去找医药来治好他的伤，想的仍然是如何能使部队安全脱险，保留打击日军的力量。在他生命的最后一刻他还不忘尽职尽责，忠于职守。

父亲在缅牺牲后，伍启元先生写文章称赞父亲不怕死、不爱钱，“从这一观点说戴师长确系中国抗战时期最伟大的军人之一”。

爱国爱家的慈父严父

父亲兴趣广泛，对生活充满了爱，充满了激情。

他在任七十三旅旅长时，在 1938 年元旦告官兵同志书中提出要求建立紧张的生活形态，他说：“我国社会生活因为农业社会自足自给之影响。故颓废，萎靡保守，沉郁之人生哲学，时时充满社会之间，而我官兵均来自田间，亦多随此因袭观念，以致日久则疲，渐入颓废状态，此种现象之危险，不可胜言；须知吾为革命军人，负有挽回国家民族厄运之责任，举凡民族中之病态，均须自我而除，安有随受因袭之理；自今以后，吾人必须过合理生活，规律生活，养成火辣辣之精神，活泼泼之身体，以挽救国家，以转移社会风气。”在这样思想的鼓励下，父亲在部队中开展各种文体活动，开运动会，开营火晚会，他与战士们一起高唱抗日的歌曲。

他古汉语极好，书法刚劲有力，自成一体。他喜京剧，并能客串演出。当部队行军经过汤阴拜谒岳武穆庙，到内丘拜谒汉光武庙，回想岳飞杀敌精神，缅怀光武中兴大业。经过西陵遥见及汉武帝墓和霍去病墓前“马踏匈奴”的石碑以及到洛阳见宋太祖陵寝，心中都发生悠然崇敬之感，激发中华民族的爱国之情，并以此来教育自己所在部队的官兵。

父亲对家人情感极深。母亲王荷馨是无为县昆山乡目不识丁无名字的王家姑娘，1927 年 1 月 5 日，他们在广州结为夫妻，婚后他为母亲取名荷心，意思是作为军人的妻子生活是艰辛的，其味如莲子之心。他在自己努力学习的同时，也教妻子识字，一年后妻子文盲的帽子被摘除了，他十分高兴，又为妻子改名为荷馨，意思是荷花已发出了馨香。婚后他对妻子爱护、信任、尊重，家中一切事务交由妻子管理。在战斗激烈的 1940 年 1 月 5 日的日记中他写道：“今日为余结婚纪念日，亦为应任二〇〇师师长职一年纪念。”

父亲在缅决心与日军血战，为国捐躯，他在写给母亲的遗书中除了表明为国战死的决心，同时鼓励母亲要坚强地生活下去，并托付母亲扶养老人教育儿女的责任，充分表达了对母亲无限的爱和信任。

父亲深深地爱着自己的子女，他对我们说，父亲好比太阳，母亲好比月亮。太阳因光线的辐射，其真面目虽不易观测清楚，但其温暖之心，则所照临之处，靡不沾其恩惠。父亲因人事纠缠，对家庭态度，偶亦失真之处，但其内心，则如太阳一样公正而慈惠也。母亲则好比月亮，月光灿烂，和蔼可亲，其始终之面目，任人辨认，母爱之伟大，就在于此。

大哥覆东小时候在湖南辰溪病重时，父母亲守候在身边，父亲甚至愿以自己生病来求得儿子的康复。姐姐藩篱在父亲率军出国远征缅甸时，提出要买皮鞋，他答应了。在战斗紧张激烈之余，他写信回家也不忘自己的承诺，答应打完仗以后回来一定给女儿买皮鞋。

但是父亲对我们的爱不是溺爱，他希望我们成为于国于民有用之人，因此，对我们的要求十分严格，他经常写信教育大哥覆东要锻炼好身体，要学习好功课。当大哥住校时，星期天父亲与母亲一起去看他，指出被子没有按规矩叠好，大哥回答说，今天是星期天，不检查。父亲立即指出，这样的想法和做法是不对的，不管在什么时候都要按规矩办事。同时，他又表扬大哥在星期天自己洗衣服的优点，使得大哥既感到羞愧，又感到高兴。这些点滴小事，都使我们受到了深刻的教育。

父亲率军驻全州时，全家都住在一起，他命令士兵们不许称自己的孩子是“少爷”“小姐”，也不让子女坐他的汽车，以免沾染官宦子弟的习气。

赏罚分明的亲民将领

父亲对部属、对士兵也十分爱护。一些青年的下级军官，在未见到他之前，都以为他是长官，难以接触，可是一见面，他满面春风地迎接他们，态度诚恳，使得他们紧张的心情很快放松。通过交谈，他对青年军官的情况有所了解，对他们不时给予鼓励，并提出希望。对于这些青年人的生活习惯，父亲也十分关心，经常了解他们的生活情况，如果饮食上不习惯，他会要求伙房尽可能按照他们的口味去调理，予以照顾。他经常和这些官兵在一起，讲故事给大家听，通过讲故事寓教育于其中。

在对待士兵的问题上，父亲十分宽厚公正。在一次审讯士兵殴打长官案时，该士兵所在营的长官，多次要求将其枪毙。父亲就对他们说，这个士兵是犯了法，但是如果不问清原委，也不管案情的轻重，动辄以枪毙处置，实是社会不安定的主要因素。父亲进一步对他们说，对这种问题的纠正办法，唯有养成守法遵纪观念，上下相维，行动便不会越轨。

在华北战场时，天气变冷，而士兵却无棉衣可以供应，只能穿着单衣，父亲带头捐款，为士兵制作棉衣。在他的带动和影响下，团营连各级军官也纷纷捐款，帮助士兵添置棉衣。

在湖南整训时，在一次攻守的演习中，士兵的手脚被作为防护工具的山柴刺伤多处，鲜血淋漓，父亲看后，极为痛心，立即要求各部队将演习场上的山柴头都要做成钝形，不得刺伤士兵。如果不按命令做，仍然使士兵受伤的，所有的医药费，由士兵所在部队的连排长负担。

父亲对于官佐的要求则十分严格，且赏罚分明，决不宽恕。在三十一集团军主持军官大队时，父亲对这批年轻的军人十分关心，和他们同吃同住，既是长官，又是教官，晚上查岗查哨，夜间到宿舍帮助学员盖好被子，使得学员们深受感动。

但同时，他对学员们的训练、学习要求十分严格。在军官大队从河南向湖南转移时，长距离徒步跋涉十分艰苦，有两名学员瞒着队部，以“军事第一”为名，私自征用民船，并偷偷鼓励其他学员搭船。民船航行到武汉，他们却分文不付，下船后扬长而去。父亲接到船民举报并查实这一情况后，宣布将为首分子送军法处惩处，同时又组织学习讨论，让学员们认识到这种违反军纪、骚扰民众的行为是十分严重的错误。

父亲用希腊神话中巨人安泰双脚若离开地面则所有的力量将要丧失的故事来教育学员。他说：“军队和民众的关系，恰如巨人和土地的关系，军队离开了民众就一定要垮台”，“你们现在是学员，但不久就要成为长官，长官如此，兵又怎能带好？要取得抗战的胜利，是离不开一支纪律严明的军队啊！”严肃的谈话使大家深受教育。部队到达湖南后，两名为首分子也认识到自己的错误并有悔改表示，父亲看到这一情况，又考虑到抗战需要人才，对他们进行严肃的批评教育以后，随即派到部队去锻炼，经受战火考验。这一事件的处理，给军官大队的学员们留下了深刻的印象，他们由衷地感谢父亲对他们的教育和对他们真诚的爱护。

父亲是一位普通而伟大的英雄人物。普通就在于他与常人一样，有血有肉，情感丰富，有着常人之所想、所爱。伟大就在于他有理想、明大义，对祖国、对人民赤胆忠心，并能以此来严格要求自己，在实践中不断进取，不断前进。他的生活目标是要为祖国的强大、繁荣、昌盛去努力工作、学习和奋斗，并为此贡献自己的一生。

中华民族的优良传统的教育，让他毫不犹豫地为国家、为民族舍生取义；黄埔军校的爱国革命、团结奉献、亲爱精诚的黄埔精神哺育他成长为一名英勇善战的将军。在缅甸同古孤军与日军激战时，他写下“为国战死，至极光荣”的豪言壮语。父亲牺牲后，周恩来的挽词“黄埔之英，民族之雄”，正是从这一角度给予他极高的评价。

父亲一生的光辉业绩将永载史册！他也将永远活在人民的心中！

（选自《活页》2015 年第 9 期，总第 91 期）

纪念先父谷宗仁

谷先知 *

今年是中国人民抗日战争暨世界反法西斯战争胜利 70 周年，在这特殊的日子里，重温 70 多年前中国军队英勇抗日可歌可泣的史实，追溯抗日战争伟大胜利的历史，意义深远。为此，我专程拜访了当年和父亲生死与共的旧部王伯猷、李鹤泉两位老人，一起回忆当年经历，并参考有关历史资料，撰写本文以表达对先辈的缅怀之情。

一

我的父亲谷宗仁，字博之，1897 年出生于安徽省含山县清溪村的贫苦家庭。父亲少时勤奋好学，在芜湖书院（萃文中学前身）半工半读，毕业后以优异成绩考入南京金陵大学攻读数理。1919 年五四运动风起云涌，他积极投入反帝爱国运动，声讨卖国求荣的封建统治者和贪官污吏，回到芜湖后，做过排字工人和海关职员。其后，父亲到芜湖育才中学任教英语和数学，深得校董孙养斋医师的器重。

1930 年，孙先生成了我的外祖父。他为人宽厚，行医有道，救济贫民，笃信基督，在芜湖颇有名望。外祖父有一子两女。我母亲行二，从小未受到旧礼教约束，不缠足，剪短发，在南京上过汇文女子中学，毕业后

---

* 谷先知，曾在哈尔滨电机厂工作，研制大型水电站水轮发电机组设备，后调至南京电子工业系统，担任舞台科学技术研究所所长。

回芜湖育才中学附属育英小学教书。她人品出众，是我外祖父最宠爱的女儿，外人都称她孙二小姐。在此期间，母亲和父亲相识并相爱。

当时，搞反帝爱国运动是很危险的。1923 年，父亲被迫逃离芜湖，去广州投奔革命，经胡春霖、李济深的推荐，考入黄埔陆军军官学校炮科第五期。

父亲去广州后，为了躲避一些提亲者，母亲毅然赴上海南市伯特利医院学产科，与父亲两地传书长达七年。直到北伐战争胜利后，父亲当上了国民革命军的炮兵营长，才于 1930 年初相约一道回芜湖结婚。

我出生于 1931 年初。从我记事时开始，父亲的音容笑貌就给我留下深刻的印象。他既严肃又慈祥，为人不徇私情，以爱国爱民为天职。他治军有方，赏罚有度，爱兵如子，纪律严明。

“八一三”淞沪战役爆发时，父亲任炮兵副团长，在上海负责封锁吴淞口，歼灭海上来犯之敌。在与日军血战四十八天后，终因腿部中弹流血过多，被背下火线。

1938 年初，父亲的伤口尚未痊愈又重返前线，任炮二旅三团团长，兼第三战区炮兵指挥部副指挥官，驻守于长江沿岸，在安徽大通击沉了日军大型运输舰，沉重打击了日军的嚣张气焰。

在“湘北会战”长沙三次大捷中，父亲任重迫击炮兵独立第二团团长兼第九战区炮兵指挥部副指挥官。二团掩护步兵作战，一举歼灭日军数万人。其后，在长沙南郊黄土岑至雨花亭之间集中掩埋被歼日军尸体处，由第九战区司令长官题名为“倭寇万人冢”，以此纪念长沙第三次大捷。

1944 年，父亲在都匀炮兵学校任战术教官。同年秋，日军进攻广西，父亲奉命组成炮兵指挥部，重返前线。在黔桂边境河池、南丹一带设防，以阻击北进之敌。

抗日战争中，父亲南征北战，辗转于第三、六、九等三个战区，遍及皖、赣、鄂、湘、粤、桂、黔诸省，历尽艰险，积劳成疾。1945 年 9 月，在日本宣告投降后，不幸谢世。

二

每个小男孩对自己父亲总是十分羡慕，处处以父亲为榜样。我记事起，就觉得父亲身材高大，走起路来很威武。他身穿军装，肩背武装带，戴着一副白手套，脚上的马靴亮亮的。每天晚上回家，总是坐在藤椅上，让我替他脱马靴，我双手抱住他的靴底使劲拽，弄不好就坐倒在地板上。

1934 年，我们居住在南京。父亲的部队在小营，我去他们营房玩过，看见父亲骑在马上手持指挥刀操练部队。那时的炮兵靠骡马运输，叫骡马炮兵。黄埔军校的炮科很注重马术训练，所以父亲的马术特别好。父亲的办公室是一排平房，房前有假山水池。父亲的办公室里布置得简单朴素，一套藤编家具茶几上铺着白台布，放上一盆兰草。

和我家同住大中桥的还有孙生志伯伯一家。孙伯伯毕业于黄埔第四期，父亲尊称他为学长。我们同住一个院子，两家十分相似，都是一儿一女。孙家儿子光天和我一样大，女儿孙光明和我妹妹同年。我们的关系很融洽。

1937 年，我 6 岁，随父亲住在浙江嘉兴，后又搬到平湖。那里是典型的江南水乡，到处是小桥流水，我家住二层小楼，楼前有走廊，正面是一排雕花门，院子外面有一条沿河石板路，环境非常幽静。

我去过父亲办公的地方，院子里尽是古树和花草，穿过一座假山就是他的办公室。室内布置简洁朴素，墙上除了军用地图外还有文天祥的“正气歌”和岳飞的“还我河山”，办公桌上放着手摇电话机和笔墨纸砚。梅兰竹菊是他最喜欢的花卉，一盆兰花是必需的点缀品。

我最爱翻父亲的图囊，因为那里面有许多我感到神奇的东西。除了红蓝铅笔外，最感兴趣的是一只戴有长柄的表。表上有一个会转动的轮子，只要把轮子在地图上从某一点滚到另一点，便可从表上读出两点之间的距离。

在浙江期间曾与父亲到杭州和海宁，那是与父亲唯一的外出游玩。父亲是军人，时刻不忘自己的身份和职责，在看到洋人肆意拍摄中国贫穷落后的照片时，他都非常气愤，每次都上前断然制止。父亲英文好，又是军人，所以每次都使洋人狼狈离去。

卢沟桥事变后，为防止日军进攻上海，父亲的部队奉命开往上海担任封锁吴淞口的任务，母亲就带着我和妹妹回到芜湖外公家。那时交通已很紧张，平湖不通火车，只好由水路到苏州。当时苏州车站一片混乱，客运几乎停止，我们便随行李家具一起乘铁壳货车开往南京，再转车到芜湖，其逃难的滋味一言难尽。

到了外公家，一切又恢复了平静，我在附近的毓秀小学上二年级，而母亲作为军人的妻子时刻惦念着父亲的安危。

大概是10月中旬的一天下午，父亲的警卫员王伯猷突然出现在小学办公室门前。他见到我母亲行了一个军礼，母亲顿时脸色苍白，连忙问："你怎么回来啦？怎么知道我在这里？"王伯猷回答："副团长挂了彩，不过没有生命危险，车子经过小学，叫我来接少爷的。"母亲立即随他陪父亲一同回家，并没有叫我提前放学。当我放学回家，只见家中一片沉静。父亲脸色苍白坐在桌旁，目光炯炯，严肃和蔼，只问了我一句话"你学习还好吗？"面对此景，我一切都明白了。想起从苏州逃难坐铁壳货车，到南京又遇到敌机的轰炸，回到芜湖，无论是学校里还是大街上到处是抗日宣传，抗日的怒火充满了我幼小的心灵，我喊了一声"打倒日寇！"

父亲叫王伯猷上街买了一个玩具兵给我，记得是一个全副武装的儿童，头戴钢盔，身背子弹带，扎着裹腿，脚穿皮鞋，举枪半跪作射击的姿势，十分逼真可爱，和街上宣传画中的抗日战士一模一样。从那时起，我突然变得听话了，只想早点长大，雪耻报国。

父亲在芜湖弋矶山医院治疗，那是当年长江流域最好的教会医院之一，与南京的鼓楼医院、苏州的博习医院齐名。经过一段时间的治疗，伤口基本愈合。

1937年底，芜湖也面临沦陷的危险，父亲带我们全家乘船迁往重庆。那时去汉口的船票非常紧张，我们赶到怡和码头，乘英国"宝和号"轮船，我的一只皮鞋都被挤掉江中。船上难民拥挤不堪，能住进统舱就算不错的了。轮船离开芜湖港已是下午。晚上，两名英国军人走过来对父亲说，船上不许带枪，乘客的安全由他们负责，要王伯猷把身上的驳壳枪和子弹袋交到船长室去保管。父亲很不高兴，就亲自见船长。当船长了解父亲是因参加抗战负伤的中国军官时，就满含歉意地说：“很抱歉，船上实在太拥挤了，不能为您的夫人和孩子安排房间了。不过您可以住在我这里，我每天让船上的医生为您换药，我会对您的安全负责。”

经过几天的航程，我们抵达了重庆朝天门码头，顺着数不清的台阶往上看，朝天门最高处有探照灯和高悬的信号球。爬上朝天门，宽广的马路和街道展现在眼前。重庆是座山城，俯瞰重庆港十分壮丽，经过三峡的颠簸，看到宽阔的江面，风平浪静，顿时心旷神怡。

过了 1938 年农历新年，父亲对我的教育开始严厉起来，每日要我写字背书。我最怕背白居易的《长恨歌》，不像《白帝城》那么好懂好记，背不出来就要罚跪，而且跪在四面不靠墙的凳子上。母亲常为我流泪。父亲说：“男孩子要成才不能溺爱，小恩宝（我的小名）到了 10 岁就由我来管教。”父亲对我的严厉教导，我永远不会忘记。我越来越懂得这是一种真正的父爱，对我今后的成长有极大的好处。

三

1938 年新年后不久，父亲重返前线。

当地人对我们下江人总是投以特殊的眼光，那时常有棒老二（即土匪）出现。于是，母亲带着我和妹妹搬到沙坪坝，那里有我舅母和她娘家的一些亲戚，互相有个照应，而且那里是文教区，比较安全。我进了四川教育学院办的沙坪坝实验小学三年级。

当时，炮二旅旅部设在江西南昌。旅长史文桂派父亲到皖南炮三团视察。炮三团驻青阳县，团长卢为云曾留学日本士官学校，他贪污腐败，把三团搞得军心不振。上级怀疑他要叛变投敌，这次派父亲去，为的就是铲除腐败，重整军心。

父亲到了三团，卢为云热情接待，就是回避视察检查的事。他拿出一笔钱对父亲说：“嫂夫人在重庆生活一定很艰苦，这点钱请寄给嫂夫人补贴家用”，父亲断然拒绝。后来，又施美人计等手段伺机陷害，父亲对他的所作所为早有提防，没陷入他的圈套。卢为云见无计可施，终于凶相毕露，设下了鸿门宴。一天，他请父亲去游黄山，并说：“人多车子坐不下，我们都不带警卫员。”结果，中途车子开进一座深宅大院，内有埋伏，父亲被软禁起来了。卢为云于是发电称：“谷宗仁煽动军心，图谋不轨。”他的如意算盘是——只要有一个回电支持他，他即将父亲处决。

此时，史文桂旅长正在军政部开会，得知卢为云给军政部发电报之事，立即说明派父亲去三团的原委。军政部回电：“谷宗仁你部无权处理。立即释放。”卢为云接到回电后，自知事情败露，连夜逃跑，投靠日本人去了。

在软禁我父亲的同时，警卫员王伯猷也被关在一个老乡家的楼上。卢为云对王伯猷说：“你跟谷某人多少年也没给你升官，我也是湖北人，咱们是老乡，你愿不愿意跟我？你给我当副官。”王伯猷婉言谢绝了。在被关的日子里，他暗自观察地形准备逃跑。后来卫兵们都松懈了，王伯猷寻找时机撬开地板钻到楼下老乡房里。老乡一家吓坏了，王伯猷连忙对老乡说：“我的领导和我是上级派来抗日的，他也是安徽老乡，现在被人暗害，求你们帮我逃走，我好到上级那里去报信。”老乡听了很受感动，给他换上便衣，还给他一把雨伞和一些零钱，王伯猷连夜上路直奔南昌。走到石台，想给旅部发电报，突然发现石台电报局门口有三团的兵在把守，自知不能自投罗网，只好继续向南昌方向奔去。走了三天的路程，雨天路滑，正好打着雨伞遮着脸以防被人发现。正在向前赶路，突然听到车队声迎面而来，抬头仔细一看原来是旅长的车子，后面跟着警卫排。王伯猷连忙扔掉雨伞，举起双手去拦旅长的车子。见到旅长，他放声大哭，旅长叫他上车回青阳，他不敢回去，说怕卢团长抓他。参谋长说：“有旅长在你怕什么？你们副团长已经接任三团团长啦！”就这样王伯猷上了车，他跑了三天的路程，这回不到 1 个小时车子就到了。

三团团部从青阳迁到屯溪，那里是第三战区长官司令部和炮兵指挥部所在地。那时是国共合作期间，父亲与各部友军保持良好关系，常与新四军叶挺军长一起参加战区军事会议。父亲主张全体军民团结抗日，反对闹摩擦。

父亲在黄埔的同窗好友彭孟辑在炮一旅任副旅长，后来调到重庆国防部工作。他劝父亲也去重庆，父亲说："我是军人只会打仗，现在国难当头，我岂能离开前线到后方去坐办公室?"彭孟辑到了重庆升了官，后来听说在台湾当上了参谋总长，五星上将。

父亲非常重视人才的培养，把有才能的干部送到军校去学习。奚度连长因为击沉敌舰有功，后被送到都匀炮校学习，毕业于第 18 期。在皖南，从老家含山逃难来的乡亲不少，父亲都尽力帮助，或介绍工作，或给路费到后方，对年轻有为的还长期供养上学直至进入大学。那时母亲带着我们在四川，有人说："那些受资助的人享受的待遇比太太、少爷和小姐好得多。"这时期父亲接济家乡来的难民多达百余人次。

我们在沙坪坝住了不久，敌机就开始空袭了。5 月 30 日，重庆遭到日机轰炸，造成"五卅"惨案，人们纷纷逃出市区，使郊区人口狂增，沙坪坝这个小镇顿时繁华起来。此后日机空袭重庆日渐频繁，警报分三步，第一步是挂"日机入川"的小旗，第二步是鸣长笛以示空袭警报，第三步为紧急警报，笛声短促，表示日机即将临空。那时我国的防空能力极其薄弱，加上汉奸活动猖獗，给日机指点目标。真是政府无能，人民一盘散沙，有人眼看着汉奸放信号枪居然没人敢管。

面对日机的轰炸，唯一能做的就是挖防空洞了。重庆市区大修防空洞，马路下面都挖空了，每个路口都有出入口，我们在沙坪坝就常躲进这样的防空洞。

在沙坪坝过了夏天，我家迁到舅父所在的泸州。次年泸州开始遭到日机的轰炸，于是暂时搬到乡下，以后又迁往江津。

这期间，父亲接任炮三团团长，"纪行严明"，三团军心大振。三团负责封锁长江阻击敌舰侵犯武汉的任务，装备是德制“迫福司”山炮（又有瑞典制之说），算得上是最先进的了，团部设在青阳。

在大通，一艘日本大型运输舰被三团的炮火击沉，这大长了中国人的志气。消息传到团部，父亲除了传令嘉奖全体官兵外，同时命令沿江军民立即转移，并制造假工事迷惑敌人。果然，次日凌晨日军飞机就窜来轮番轰炸扫射数小时。由于父亲果断决策，保全了沿岸军民生命财产的安全。

日本侵略者对那艘运输舰被击沉，耿耿于怀。在日军撰写的侵华战争史资料中称：“我们始终不知道中国人用什么武器击沉这艘舰的。”以上资料被台湾中华学术院战史研究会研究员黄润生先生获得，他于 1991 年两次专程来芜湖、铜陵等地考查，由芜湖市黄埔同学会陪同赴大通访问。据说，提及此事就连当地的年轻人都知道，抗日战争时有条日本军舰在此处被中国军队击沉。回想当年在江津时，母亲带我们在公园的报刊栏上也看到过这条消息，后来才知道这是父亲率领三团创下的战果。

四

1940 年父亲新扩编的炮二团在湖南整训一段时间后，奉命开赴第六战区鄂西宣恩，主要也是为了封锁长江巴东一带。

鄂西地区接近大后方，比较安全，况且那时的日军已经气焰大减。父亲决定接我们全家到宣恩去。1940 年冬，父亲派一名副官、王伯猷和一名战士到江津来接我们。我们从江津乘小客轮到重庆，再换乘民生公司的客轮到巴东。

车子开到营地，我感到既新鲜又振奋。门口的哨兵站在树丛下的掩体里，头戴钢盔，实枪荷弹，十分威严。营房整洁壮观、井井有条。开始我们住在团部机关后面一个院落里，团部前后都有操场，靠近团部的是特务连，他们负责团部机关的保卫工作和通讯联络。

父亲办公室门背后有一纸帘，上有“机密”二字。后来才知道，帘后面是“口令”。夜间经过哨卡要对“口令”，“口令”是一天一换。军营里所用语言要求简洁准确，不得含糊其词拖泥带水。营房里不论是造房铺路，打制桌椅板凳都是自己动手，部队里有各种能工巧匠，人才济济，而且工作认真，一丝不苟。

新年过后不久，二团就奉命开赴长沙。部队经过小关镇时，老乡们夹道送别。

1941 年初夏，父亲接我们到长沙。二团驻在长沙东郊朗梨市，团部机关设在“解家老屋”。那是一座大庄园，雪白的围墙内布满参天大树，有别墅、池塘、假山和练兵场，后面还有农田，这里过去是何键的官邸。在朗梨市住了整整一个夏天，长沙到处有玉兰树，父亲办公室里经常把玉兰花插在用炮弹壳做的花瓶里，盛开的玉兰花就像一盏台灯，十分典雅。

秋凉时，二团奉命开赴广东曲江（韶关），打算趁日军进攻香港之机进攻广州。部队出发后，我们部分家属乘木船沿湘江而行，到二团留守处零陵（永州）。零陵县城不大，留守处设在七里店的贺家村。七里店至贺家村没有公路，汽车队只能设在七里店去贺家村的路口。留守处是个深院，前院是警卫和仓库，后院是办公室，后门有一条小路直通山顶。父亲在山腰建一草亭，题名“抗日亭”。沿路登上山顶便是操场。在留守处的大院里，到处可见标语口号：“国家至上，民族至上”“军事第一，胜利第一”“意志集中，力量集中”等。

由于我们是第一次来到这里，留守处特地在城里订了酒席和戏票，准备晚上开车送我们进城。母亲婉辞如此款待，她说：“国难当头，我们怎能吃酒看戏？一滴汽油一滴血，怎能为私事开车进城？”

二团刚到韶关，又接到命令，要求火速返回长沙，参加湘北会战，也就是有名的长沙二次大捷和三次大捷。那时中国部队的装备很差，炮兵就算是特种部队了。会战在常德一带激烈进行。两次大捷，日军死了数万人。战争结束后，在长沙和南郊雨花亭附近造了一个“倭寇万人冢”。1944 年，日军再次进攻长沙时，认为此冢是日军的奇耻大辱，便将其炸毁。

二次大捷后，我们回到长沙。那时长沙到处都能看到战争的痕迹，周围是战壕和掩体，公路被切断。

两次大捷的主力是步兵第十军，二团配合第十军作战，掩护步兵前进。父亲和第十军方先觉军长有较长时间的战斗友谊。战争时期部队都以代号为名，二团的代号，是“仁”字，长沙人都称“仁字部队”。后来统一以“山”和“水”字命名。第十军为“泰山部队”，二团为“松江部队”。

长沙属第九战区，父亲兼任战区炮兵指挥部副指挥官。指挥官王若卿出身保定军校，年纪较大。

长沙三年，是我们和父亲生活在一起最长的时间。从上高小开始，父亲就训练我的阅读能力。他经常给我一段文章，规定时间看完，然后让我把文章的大意讲给他听，还教我读《古文观止》。长沙的文化气氛很浓，即使是农村，识字的人也很多。学校里，练字的风气很盛，大小字是我们每天必须完成的功课。练大字须先欧后柳，然后再学颜体。那时长沙盛行“钱（兰园）体”，我们同学中写字最好的都是练钱体。这种字体刚劲有力，笔锋比较夸张，所以我也跟着学“钱体”。父亲看我进步很快，春节时让我写春联贴在大门上，我写了“物华天宝，人杰地灵”“一元复始，万象更兴”等。

父亲对妹妹特别宠爱，每次出差回来都要带衣服、毛线、香水之类给她，但没有我的份，出去参加宴会也常带妹妹去。在日常生活上，对我严格要求，不许只穿毛衣不穿外衣外出；扣子要全扣上，不可敞着领子不扣风纪扣；睡觉前必须把脱下的衣裳叠好放得整整齐齐，以防发生紧急情况手忙脚乱。有一次我睡觉前去小便，裤扣没扣好，便遭到他严厉责备，他说：“即使睡觉也要把扣子扣好，回到房间再解开。”

我亲眼看过二团的实弹演习。提前好多天就宣布戒严令，告知戒严日期、地点范围，几点到几点禁止通行。演习的场面和电影里展现的一样，气派极啦：主席台上一排排长桌铺着白色台布，每人手里一个望远镜，台前还架着剪形望远镜，台上有电话机。山下就是炮阵地，每门炮射击的时候由炮长报告，逐级报告到主席台，然后发射。炮弹出膛直上云霄，过好长时间才看到靶区冒出浓烟，然后传来爆炸声。紧接着就是各个观测点传来的电话，报告炮弹命中情况。我记得参加检阅的有九战区炮兵指挥官王若卿、俄国炮兵顾问和战区各兄弟部队的代表。接近演习尾声时，天色渐暗，炮弹出膛时，可以看到炮口喷出的火光。

二团是炮兵，但对步兵科目的训练一天也没有放松。为应对在前线发生遭遇战的情况，每个连队都配备足够数量的步枪。我也看见过连队里的步枪打靶，用的全是捷克式步枪，那时算得上最新式的了，比起“汉阳造”和“三八枪”要先进得多。这种枪的背带安在枪体侧面，枪栓是弯把的，据说背起来骑在马上不怕颠簸，比较平稳。后来我听父亲说：“步枪还是俄式的好。”

王若卿身为炮兵指挥官，但没有实权，加上他子女孙儿一大家，开销甚大，有时要打下属的主意。那时，新调来的炮一团团长钟鸣辉也是父亲黄埔同学，比较内向。一天，钟鸣辉告诉父亲说：“我一到长沙就遇到了麻烦。”原来，王若卿对钟鸣辉说：“一团有人盗卖通讯器材，被我发现，赃物已被赎回”，要钟鸣辉还他赎金就算了事，否则就要把钟鸣辉按军法处理。

钟鸣辉害怕了，来找我父亲商量怎么筹款还赎金。父亲认为这简直就是敲诈，说钟鸣辉不该答应他还赎金。既然有人盗卖就应当把人查出来再作处理，怎么不明不白就要交赎金呢？那一段时间，钟鸣辉的日子不好过，以为自己真的要上军事法庭了。由于父亲为他伸张正义，钟鸣辉幸免于陷害。为了照顾王若卿的面子，此事也就不了了之。1945 年 8 月父亲病重时，钟鸣辉特地命他的侄子来贵阳看望父亲，还主动为我父亲输血，他说：“谷团长对我叔父恩德匪浅，我应为团长效力。”

在长沙的三年中，经过湘北会战，辗转南北历尽艰险，但屡获大捷。军民大受鼓舞。同时，这段时间也不像在四川的三年，时刻担心敌机的轰炸。这主要是和陈纳德的十四航空队协同作战，有力打击敌机的嚣张气焰分不开的。据陈香梅的回忆，在陈纳德十四航空队和第九战区薛岳领导的中国陆军协同作战中，陈纳德对长沙保卫战节节胜利大加赞扬，并从中得出结论：在中国战场上主要靠本国陆军才能取得胜利。

长沙三次大捷后，第十军调往衡阳。接任长沙防线的是张发奎的侄子张德能。1944 年日军第四次侵犯长沙时，由于张德能作战不力，长沙失陷，张德能调到重庆，因此被处决。

五

1943 年，当时实行所谓军官“定期对调”，就是把前方有作战经验的将领和后方军校的教官对调，以取长补短。父亲奉命调往都匀炮兵学校任战术教官，接任父亲的是廖活民。他在成都本校任教多年，广东人，也是黄埔同学，和父亲关系很好，是我家的常客。

经过一段时间的交接，父亲离开了他精心组建的炮二团，告别多年来与他南征北战，生死与共的全团官兵。在欢送大会上，炮二团送给父亲四个大字：“公正严明。”

1944 年春，我们全家随父亲迁往贵州都匀，同行的有王伯猷、李得凤以及奚度连长的太太吕美智（1938 年就是奚度指挥的连队在大通击沉了日军的军舰，我们到都匀时，奚度正在炮校十八期上学）。

在都匀炮校，父亲任学员队战术教官兼副队长。学员队比学生队要高，大概是为上过军校的学生开办的进修班。学员队范围不大，但环境十分幽美，在一座小山上。礼堂、教学楼和宿舍成品字形。礼堂在中间，名“中山堂”，前面是操场，两边设有篮球架。教学楼门前有左右对称的台阶。台阶形成的梯形墙上有一幅醒目的宣传画，画的是越王勾践卧薪尝胆，上有四个大字“毋忘国耻”。父亲的办公室就在教学楼里。

都匀是个小山城，那时没有什么文化娱乐场所，只有田汉领导的“四维京剧社”每天演出。演员都是抗战中收养的孤儿，年龄十二三岁，最大不过十五六岁。因为他（她）们是我们的同龄人，所以印象极深。“四维”不仅演《空城计》《玉堂春》《打渔杀家》一类传统剧目，也演新编剧“江汉渔歌”等。田汉既是编剧又是导演，而且是乐队指挥，亲自打板鼓。

1944年秋，父亲奉命任炮兵指挥官，临时由炮校组建一个指挥部，奔赴广西前线。父亲领着新组织的人马随即踏上征途。

1944年冬，父亲出发后，炮校由都匀撤到贵阳。当时只给职工每家配备一辆板车，各自买牛拉车逃命。那是我家在抗战中最艰苦的一次逃难，比1937年那次逃难还要狼狈。行李和书籍装了一牛车，由李得凤赶车上路。那时公路的客票还可以买到，母亲领着我们兄妹俩，带了些随身用品，乘客车去贵阳。所谓的客车就是货车，拥挤不堪。车子刚启动，突然看见王伯猷赶来。当时我坚决要下车跟王伯猷走。就这样母亲带着妹妹先去了贵阳。

与王伯猷同行的还有父亲的同事孙伯伯一家，以及刚从炮校十九期毕业的李鹤泉。李是原炮二团的观测员。他们凭着人多，拦了一辆路过的车子，七手八脚上了车往贵阳开。因当年在长沙，我去连队看打靶时，李鹤泉曾照顾过我，因此我和他并不陌生。因为王伯猷要去找我父亲，没和我们去贵阳，因此我就跟着孙伯伯一家以及李鹤泉他们一路前往贵阳。

一路上，孙伯伯是总指挥。他不时地看着地图，计划什么时候要到达什么地方，在什么地方吃饭，什么地方宿营。为了赶路，有时要夜间行驶，不巧车灯发生故障，只得打着火把前进。

车子终于到了贵阳，已经很晚了。找到了中华路炮校办事处，母亲见到我总算放下心来。我们被安排到六广门附近的一所小学里，母亲天天担心父亲、王伯猷和李得凤他们的下落。大约过了半个月左右，李得凤也赶到了贵阳。他见到我们悲喜交加，一路上历尽千辛，牛也丢了，车也坏了，他自己也生了病，最后依然挑着戏匣子和铺盖卷回来了，一家人为他如此忠心耿耿感动不已。

黔南事变是日军在侵华战争失败前规模最大的一次攻势，造成黔南地区数十万难民妻离子散、家破人亡的空前灾难。

独山之战后，战争暂时平息，父亲从前线回来，他的身体大不如前，精神也不愉快。炮校教育长史文桂见到父亲一来就要走。父亲劝他不能走，否则整个都匀城就会军心大乱，即使要走，等都匀前哨的枪声响了再走也不迟。史文桂不听父亲的劝告，把父亲留下来代理他的城防任务。其实日军根本就没有到都匀。史文桂一走，都匀果然大乱，一些不法分子趁机抢劫闹事，父亲果断镇压平息了这场劫难，控制住都匀的局势。

1945 年春，炮校正式迁往开阳建校，在都匀成立办事处，史文桂命父亲任处长，负责处理炮校在都匀的房产、物资等善后问题。这是既复杂又容易得罪人的事，在都匀几个月里，父亲既要处理好与地方上的关系，还要抵挡来自内部的压力。父亲一向秉公办事，因而遭到嫉恨和暗算，甚至有人要暗杀父亲。父亲身体每况愈下，母亲在贵阳很不放心，就带着妹妹返回都匀照顾父亲。

1945 年 8 月初，父亲和母亲带着妹妹回到贵阳，8 月中旬住进贵阳中央医院。在高烧中还口齿清楚地念叨着炮径规格、火力布置等。9 月 3 日，听到外面锣鼓喧天、鞭炮齐鸣，父亲问："何事如此热闹?"母亲告诉他说："日本人正式向我们递交投降书了。"父亲长叹了一口气说："盼望的这一天终于来到了，我也好解甲归田了。"

父亲在胜利的喜悦中结束了他八年浴血抗战的戎马生涯。两天后的 9 月 5 日，父亲逝世，享年 48 岁。

在灾难深重、内忧外患、民不聊生的旧中国，为了国家的富强、民族的尊严，父亲毅然投笔从戎，驰骋疆场，为国献身。他历尽艰险、光明磊落、两袖清风、忧国忧民、刚直不阿的一生，给我们留下了一笔宝贵的精神财富。我们要永远继承先辈遗志，弘扬民族正气，为振兴中华而永远奋斗。

（选自《活页》2015 年第 10 期，总第 92 期）

革命一生虔为民　百年追梦炼丹心

——记刘峰同志感人至深的几件事

陆庆良 *

刘峰原名汤锦瀫，1916年10月生于安徽凤阳府城。1929年6月加入共青团。1933年初到上海从事革命活动，参加抗日救亡工作。1935年参加党的外围组织“教联”，1936年6月加入中国共产党。1937年后任江苏省委学生运动工作委员会书记、教委书记。1942年6月到南京开辟党的工作，先后任南京工作组组长、南京市工作委员会书记，1946年4月任南京市委副书记。新中国成立后历任南京市财政局局长、财委副主任，江苏省计委副主任、主任，江苏省财办副主任、主任，南京市委副书记，南京市政协主席，南京市人大常委会主任等职。

刘峰同志1929年就参加革命工作，党龄也已经80年了。他的经历大致可以分为三个阶段，一是从事党的地下工作，从1929年至1949年，共20年；二是从事社会主义建设工作，从新中国成立到“文化大革命”，约30年；三是“文化大革命”之后直到1986年70岁时离休，担任过南京市政协主席、南京市人大常委会主任、南京市关心下一代工作委员会副主任等职，这是他为南京的建设发展发挥大作用的10年。他的一生跌宕起伏，经历丰富，非常精彩。

---

* 陆庆良，曾任南京中山陵园区区长，南京市委党史委副主任、市委党史办主任。离休后，任南京市诗词学会理事。

初次接触

解放前从事党的地下工作时，我并不认识刘峰同志。第一次见到他是在 1954 年的春天，那是我调到农委一年后的一天，刘峰同志任财经委副主任，我去参加他主持召开的一个座谈会。他很客气，请我上二楼（现在的市委办公厅那栋楼）。刘峰同志、财经委秘书长甘峰、建设工程局的工程师陈铎和我四个人参加会议，讨论关于黄粪的提价问题。那时南京郊区都是菜地，黄粪的需求量很大。粪便管理所要求提高粪价，刘峰同志征求我们的意见。秘书长认为需要提价，我虽然到农委不久，但下乡时听过农民反映，认为不应该提价。陈铎说他不太清楚。刘峰同志听了我们的意见，并没有当场决定要不要调整价格，而是让我们下去调查，一个礼拜后再碰头，我说这个办法好。

我骑着自行车来到锁金村调查，那时出了太平门就是菜地。那个大队书记叫孙起金，他说农民反映很强烈，坚决不能提价。粪便管理所当时属于建设工程局，陈铎说大家意见不一致。后来就采取了一个折中的办法。针对农民反映不但不能提价，还要提高黄粪质量的问题，刘峰同志指示粪便里不能掺水太多，还要经过充分的发酵，提高黄粪质量后，适当地调整一点价格。后来黄粪供不应求。刘峰同志给我的第一个印象就是平易近人，善于听取不同意见。

刘峰同志在老百姓中的口碑很好，赞誉很多。我进入党史办之后，对刘峰同志的了解逐渐多了起来，因为他分管党史工作，接触较多。在交往中，他有四个特点让我体会很深，分别是贵在坚持、重在务实、强在自律、乐在奉献。

贵在坚持

刘峰同志从事地下工作 20 年，两次被捕，在“文化大革命”中被批斗、被关押。他吃的苦非常多。

刘峰同志家乡在凤阳，初中还没有毕业，就离开家乡到蚌埠长淮团特委工作，从此走上革命道路。整整一年，遭遇种种折磨和非常艰难的情况。长淮特委被破坏后，很多人被抓，十几个人在雨花台被杀害，包括特委书记。1932 年，刘峰同志曾被敌人逮捕，他当时年龄很小，只有 16 岁，最后由家里保了出来。虽然环境险恶，但他的革命理想和信念始终坚定不移，又来到上海，慢慢寻找组织关系。在上海参加抗日救亡活动时，又被英国巡捕房怀疑是共产党而逮捕，受过刑，吃的苦自不必说。但他始终没有屈服，最后经过法院判决无罪释放。

“文化大革命”中，刘峰同志被造反派批斗并关起来，要他交代两次被捕的情况和南京地下党的问题。他不畏环境的恶劣，坚持原则，实事求是，决不乱讲。直到 1977 年下半年，组织作出审查结论没有叛变投敌的问题，调他回南京工作。离开工作岗位十年，他的身体和精神上都受到很大折磨，但他始终相信“文化大革命”的错误总有一天会得到纠正，这只是历史发展中的一段曲折。他以坚韧不拔的毅力，经受住了考验，坚持了革命理想。恢复工作后，刘峰同志担任过江苏省财办副主任、主任，南京市委副书记，主要都是副职，地位和职务并不算高，但他从未有过怨言，总是愉快地服从组织安排，卓有成效地开展工作。

重在务实

刘峰同志很务实，他要么不说，说了就一定要做到，不说假话、大话、空话。1980 年，南京市委重新建立党史征编工作领导小组，后改称党史资料征集编研委员会，刘峰同志任委员会主任，他跟省委党史资料征集编研委员会的主任管文蔚都是很愿意从事党史工作的。

刘峰同志十分重视党史工作。1982 年我到党史办工作时，跟刘峰同志反映，党史办只有十几个人，任务很重，上级要求又很高，开展工作有不少困难。他说要想办法先抓组织。他卸任市委副书记以后，向市委提出了这一问题。市委常委会专门研究过两次，后来编制终于增加到 20 个人。刘峰同志还建议找一些有文化、有兴趣的老同志来帮忙，有的人是他亲自找来的，最多时找了七八个。帮忙的人没有工资，只有一点津贴、车马费，很辛苦，征集了不少珍贵的资料。党史部门征集的资料，也为一些同志的冤假错案平反提供了很好的佐证材料。

市里确定要写一本《南京人民革命史》，1986 年成立了编写组。这本书本来由原市委宣传部部长朱启銮同志主编，后来他身体不好，就由刘峰同志负责，但他坚持主编还是用朱启銮的名字。刘峰同志为这本书花了大量的精力，开了很多座谈会。为了保证史实准确，审稿的时候，他和编辑组的同志一起逐字逐句地推敲，非常认真。

刘峰同志每次开党史征集研究或者党史工作会议，从来不要别人准备稿子，他自己出口成章。因为他本身有责任心，有兴趣，非常了解情况。最典型的是他的回忆录《革命一生》的出版，从开始到成书近十年时间。初稿是他自己动手写出来的，在脑科医院治病期间，由老伴欧阳仪帮他整理。其中有一些背景资料是各地党史部门协助整理的，但刘峰同志的回忆里有很多细节。例如关于“四清”工作队的内容，写得比较实事求是。

恢复工作后，刘峰同志分管财贸。他首先了解财贸系统各部门的工作情况，特别是了解市场的情况。经过调查了解，当时南京市蔬菜、副食品供应紧张，对人民生活影响很大。刘峰同志下决心要解决好这一问题。南京蔬菜生产，由于受气候影响等多种原因，上市素有“两旺”“两淡”，要实现全年均衡生产、均衡上市非常困难。刘峰同志真正从人民的需要出发，向市委建议，管好蔬菜必须实行产、供、销一条龙，成立蔬菜局。在他的建议下，1979 年，市蔬菜局成立，具体负责统一管理蔬菜产、供、销工作，实现了产、供、销一条龙。

为了搞好蔬菜生产，刘峰同志非常重视科学技术，专门成立了蔬菜科研所，调进一批专业人才，搞了一个基地。刘峰同志和财政局商量，每年财政补贴一些钱。在各菜区搞技术培训班，指导农民科学种菜。刘峰同志经常找这些专业人员座谈，征求他们的意见。他们也搞了很多科学实验，无土栽培、蔬菜大棚都已经开始试验。

为了了解情况，指导工作，刘峰同志对蔬菜工作下了很大功夫，每年市里要开两次蔬菜工作会议，他不仅经常到菜场和蔬菜公司，还要到郊区了解蔬菜生长情况，差不多每个乡都跑过，听取群众意见，及时帮助解决一些问题。他没有进过专门的会计学校，但开会作报告时算账很快，脑子里一本账，是一个理财能手。在他管蔬菜副食品工作时，适应当时的形势，为调动菜农的生产积极性、稳定蔬菜生产用地、发展农业科技、活跃市场、满足人们的需求发挥了很大作用。

强在自律

刘峰同志对自己和亲属子女的要求很严格。“文化大革命”后，他恢复领导职务，依然廉洁自律，不开后门，女儿要买自行车都是自己解决，他从来不打招呼。不管谁来看他，他都事先讲好，不要送东西。有一次他到六合视察，从龙池水产养殖场回来，听见后车厢里有声音，就问怎么回事？司机说是养殖场送了几条龙池鲫鱼。当时车已经快到长江大桥了，他还是让司机掉头把鱼送了回去。外地老同志来看他，他都是请到家里吃个便饭。1985 年，十多位抗日战争老同志在四川酒家欢聚，他和陈慎言两人付费宴请。

20 世纪 80 年代初，我任农办经营管理处处长时，有一次跟他到雨花台区江心洲公社调查蔬菜生产责任制情况。我根据国家农业生产合作社条例，汇报说互助合作有三条：一是典型示范，二是群众自愿，三是国家支持。他说我讲得很好，让我以后到蔬菜工作会议上去发言。看完大队去看小队，已经 12 点多了，到了午饭时间，我们本来要返回，可是人家饭菜已经准备了。而且江心洲离市里较远，司机把我们送到家要 1 点多钟，下午还要上班。考虑这些因素，刘峰同志就让把菜撤掉，一个人下一碗面条，给司机的多一点，其他人少一点。他就是这样实事求是，既关心下属，又不铺张浪费。

1979年南京市政协恢复工作，刘峰同志兼任政协主席。他尽可能发挥民主党派和党外人士的作用，正确贯彻党的统一战线的十六字方针：长期共存、互相监督、肝胆相照、荣辱与共。

“文化大革命”期间，天主教石鼓路堂被某工厂占用，该厂又在院内新建了一些房屋。1979年9月，市长办公会议作出决定，要该厂先将大堂让出，而后限期迁出石鼓路堂，将全部房产归还天主教爱国会。工厂搬迁有困难，就找出种种理由拖延，有关部门一再做工作，仍未取得进展。刘峰同志听说此事后，亲自到现场，实地察看了该厂在堂院内的用房情况。他连续三天到现场办公，分别找工厂及车间负责人谈话，宣传党的宗教政策。到了中午，他就拿出自带的面包就白开水充饥。那几天，厂长一直回避刘峰同志，他就让厂里的另一位负责人立即坐他的车去找。厂长找来后，刘峰同志严肃地指出他不执行市里决定的错误。为了解决他们的实际困难，刘峰同志提出了分步实施的方案，厂长表示接受。市政府专门拨款12万元，使石鼓路堂大堂的修复工作如期于1980年12月15日前完工。圣诞节前夕，教堂举行了隆重庄严的复堂仪式。

乐在奉献

刘峰同志非常热心，助人为乐，为南京地下党的平反作出了很大贡献。

南京地下党在敌人的心脏坚持斗争，到解放前夕，共有近2000名党员，并先后向解放区输送了大批优秀党员和青年，为南京解放作出了很大贡献。但是在“文化大革命”中，受“四人帮”影响，全盘否定南京地下党，诬陷南京地下党有“潜伏特务”，不少地下党员被迫害致残，有的被迫害致死。“文化大革命”后，刘峰同志冒着很大风险，积极呼吁，要求为地下党平反，这完全不是为他自己，因为他本人已经有了结论，恢复了工作。他希望给南京地下党一个公正的评价，多次找市委负责同志谈，南京地下党组织到底有没有问题，如果没有问题，党组织应该公开平反。

党的十一届三中全会后，胡耀邦同志在中央主持平反冤假错案，为“文化大革命”中受冤屈的同志恢复名誉。不久，南京市委作出决定，为南京地下党案件彻底平反昭雪，许多同志恢复了名誉，刘峰同志的努力终于有了结果，他为此感到十分欣慰。

刘峰同志70岁离休以后，说自己还有余力，还可以做些事。1984年，河南安阳成立了一个关心下一代协会，刘峰同志和一些老同志去参观学习后，认为老同志可以发挥余热，就发起成立南京市关协，贾世珍同志当主任，他当副主任。刚成立时没有经验，不知道怎么搞，就先后成立了若干小组，如思想教育组、科教组等，分别到各个区调查研究。经过调查，发现民办集体幼儿园困难很大，要改善这种状况。刘峰同志积极想办法，在全社会发动募捐，大家都赞成。募捐对象主要是企事业单位，南钢、南化、炼油厂、银行等，大家分头亲自去跑，苦口婆心做思想工作，动员他们自愿捐款。经过努力，全市总共募集了500多万元，其中200多万用来改善幼儿园的条件。为了让剩下的钱保值升值，刘峰同志还开动脑筋，将余下的300多万交给交通银行入股，开始几年每年平均可以分红利七八十万元。然后和各幼儿园出资，自己办了一个育才信用社，每年分得的红利用于幼儿园的发展，资金问题得到了解决。

这些钱怎么用？刘峰同志跟大家商量，制定了规范的管理办法。把民办集体幼儿园通过调整合并，都办成优质园、示范园，是关协的一个目标，为此刘峰同志想了不少办法。经费主要用于聘用、培训老师，提高师资力量。另外搞重点扩建，资助了11所重点园建设。还有市关协出钱，各个区聘请有经验的幼教工作者担任集体幼儿园的辅导员，每年给民办园评奖，发放资金。民办幼儿园的建设发展由此走上了正常轨道。

刘峰同志考虑要教育好青少年，主要是靠教育部门和中小学校，于是他又从关协选了几位老同志成立学校教育组。1990年之后，他和市关工委学校教育组的同志就如何帮助教育部门办好学校，做了很多调查，跑了五六十个中小学，写了好几份调查报告，提出了很好的建设性意见，为办好中小学尽心尽力。

刘峰同志是我们的老领导，他可亲可敬、平和大度、顾全大局、求同存异。他的人格魅力感染着身边的每一个人，是我们学习的楷模。今年10月是刘峰同志百岁诞辰，特献诗一首以示祝贺：

革命一生虔为民，百年追梦炼丹心。
青莲净植清气正，人格魅力最精神！

（选自《活页》2016年第12期，总第106期）